现代物流学

主　编　付　芳
副主编　黄继磊　郭学成
参　编　周宇翔　杜　颖　熊小娟
　　　　喻小妹　黄思遥

合肥工業大學出版社

图书在版编目(CIP)数据

现代物流学/付芳主编. --合肥:合肥工业大学出版社,2025(2025.7重印).

ISBN 978 - 7 - 5650 - 6824 - 9

Ⅰ.F252

中国国家版本馆 CIP 数据核字第 2024EW1561 号

现代物流学

付　芳　主编　　　　　　　　　　责任编辑　郑　洁

出　版	合肥工业大学出版社	版　次	2025 年 7 月第 1 版
地　址	合肥市屯溪路 193 号	印　次	2025 年 7 月第 2 次印刷
邮　编	230009	开　本	787 毫米×1092 毫米　1/16
电　话	基础与职业教育出版中心:0551 - 62903120	印　张	19.25
	营销与储运管理中心:0551 - 62903198	字　数	399 千字
网　址	press. hfut. edu. cn	印　刷	安徽联众印刷有限公司
E-mail	hfutpress@163. com	发　行	全国新华书店

ISBN 978 - 7 - 5650 - 6824 - 9　　　　　　　　　定价:48.00 元

如果有影响阅读的印装质量问题,请联系出版社营销与储运管理中心调换。

前　言

现代物流作为连接生产与消费的关键纽带，不仅集成了包装、运输、仓储与配送等核心环节，还深度融合了供应链管理与信息技术服务。它是产业链延伸、价值链提升的现代供应链基石，也是构建现代流通体系、激发市场活力、推动高质量发展以及建设现代化经济体系的重要方面。

随着物联网、大数据、人工智能等先进数字化技术的应用，物流业正在经历前所未有的变革。为了帮助学生全面了解物流领域的各个方面发展状况，理解技术进步对物流领域的影响，以及未来物流业的发展趋势，我们在借鉴和吸收相关教材内容的基础上，结合参编教师的实际教学经验和行业内参编人员在物流领域的实践经验，编写了《现代物流学》一书。全书共十四章，分为物流基础篇、物流职能篇和物流前沿篇，具体包括物流概述、物流管理、包装、装卸搬运、仓储保管、运输、配送、流通加工、物流信息、电子商务物流管理、供应链管理、第三方物流、国际物流、物流发展新理念等。

本书的主要特点如下：

（1）注重校企融合，由高校物流专业教学团队与物流行业从业人员共同编写，总结了他们在物流领域的教学成果、实践经验和独到见解。

（2）注重理论与实践相结合。在介绍基本理论的同时，通过实际案例分析和拓展阅读，帮助学生更好地理解理论知识在实际中的应用。

（3）设置实践环节，引导学生进行物流设施设备的实际操作，提高学生的实际动手能力。

（4）关注行业发展趋势，引入国内外最新的物流研究成果，介绍物联网、大数据、人工智能等数字化技术在物流领域的应用前景，帮助学生了解物流领域的最新动态。

（5）注重跨学科知识的整合，将现代物流涉及的管理科学、工程学、信息技术等学科的相关知识进行整合，帮助学生全面了解物流领域各个方面的发展。

（6）在传统纸质教材的基础上，提供配套的多媒体课件、视频教程等数字化教学资源，方便学生进行自主学习和个性化学习。

本书由江西应用科技学院物流管理专业负责人付芳担任主编，江西应用科技学院黄继磊和江西传化物流有限公司郭学成担任副主编。具体编写分工如下：

付芳负责全书内容结构设计、组织协调和统稿审核等工作，并编写第三、四、五、六章；黄继磊协助编写组织工作，并编写第七章；周宇翔编写第八、九章；杜颖编写第十、十一章；熊小娟编写第二、十四章；喻小妹编写第一、十二章；黄思遥编写第一、十三章；郭学成负责提供企业案例及图片。

在本书的编写过程中，参考和借鉴了国内外专家学者的大量研究成果及相关行业标准，在此一并表示诚挚的感谢。

随着经济的不断发展与科技的日新月异，现代物流业正经历深度融合与迭代升级的动态演变进程，加上编者学识有限，书中难免存在不足之处，敬请广大读者批评指正。

编　者

2024 年 12 月

《现代物流学》课程思政设计一览表

序号	章节	思政元素	教学方法	教学案例
1	第一篇 物流基础篇 第一章 物流概述	科学精神教育：培养学生的爱国情怀和民族自豪感，增强文化自信，树立正确的价值观。 实践能力教育：引导学生了解中国古代文明的辉煌，增强文化自信，传承和弘扬中华优秀传统文化。	案例分析 小组讨论	介绍江西国磊供应链集团有限公司的物流平台运用先进的物流信息技术，实现订单快速处理，货物高效配送和客户服务优化。同时，分析该平台在物流成本控制、环保措施实施等方面的实践经验，引导学生思考如何在物流管理中实现社会效益和经济效益的协同发展。
2	第一篇 物流基础篇 第二章 物流管理	科学精神教育：(1) 培养学生科学、严谨的物流管理思维，理解物流管理在提升企业竞争力中的关键作用。(2) 引导学生认识到创新在持续物流管理中的重要性，鼓励学生敢于挑战传统，探索新的管理模式和方法。 实践能力教育：(1) 通过模拟物流管理场景，让学生体验物流管理实践，提高学生的实际操作能力。(2) 鼓励学生参与物流管理实践项目，如参与校园物流规划、企业物流咨询等，培养学生的实践能力和创新精神。	案例分析 企业导师授课 小组讨论	介绍顺丰速运有限公司如何通过引入先进的物流管理系统，实现库存优化、配送效率提升和物流服务质量成本控制。同时，分析该企业在提高客户满意度提高等方面的实践经验。引导学生思考如何在物流管理中实现成本降低和服务质量提升的双重目标。

（续表）

序号	章节	思政元素	教学方法	教学案例
3	第二篇 物流职能篇 第三章 包装	科学精神教育： (1) 引导学生认识到包装在物流行业中的重要作用，理解包装设计对于产品保护和品牌形象的影响。 (2) 强调环保包装的重要性，引导学生关注包装材料的可降解性、可回收性等环保性能，培养学生的环保意识。 实践能力教育： (1) 通过案例分析，让学生了解不同行业中的包装应用案例，提高学生的实践应用能力。 (2) 鼓励学生参与包装设计实践活动，如参与校园包装设计大赛、企业包装设计项目等，培养学生的创新能力和团队协作精神。	包装材料展示 小组讨论 案例教学	介绍江西省物流与采购联合会的包装标准和规范，探讨可降解塑料、再生纸等材料在物流行业中的应用情况。同时，分析企业在包装设计中的创新、品牌推广等方面的实践经验，引导学生思考如何在包装设计中融入环保理念和创新思维。
4	第二篇 物流职能篇 第四章 装卸搬运	科学精神教育： (1) 培养学生严谨的装卸搬运操作思维，理解装卸搬运在物流过程中的重要性及其对于提高物流效率、降低成本的贡献。 (2) 强调创新思维在装卸搬运过程中的应用，引导学生关注相关新技术、新设备的发展趋势，探索更加高效、安全的装卸搬运方法。 实践能力教育： (1) 通过模拟装卸搬运场景，让学生体验装卸搬运的实际操作过程，提高学生的实践操作能力。 (2) 鼓励学生参与装卸搬运实践项目，如参与企业装卸搬运优化项目等，培养学生的实践能力和创新精神。	案例分析 小组讨论	介绍江西传化物流有限公司如何通过引入先进的装卸搬运设备和技术，实现装卸搬运效率的大幅提升和成本的有效控制。同时，分析该企业在装卸搬运安全管理、员工培训等方面的实践经验，引导学生思考如何在装卸搬运过程中实现效率提升和成本控制的目标。

（续表）

序号	章节	思政元素	教学方法	教学案例
5	第二篇 物流职能篇 第五章 仓储保管	科学精神教育： （1）引导学生理解仓储保管在物流系统中的重要地位，认识到仓储管理对于提高物流效率、降低物流成本的关键作用。 （2）强调科学控制库存、实现库存成本的优化和库存周转率的提升，引导学生运用科学方法管理库存。 实践能力教育： （1）通过模拟仓储管理场景，让学生体验仓储管理的实际操作过程，提高学生的实践操作能力。 （2）鼓励学生参与企业仓储管理实践项目，如参与企业WMS系统优化项目，培养学生的实践能力和创新精神。	小组讨论 案例分析	介绍江西传化物流有限公司通过引入先进的WMS系统，优化仓储管理流程，实现库存周转率的显著提升和库存成本的有效降低。同时，分析该企业在仓储设施与设备选择等方面的实践经验，引导学生思考如何在仓储管理中实现效率提升和成本控制的双重目标。
6	第二篇 物流职能篇 第六章 运输	科学精神教育： （1）培养学生系统思考的能力，理解运输在物流系统中的重要作用，以及运输对于提高物流效率、降低物流成本的重要贡献。 （2）引导学生关注现代运输技术的发展趋势，鼓励学生在学习和工作中不断创新、提高物流行业的整体水平。 社会责任感教育： （1）强调运输过程中的可持续发展理念，引导学生关注运输过程中的能源消耗和排放问题，探讨如何实现绿色运输。 （2）培养学生关注社会问题的意识，如道路拥堵、交通安全等，引导学生思考如何通过科学的物流规划与管理解决这些问题。	案例分析 企业导师讲座 小组合作项目	介绍江西传化物流有限公司通过优化运输路线、引入先进的运输管理系统和环保运输车辆，实现运输成本的大幅降低和环保效益的提升。同时，分析该公司在运输安全管理等方面的实践经验，引导学生思考如何在运输过程中实现效率提升、成本控制和环保目标的平衡。

（续表）

序号	章节	思政元素	教学方法	教学案例
7	第二篇 物流职能篇 第七章 配 送	科学精神教育： （1）引导学生理解配送在物流系统中的重要性，认识到提高配送效率、降低配送成本对于提升整个物流系统竞争力的关键作用。 （2）强调用科学方法优化配送网络，引导学生运用科学规划和管理在配送过程中的重要性，制定配送策略，实现配送效率和成本的最优化。 社会责任感教育： （1）强调配送过程中的可持续发展等环保理念，引导学生关注配送过程中的能源消耗和排放等问题，探讨如何实现绿色配送。 （2）培养学生关注社会问题的意识和社会责任感，如道路拥堵、交通安全等，引导学生思考如何通过科学规划和管理解决这些问题，提高配送效率。	案例分析 视频教学 小组合作项目 科研项目 进课堂	介绍江西传化物流有限公司通过优化配送网络，引入先进的配送管理系统和环保配送车辆，实现配送效率和环保效益的大幅提升。同时，分析该企业在提升配送服务质量、提高顾客满意度等方面的实践经验，引导学生思考如何在配送过程中实现效率提升、成本控制和环保目标之间的平衡。
8	第二篇 物流职能篇 第八章 流通加工	科学精神教育： （1）引导学生理解流通加工在物流系统中的作用，认识流通加工对于提升产品附加值、满足个性化需求的重要性。 （2）鼓励学生关注流通加工技术的创新与发展，引导学生不断创新，从而提升物流行业的整体水平。 社会责任感教育： （1）强调流通加工过程中的可持续发展等环保理念，引导学生关注流通加工过程中的资源消耗和废弃物处理等问题，探讨如何实现绿色流通加工。 （2）培养学生关注社会问题的意识，如食品安全、产品质量等，引导学生思考如何通过科学保障产品质量安全，提高消费者满意度。	案例分析 视频演示 小组讨论	介绍江西传化物流有限公司通过引入先进的流通加工技术和设备，实现产品包装、分拣等标签加工过程的自动化和智能化，提高加工效率和产品质量。同时，分析该企业在可持续发展方面的实践经验，如使用可回收材料、减少废弃物排放等，引导学生思考如何在流通加工过程中实现经济效益和环保效益的平衡。

（续表）

序号	章节	思政元素	教学方法	教学案例
9	第二篇 物流职能篇 第九章 物流信息	科学精神教育： （1）引导学生认识到物流信息在物流系统一的核心地位，认识到物流信息的准确性和及时性对于提高物流效率和降低成本的重要性。 （2）鼓励学生关注物流信息技术的创新与前沿动态，培养学生在学习和工作中不断追求新知识和新技术的精神。 社会责任感教育： （1）强调物流信息安全和隐私保护的重要性，引导学生认识到保护物流信息安全不仅是企业的责任，也是社会的责任。 （2）培养学生关注社会问题的意识，如数据泄露、网络攻击等，引导学生思考如何通过科学技术手段解决这些问题，提高物流信息的安全性。	案例分析 实际操作演示 小组讨论	介绍江西传化物流有限公司通过构建先进的物流信息系统，实现物流信息的实时采集、传输和处理，提高物流过程信息的透明度和效率。同时，分析该企业在物流信息安全和隐私保护方面的实践经验，如采用加密技术、设置访问权限等，引导学生思考如何在物流信息系统中实现安全性和效率性的平衡。
10	第三篇 物流前沿篇 第十章 电子商务物流管理	科学精神教育： （1）引导学生认识电子商务物流在现代社会中的重要作用和地位，关注电子商务物流领域的发展趋势和前沿技术。 （2）鼓励学生勇于创新、不断探索电子商务物流的新模式、新技术和新方法，为电子商务物流行业的发展贡献自己的力量。 社会责任感教育： 强调电子商务物流在可持续发展方面的重要性，引导学生关注电子商务物流过程中的资源消耗和废弃物处理等问题，探讨如何实现绿色电子商务物流。	案例分析 小组讨论	介绍江西传化物流有限公司通过构建先进的电子商务物流体系，实现订单的快速处理、货物的快速配送和优质的售后服务，提高了客户满意度和忠诚度。同时，分析该企业在可持续发展方面的实践经验，如采用绿色包装材料、推广循环物流等，引导学生思考如何在电子商务物流过程中实现经济效益和环保效益的平衡。

（续表）

序号	章节	思政元素	教学方法	教学案例
11	第三篇 物流前沿篇 第十一章 供应链管理	科学精神教育： (1) 引导学生认识供应链管理在提高企业竞争力中的重要作用，培养学生的全局意识和系统思维。 (2) 鼓励学生关注供应链领域的创新与发展，培养学生在学习和工作中不断追求新知识和新技术的精神。 社会责任感教育： (1) 强调供应链物流在可持续发展方面的责任，引导学生关注供应链物流过程中的资源消耗和废弃物处理等问题，探讨如何实现绿色供应链。 (2) 培养学生关注社会问题的意识，引导学生关注社会问题的意识，如供应链中断、自然灾害等，引导学生思考如何通过科学的供应链管理降低风险并保障供应链的稳定性。	案例分析 小组讨论	介绍江西传化物流有限公司通过构建先进的供应链体系，实现了全省范围内的物料采购、生产和分销的协同和效率。同时，分析该企业在可持续发展方面的实践经验，如采用绿色采购策略，优化运输路线等，引导学生思考如何在供应链管理过程中实现经济效益和环保效益的平衡。
12	第三篇 物流前沿篇 第十二章 第三方物流	科学精神教育： (1) 引导学生认识到第三方物流在提高企业效率和降低成本方面的重要作用，培养学生的实践能力。 (2) 鼓励学生关注第三方物流领域的创新与发展，培养学生学习和掌握新知识、新技术的兴趣。 社会责任感教育： (1) 强调第三方物流在社会责任方面的作用，引导学生关注物流过程中的环保、安全和道德等问题，探讨如何实现绿色、安全和道德的第三方物流。 (2) 培养学生关注企业与社会利益的关系，引导学生思考如何通过科学的第三方物流管理实现企业与社会的共赢。	案例分析 小组讨论 角色扮演	介绍相关物流外包企业通过提供优质的物流服务，帮助客户降低成本、提高效率，以及其在环保、安全和道德方面的出色表现。同时，分析企业在选择合作伙伴、制定物流策略、管理物流过程等方面的实践经验，引导学生思考如何在第三方物流中实现高效、绿色、安全和道德的物流目标。

（续表）

序号	章节	思政元素	教学方法	教学案例
13	第三篇 物流前沿篇 第十三章 国际物流	科学精神教育： （1）引导学生关注国际物流的发展趋势，培养学生的全球视野和创新思维。 （2）鼓励学生了解不同国家和地区的物流操作规范，提高学生在全球化背景下解决物流问题的能力，培养学生跨文化沟通协作的能力。 社会责任感教育： （1）强调国际物流在全球供应链中的关键作用，探讨如何在全球物流运营中实现绿色、可持续发展。 （2）培养学生关注国际物流在社会经济可持续发展中的责任与贡献，探讨如何平衡社会效益与经济效益。	案例分析 小组讨论 模拟演练	分析不同国家和地区国际物流的案例，帮助学生了解全球供应链的运作模式，认识其中的挑战与问题，探索有效的解决方案。同时，学生分组讨论国际物流中的热点话题，深入理解国际物流中的复杂性与多样性，碰撞思维火花，提升跨文化沟通能力和团队协作能力。
14	第三篇 物流前沿篇 第十四章 物流发展新理念	科学精神教育： （1）引导学生关注物流行业的前沿技术和创新理念，培养学生的创新思维和探索精神。 （2）鼓励学生积极参与物流服务创新实践，培养创新精神，提高解决实际问题的能力。 社会责任感教育： （1）强调物流行业在社会责任方面的作用，引导学生关注物流过程中的环保、安全和道德的物流服务。 （2）培养学生关注企业利益与社会利益的关系，引导学生思考如何通过物流服务创新实现企业与社会的共赢。	案例分析 小组讨论 模拟演练	介绍有关物流企业通过引入智慧物流、绿色物流等新理念，实现物流服务的高效、绿色和智能化。分析物流企业在创新过程中遇到的挑战和解决方案，以及这些创新举措的贡献。

目　　录

第一篇　物流基础篇

第二篇　物流职能篇

第三篇　物流前沿篇

第一篇

物流基础篇

第一章　物流概述

教学目标

通过本章的学习，学生应能掌握物流的定义及其内涵；掌握物流的活动过程，熟悉物流的特征、分类及其作用；了解不同的物流观点及其发展历程；认识未来物流的发展趋势。

案例导入

中国物流业的困境

"国内的物流大循环有一个关键的问题始终困扰着我们，就是物流运输总费用占GDP比重偏高的问题。"根据国家统计局数据，2022年，我国社会物流总费用与GDP（国内生产总值）的比率为14.7%。从横向来看，该指标不仅高于美国（约7%）、欧盟（约6%），与东盟10国的约10%相比，也高出近5个百分点。高额的物流成本支出凸显了中国物流业当前面临的挑战，这些挑战在一定程度上已成为制约经济增长的重要因素之一。物流行业规模化是大势所趋。物流行业是一种规模经济非常显著的行业。作为服务于商贸活动的中间产业，物流行业对商品流通的效率提出了很高的要求，而当下物流企业的小规模、碎片化、粗放式发展，极大地限制了物流行业效率的提升。

虽然我国物流企业的绝对数量增长很快，但由于起步较晚，加上其中由传统的运输、仓储、货代公司简单"更名"而来的不在少数，能够提供综合性、专业化物流服务的现代物流企业很少。另外，我国物流企业的相对规模小，缺少大型跨国物流集团。中国前二十大运输物流公司的总收入不足物流总成本的7%。这在越来越表现出寡头垄断特征的速递、海上货运及专业化物流服务等现代物流市场中很难获取足够的国际竞争力。在物流市场上，规模小、实力弱的小企业和个体户仍然大量存在。

物流资源的"总量过剩"（仓库闲置、车辆空载等现象较多）和"结构性短缺"（满足快速、准确、专业等现代物流需求的资源供给严重不足）的矛盾非常突出。部分原因在于设备陈旧、基础设施落后以及物流标准化水平不高，对资源的协调控制能力较差。据中国物流信息中心调查，我国物流标准化水平不高，集装箱、交换箱体、标准托盘等应用不足，铁路集装箱化占比仅 3%。信息互联互通不够，信息孤岛和重复建设的现象普遍存在。由于各种运输方式信息化水平不一、标准不同，企业需要逐个开发接口、重复改造，获取信息成本高、时效性差、综合利用率低，实时信息交换水平不高，这些现象不仅影响了物流效率和服务水平的提升，客观上也制约了多式联运等运输组织模式的发展。

目前，我国现代物流韧性强、潜力大、活力足，融合创新、高质量发展的基本面没有改变，但也面临新的机遇和挑战。如何把握市场机会，迅速摆脱落后局面，实现高质量发展是当前中国物流业的首要议题。

思考：

1. 中国物流业发展滞后的表现有哪些？

2. 制约中国物流发展的根本问题是什么？

3. 你认为应如何解决制约中国物流发展的根本问题？

第一节　物流的溯源及其发展

一、物流的产生

一般而言，物流是与商流相伴产生的，商品生产是物流产生的客观基础。然而，远在商品流通出现之前，甚至人类还在进化的朦胧时期，物流这种形态就已存在。携带工具寻觅食物，这种劳动工具的运动以及后来与农业生产相关的另

物流的溯源及其发展

一种形态——仓储，这些都是物流的雏形。我国在先秦时期就形成了有关仓储的理论和思想，表现在"储"与"商"两个领域。在早期的物流活动中，运输和仓储成为主体，主要表现在生产性领域之中。

（一）物流产生的根源探究

1. 生产与消费在时间、空间上的分离

随着商品生产的兴盛，生产与消费在时空维度上呈现出了显著的分离。由于商品从生产者手中转移到消费者手中需要经过运输、装卸等环节，所以就有必要进行流通活动。流通既是社会再生产过程中的一个重要环节，又是促进经济增长的重要因素之一。马克思主义理论突出了流通和生产的核心地位，并强调了它们之间的相互制衡和影响。马克思曾经明确表示，缩短流通时间可以显著增加资本的生产效益并增强资本的增值潜力。马克思、恩格斯还通过分析分工和交换等问题，论证了商品流通的作用。

从 20 世纪 50 年代开始，伴随着生产活动的飞速发展和产品种类的日益丰富，生产与消费之间的联系日益密切。在此背景下，商品从生产者到消费者的流动成为可能，这使得流通不再是一种简单的商品流通过程，而是一个重要且复杂的社会经济系统。尽管如此，建立生产与消费之间的紧密联系变得越来越具有挑战性，与此同时，人们对于流通效率的标准也日益提高。流通成为社会再生产过程中不可或缺的环节。

现代物流业是一种以空间为依托实现货物流动和价值交换的经济活动，它通过将物质资料从生产者手中转移到消费者手中，从而达到扩大再生产或提高社会生产力的目的。随着生产与需求的分离以及劳务分工的进一步深化，这种分工模式不仅在不同城市和地区之间得到了扩展，还逐渐向大规模集约化和国际化方向发展。这就导致商品从生产者到消费者的距离不断增加，而运输成本又居高不下，进而使得商品流通速度受到极大影响。在这种情况下，人们对高效物流的依赖日益增强，推动解决现有的分离和分工问题，叮进一步促进物流行业的快速壮大。

2. 降低经济成本的必要性

第二次世界大战结束后，全球经济结构经历了深刻变革。在全球化浪潮的推动下，各主要经济体之间的竞争越来越激烈。尤其在石油危机的影响下，主要的资本主义国家及其企业承受了沉重的经济压力，不仅需要增加盈利，还必须面对市场环境的不稳定因素。因此，许多企业开始通过降低产品的生产成本来获取更大的利润空间，以适应市场竞争的要求。在大规模现代化机械生产的大环境中，与生产成本相比，流通成本呈现出逐渐上升的趋势，这在某种程度上削弱了商品在市场上的竞争力。因此，为了维持自身发展，各企业必须通过降低流通成本米实现利润最大化的目标。仅依靠提高生产效率，已不能有效降低成本。

综上，物流作为一种专业且高效的手段，逐渐受到广泛重视。它不仅能够提升生产效率，还能有效控制并降低流通成本，进而推动物流行业持续发展。这种对物流专业性的运用，使得商品在市场中的竞争力得到了增强，同时也为企业创造了更大的价值。

（二）物流产生的背景和条件

从 1950 年开始，伴随着经济的迅猛增长，市场竞争变得更为激烈，生产流程也逐渐走向专业化，导致物流和商流之间的分离变得越来越明显。在这种背景下，商品从生产者到消费者之间一次又一次的流通过程，促进了商品流通效率的提高，进而使整个社会生产得以快速发展。工业化的快速发展以及大规模生产和销售的广泛推广导致生产成本的相对下降，从而进一步推动了消费者需求的增长，像超市和商业街这样的大型物资集散中心应运而生，商品的数量众多且品种各异。与此同时，由于消费者对商品多样化要求的提高以及企业经营模式的转变，商品的流通渠道变得更加复杂多样，导致物流管理的难度增加。

随着科技的日新月异，现代流通技术和设备在物流领域得到了广泛应用。这些先进的技术和设备不仅显著提升了物资流通的效率和速度,还使得商品流通成本相比生产成本有了降低的潜力和趋势。这意味着在科技进步的助力下,物流行业正逐步实现更高效、更加经济的运作,为商品流通提供了强有力的支持。与此同时,消费者对于商品质量要求的提高以及对商品价值认知的增强,促使商品供应链上各个环节之间的分工越来越精细。此外,随着经济的飞速增长和市场的日益成熟,企业的经营哲学也从"以生产为中心"转向了"以市场为中心",以更好地满足市场不断变化的需求。在这种形势下,企业需要通过提高服务市场的水平来赢得消费者青睐并实现自身价值的最大化。

在此背景下,物流服务的高效率已成为企业维持竞争优势的核心要素。物流作为一种重要的管理职能和手段,已渗透到社会生活的方方面面。物流的诞生基于降低成本、产品互联以及满足市场营销理念的需要。物流是一种复杂的组织管理行为系统。该系统实现了原先分散、次要和孤立的物流活动之间的互联,构建了一个庞大且高度协调的物流体系,进而促成了物资在时间和空间维度上的高效流通。

二、现代物流的兴起

现代物流的概念涵盖了从产品出厂到最终到达消费者手中的整个流通过程,涉及一系列精心策划、有序组织、高效协调及精准控制的管理与服务活动。这些活动确保产品能够高效、安全、及时地到达消费者手中,体现了物流行业的专业性和综合管理能力。

20世纪初期,随着市场竞争日趋激烈,人们开始探索减少物资采购和产品销售成本的途径。于是出现了以提高生产效率、降低生产成本为目的的批量配送方式。技术进步为大规模的物流配送提供了坚实支撑,这使得物流不再仅仅局限于传统的"仓储和运输"或"配送",而是作为一个独立的行业逐步崭露头角,并朝着组织化和系统化的方向发展。1901年,J. F. Growell 在美国政府的一份重要报告中,首次对影响农产品配送成本的诸多因素进行了详尽而专业的剖析。这一开创性的研究不仅深化了人们对物流行业的理解,而且为物流行业的后续发展奠定了坚实的基础。随后,美国学者又进一步将物流划分成采购与库存管理两部分,前者侧重于对货物数量的控制,后者则强调对货物质量的保证。第二次世界大战期间,军事后勤(military logistics)这一理念逐步确立,其核心目标是优化军需物资的供给效率与合理性。第二次世界大战后,随着科学技术的飞速发展和经济全球化进程的加快,物流作为一种新的产业形态在世界范围内出现,并成为现代市场经济的重要组成部分。企业的组织结构开始广泛采纳物流理念,包括运输、仓储、包装和物资搬运等多个环节,逐步确立了物流理论的核心部分。在美国,许多大型企业都设有独立的物流部门或机构。一些行业领先的商业实体甚至设立了"流通经理"这一特定职位,该职位主要负责对运输、仓储、包装以及搬运等多个物流环节进行综合协调和管理。这些公司将物流职能集中于一个部门进行运作。可见这一时期，西方企业开始广泛地采用物流技术。

三、国外物流发展状况

（一）国外物流的发展趋势

1. 集约化与协同化成为主流

随着经济全球化的发展，物流公司面临的市场竞争越来越激烈。物流企业为了在竞争中取得优势，必须提高服务水平，降低运作成本。为了更好地满足全球和区域市场的物流服务需求，众多企业通过合并、合作和联盟的策略实现资源的高效利用和运营的协同，从而提升了自身的市场竞争力。

2. 物流服务追求高质量与全球化

在物流领域，高质量服务已经成为吸引顾客的关键因素。物流企业要想保持竞争优势，就必须提高自己的服务水平。尽管物流成本很关键，但客户对于服务质量的要求也日益提高。因此，如何提高物流服务质量已成为现代物流业面临的重大问题。目前，"5rights服务"即确保在正确的时间、地点，以准确的数量和合理的价格，提供客户所需的合适产品，已经成为评估物流服务品质的普遍准则，推动物流公司提供高质量和全球化的服务。

3. 第三方物流快速发展

独立于供应方和需求方的第三方物流公司，凭借其高度的灵活性和专业知识，能够根据客户多元化的需求，提供高效且个性化的物流解决方案。在全球经济一体化进程不断加快的今天，第三方物流已经成为现代物流业中不可或缺的一部分。第三方物流不仅提升了企业的规模效益，而且促进了物流服务向专业化方向深度发展。

4. 绿色物流成为新趋势

在促进经济增长的过程中，物流行业面临环境保护方面的诸多挑战。绿色物流是指对环境无害或危害较小的物流方式。绿色物流的核心理念是在整个物流体系和活动的规划与决策过程中对污染进行控制，并构建一个处理工业及生活废弃物的高效物流系统。绿色物流是一种新型的物流模式，是实现"资源节约"目标的有效手段之一。物流服务在追求经济回报的过程中，必须确保其与社会利益、经济的可持续增长相一致，从而保障物流行业的长期稳健发展。

（二）现代物流的发展方向

1. 专业化

专业化物流已经成为现代物流发展的方向之一，它通过社会化的货物运输分工，有效降低了企业的物流成本，减少了资金投入和库存占用，从而显著提高了物流效率。在经济全球化进程加快、市场竞争日益激烈的今天，专业化物流已经成为提高竞争力的重要途径之一。从更广泛的视角来看，专业化的物流服务有助于更高效地分配社会资源，从而实现社会资源的最大化利用。

2. 规模化

为了适应市场的迅猛发展，物流企业的成长和扩展必须具有适当的规模。物流企业在不断扩张中面临诸多问题，其中之一就是如何实现对其所经营业务的标准化管理。物流服务通常覆盖全国范围，因此有必要建立一个覆盖全国的网络系统，以确保每一项业务都能顺畅地进行收取、储存、分类、运输和配送。因此，物流企业的经营模式应随着时代变化而不断调整。规模化发展不仅有助于降低成本，还能显著提升工作效率。在现代经济中，物流已经成为一种重要的生产要素和社会资源。纵观发达国家的物流行业发展轨迹，我们可以预见物流市场将逐渐向规模化和集约化方向发展。

3. 信息化

纵观发达国家在物流领域的发展态势，可以看到信息技术的广泛应用使其成为物流行业的核心支柱。随着经济社会的飞速发展，信息化水平日益提升，信息技术已深入渗透至物流行业，推动着物流领域的专业化与智能化发展。特别是设备的自动化和业务的网络化广泛普及，这两者共同促进了物流领域的飞速发展。

4. 国际化

物流领域的进步将突破单一国家的范围，提供跨国的物流服务。这就意味着物流行业要想获得长远稳定发展，必须走国际化道路。全球化的物流活动依赖于遍布全球的物流传输系统，采用国际统一的技术、设备和服务流程，确保货物在各国之间能够高效流通。随着经济全球化的发展，各国物流企业要想提升自身竞争力，就必须积极融入世界供应链体系中，与国际先进水平接轨，为物流领域向国际化方向发展创造稳固的基础条件。

四、我国物流发展状况

（一）我国物流发展的历史阶段

1. 物流初步形成阶段（1949—1956 年）

新中国成立后，经济逐步恢复，工业生产呈现出快速增长的势头，交通和运输建设也取得了明显的进步，同时社会的商品流通也变得越来越活跃。为适应经济发展的需要，我国开始大力发展物流业。物流逐渐显露其重要性，运输需求旺盛。我国高度重视物流行业的发展，流通部门建立了集储运公司和仓储于一体的"商物合一"物流企业，同时，专业物流人才的培养也受到了社会的广泛关注。

2. 物流停滞调整阶段（1966—1976 年）

受特定历史时期的影响，许多物流企业陷入困境，行业发展停滞不前。

3. 物流复苏发展阶段（1977—1991 年）

自改革开放以来，我国的商品交易和国际贸易呈现出强劲的增长势头，物流领域也经历了迅速的恢复和扩张。物流业在国民经济中占据越来越重要的地位。随着流通领域日益专业化与多元化，物流企业不断壮大，生产部门也越发认识到物流合理化的重要性，我国的物流业已初步构建起完善的体系，展现出强劲且持续的发展势头，体现了物流行业的专业性和广阔前景。在交通运输领域，我国已经取得了显著的成果，如公路、铁路、港口和码头等关键基础设施得到了持续的发展完善。在此背景下，外贸部门也在积极推动物流的国际服务，以促进物流业务向国际化方向发展。

4. 物流高速发展阶段（1991 年至今）

20 世纪 90 年代以来，物流行业迎来了高速发展的黄金时期。随着生产过程越来越依赖于流通，物流成为企业竞争力的关键因素。为了推动物流行业的现代化进程，我国引进了一系列具备国际先进水平的物流技术设备，并在多个部门和地区广泛运用电子计算机等尖端技术，以实现物流操作的高效化和智能化，从而提升了整体物流运作的专业性和效率。进入 21 世纪，随着信息技术应用范围的扩大，物流业进入信息化时代。货运代办、联运、货物配载和信息咨询等多种运输服务得到了迅速发展。物流业已成为我国经济增长中一个新的增长点。在大中型城市中，新型物流服务公司如雨后春笋般出现，此外，全国范围内的物流信息系统建设也在加速进行中。

（二）我国物流行业的未来展望

1. 众多运输、仓储及货物代理企业正积极转型，迈向专业化的物流企业发展道路

随着社会物流需求的逐渐增加以及物流观念的持续发展，我国许多传统的运输、仓储和货物代理企业正在积极转型。这些企业不仅是原有业务领域内的经营者，而且逐渐成为现代物流业不可或缺的组成部分。它们已经不满足于提供单一的仓储或运输服务，而是致力于扩大业务范围，增加物流服务项目，努力发展为多功能的现代物流企业，以应对日益激烈的市场竞争。

2. 物流企业开始重视物流服务的质量管理

物流服务的核心目标是为客户提供优质的服务，这是物流企业持续生存和发展的关键。因此，如何通过有效措施来保证物流服务质量就成为现代物流业面临的重要课题。我国许多物流企业已经对此有了深入认识，并逐步将提升服务水平视为与国际标准对接和进入全球物流市场的核心策略。为此，它们专注于改进服务流程，提高服务质量，以确保在激烈的市场竞争中保持竞争力。

3. 信息技术和通信技术融入物流业务，推动其现代化进程

在 20 世纪 90 年代初期，计算机网络技术开始在物流活动中得到应用。目前，我国许多物流公司在物流信息技术和物流管理技术方面都取得了显著进展，例如"中远"推出的全程追踪物流信息系统、"宝供"推出的快速物流系统、"中海"推出的物流管理信息系统、"中运"推出的在线仓库管理信息系统以及汽车调度系统等。同时，也有一些公司建立了自己的信息管理系统，如中国大恒（集团）有限公司的物流管理信息系统、北京万通国际物流有限公司的货运管理系统等。这批系统的研发为物流公司在经营管理和服务方面提供了有力的技术支持，并成为物流行业持续发展的关键基石。

第二节 物流的定义、传统物流与现代物流

一、物流的定义

随着时间的发展，物流这一概念经历了演变，形成了广义物流（logistics）和狭义物流（physical distribution）。物流一词源于美国，指商品流通过程中涉及的各种物资运动形式及相关信息传递活动。最初的物流理念主要聚焦于商品物资流动的核心功能，即在特定劳动组织条件下，通过适宜的载

物流的定义、传统物流与现代物流

体，将商品实体从供应方准确地移动到需求方。这一概念涵盖了商品流通的两个关键阶段的循环：从货币（G）到商品（W）的转换，以及从商品（W）再次回到货币（G）的循环。它完整地描述了在这两个阶段中商品实体发生的所有实际流动过程。随着社会经济发展的需要，人们开始把商品流动看作一个整体，而不再单纯地只注重商品实物形态的转移过程。显然，这种商品流动属于商业物流或销售物流的范畴，是物流领域中的一种狭义形态。它充当着生产与消费之间的关键桥梁，具有鲜明的"中介性"特征。这种物流直接受到商品交换活动的影响和制约，是市场经济活动中不可或缺的一环。它只会在商品交换时出现，而不会永远存在，具有一定的时间性。

自20世纪80年代以来，社会经济的迅猛发展给物流领域带来了翻天覆地的变化。物流作为一种先进的组织方式和管理技术，已成为国民经济发展的重要支柱。传统意义上的狭义物流观念面临多重挑战，主要是因为它过分关注商品供应的全过程，而忽略了与生产活动密切相关的原材料和零部件的物流管理问题。从广义上讲，原材料和零部件的物流活动是指从供应商到制造商所有的物流活动，包括运输、储存、装卸搬运、包装等环节。在当代企业运营中，原材料和零部件的物流调度对于提高企业竞争力具有至关重要的作用，直接关系到生产效率、成本管理和创新能力。正如日本丰田汽车公司所做的，其生产管理的起点就是优化原材料和零部件的物流流程。随着全球市场竞争的日益激烈，如何有效地进行物流运作成为每个企业必须考虑的问题之一。传统的物流方式常常被看作商品从生产者到消费者的单向流动，但它往往忽略了商品消费后的包装或材料回收，以及退货时的物流管理。在这一单向流动过程中，生产者与消费者之间存在信息不对称问题。这种单向的物流思维方式已经不再满足现代社会对于可持续发展的需求。现代物流是以"产品"为核心的流通方式，其目的就是将生产出来的产品及时地送到客户手中，而不是把它们转移到其他地方。另外，传统的物流方式通常被认为是生产和销售活动的补充工具，它主要发挥物品的传输功能。物流作为一种资源投入，其目的在于实现价值增值，为产品提供更多的附加值，从而获得

更大的经济效益。但是，在当今的企业环境下，物流在生产和销售中的策略性影响正日益显现。从这个意义上讲，物流管理就是对生产经营过程的延伸和补充。特别值得一提的是，随着全球范围内对 just-in-time（JIT）生产管理体系的广泛采纳与应用，时间已经变成了决定竞争成败的核心要素，而物流的行为方式则直接决定了生产决策的制定与实施。物流不仅能够缩短产品从原材料到最终消费者手中的距离，而且有助于减少库存、降低产品成本，从而提高经济效益。因此，现代物流不只是一种用于商品传输的手段，还是支撑企业战略决策的关键因素。

（1）美国的定义。在适应日益变化的市场环境和反思传统物流模式的背景下，1984 年，美国物流管理协会（2004 年已更名为"供应链管理专业协会"）作出了一个具有划时代意义的决策，将"物流"这一术语从传统的"physical distribution"更新为更为专业的"logistics"。他们重新定义了现代物流，即为了满足客户不断变化的需求，将原材料、半成品、成品及其相关信息从生产地高效、准确地转移到消费地的全过程，同时包括对存储过程进行精心计划、精准执行和高效管理的行为，以确保整个物流流程既高效又经济。这一变单仅体现了物流行业的专业性，也使其更加贴近实际，便于理解和操作。在这一背景下，美国物流专家提出了以客户满意为核心，包括成本效益分析在内的全新理念。这一定义着重于提高客户满意度和物流活动效率，同时扩展了物流的范围，从最初的销售物流扩展到了调达、企业内部以及销售物流等更多领域。美国物流管理协会 2000 年给出的定义：物流是供应链的一部分，是为满足客户需要，对商品、服务及相关信息在源头与消费点之间的高效（高效率、高效益）正向及反向流动与储存进行的计划、实施与控制的过程。

（2）我国的定义。国家标准《物流术语》指出，物流是"根据实际需要，将运输、储存、装卸、搬运、包装、流通加工、配送、信息处理等基本功能实施有机结合，使物品从供应地向接收地进行实体流动的过程"。物流还包含能量形式或其他形态的东西，这些事物就是物流中的"流"。在物流领域，所谓"物"指的是那些在物质资料世界中既具有物质实体属性，又能进行物理性迁移的物质资料部分。因此，物流中的"流"就是具有一定时空属性的物体间通过各种方式相互作用所产生的变化。"物"与"流"具有不同的概念内涵，前者包括所有物质形态的运动，后者则指各种能量或其他能量的流动。流动的范围既可以是地理上的广泛区域，也可以是在相同地理位置和环境下的微小移动，仅限于小范围的移动。这就决定了"物"与"流"的组合不是单一因素作用的结果，而是多种因素共同参与形成的综合过程。

（3）欧洲的定义。物流是在一个系统内对人员和商品的运输、安排及与此相关的支持活动的计划、执行与控制，以达到特定的目的。

（4）日本的定义。日通综合研究所出版的《物流手册》中这样解释："物流是将货物由供应者向需求者的物理性移动，是创造时间价值和场所价值的经济活动，包括包装、搬运、保管、库存管理、流通加工、运输、配送等活动领域。"日本工业标准的定义：

"物流是将实物从供给者物理性移动到用户这一过程的活动，由于空间上的间隔，物流的运输和仓储功能便应运而生。"商流与物流的最大区别就在于：商流往往需通过多个经营环节进行业务操作，确保交易的顺利进行；而物流则不受这些经营环节的束缚，它专注于商品的流动过程。物流会根据商品的特性（如种类、数量）、客户需求（如交货要求）及运输条件等，灵活规划运输路径，力求以最少的转运环节、最短的运输距离，高效、准确地将商品送达用户手中，确保商品按时保质到达目的地。这样的运作模式使得物流更加灵活高效，也更能满足现代商业对于快速响应和优质服务的需求。

二、传统物流向现代物流的演变

自物流概念诞生以来，它便与经济发展紧密相连，不断演绎着自身内涵与外延的发展与变化。历经短短数十年，物流业已日趋完善，迅速崛起为全球范围内充满活力和潜力的新型服务业。在我国，社会物流总额持续攀升，标志着物流业正迎来重要的战略机遇期。展望未来，我国物流业长期向好的基本态势不会改变，我们正向着"物流强国"的目标稳步迈进。

传统物流主要涉及物资的搬运和储存，涵盖了运输、包装、搬运、装卸、存储、处理和分发等环节，这是人们物品交换的逻辑结果。也就是说，只要存在贸易行为，物流活动就会随之而来。现代物流业是以提高资源利用效率和降低物流成本为目标的产业。现代物流业强调对物流的系统性管理，即通常所说的"整体物流"或"综合物流管理"。通过对物流信息进行科学的管理，现代物流系统能有效地提高物流效率，协调库存需求，减少运营成本，并确保整个物流流程具有高度的准确性。

随着计算机技术和互联网的普及，传统物流模式已逐渐向现代物流模式转变。现代物流在企业经营中发挥越来越重要的作用，成为企业获取竞争优势的有力武器之一。现代物流依托先进的信息技术，不仅将运输、包装、装卸、搬运、发货、仓储、流通加工、配送以及回收加工等多个核心环节高效地整合在一起，而且对信息进行精准处理，形成了一套综合化、一体化的物流活动模式。

（一）现代物流的特点

1. 反应快速化

现代的物流服务供应商能够迅速响应上游和下游的物流和配送需求，这不仅缩短了前置时间，还加快了配送速度，提高了商品周转频率，从而确保了物流流程的快速高效。

2. 功能集成化

现代物流以高度的专业性和综合性，将供应链上的各个环节进行一体化整合，形成了无缝衔接、高效运作的服务模式。

3. 服务系列化

现代物流不仅延续传统的物流服务，而且向着更广阔的领域延伸，提供了一系列增值服务，包括市场调查与分析、需求预测、原材料采购、订单处理、定制化配送、专业咨询、定制化方案规划、库存优化建议、货款结算协助，以及物流领域的专业教育培训等，服务内容更加全面、系统，以满足客户多样化的需求。

4. 作业规范化

现代物流注重标准化和程序化，以确保复杂的工作流程变得更为简洁、易于推广和评估，从而提升整体作业效率。

5. 目标系统化

现代物流秉持系统思维，对公司各项物流活动进行全局性的规划与整合。它不仅仅着眼于单一物流环节的最优，而是追求物流与公司整体商业活动、战略目标之间的和谐统一，以实现公司整体业务表现的最佳。这种系统化的目标设定，确保了物流在公司运营中的高效协同，从而为公司带来更大的竞争优势。

6. 手段现代化

现代物流系统采用了尖端的技术、工具和管理策略，例如计算机技术、通信技术和机电集成技术，以实现物流系统机械化、自动化、无纸化和智能化的发展目标。

7. 组织网络化

随着生产和流通的空间不断扩大，为了确保商品销售得到物流迅速和全面的支持，现代物流系统需要一个完整和健全的物流网络，确保网络上的点与点之间的物流活动能够保持系统性和一致性。因此，物流系统必须是一个具有高度灵活性的复杂庞大的系统，确保整个物流网络达到最佳的库存水平和分布，使得运输和配送变得迅速和灵活，既可以展开也可以收缩，形成运行迅速且灵活的供应链。

8. 经营市场化

从我国目前情况看，在市场经济体制下，由于存在着多种经济成分和各种经济主体，所以物流市场是多元的。在现代物流领域中，无论是企业自主管理的自营物流，还是选择将物流业务交由专业公司打理的第三方物流，它们的核心目标始终是寻求"服务与成本"之间的最佳平衡。值得注意的是，随着物流业的发展，物流的社会化和专业化已成为大势所趋。即使是那些传统的、尚未全面融入社会化体系的物流组织，也开始引入严格的经济核算，以确保资源的高效利用和成本的有效控制。

9. 管理智能化

智能化就是在生产或服务过程中对人、设备及环境进行自动监视、控制及决策支持，从而实现整个系统的最优化运行。随着科技的飞速发展及其在各个领域的广泛应用，物流管理也经历了翻天覆地的变革，从最初的手工操作，到逐步实现的半自动化、全自动化，直至如今迈向的智能化管理，每一步都彰显着物流管理的专业性与创新力。智能化管理不仅提升了物流效率，还优化了资源配置，使物流服务更加精准、高效。

（二）传统物流与现代物流的关系

1. 传统物流与现代物流的联系

（1）传统物流作为物流领域的基石，为现代物流的发展提供了宝贵的经验和启示，是现代物流的原始形态和理论研究的起点。

（2）现代物流是在传统物流的基础上，通过整合与集成，实现了更高效、更智能的物流运作。

（3）在现代物流活动中，我们仍然可以看到传统物流的影子，因为许多最基本的物流活动都源自传统物流，并在现代物流体系中得以延续和升华。

在全球范围内，现代物流常被称作一体化物流、供应链管理等，这是为了与传统物流进行区分。现代物流业是一种先进的组织方式和管理手段。现代物流系统将各种功能，如运输、存储、装卸、搬运、包装、流程处理、配送和信息处理等紧密地融合在一起。它是集信息流、资金流和实物流于一体的新型经济活动模式。在传统物流体系中，各个环节往往呈现为孤立的状态，缺乏整体性的整合与协同，运输、装卸、仓储和加工等环节都是由互不交流的不同经济实体来负责的，而这些实体之间往往并没有形成利益共赢的关系。

2. 传统物流与现代物流的区别（表1-1）

表1-1　传统物流与现代物流的区别

项目	传统物流	现代物流
物流服务	各种物流功能相对独立；无物流中心；不能控制整个物流链；限地区内物流服务；被动服务；短期合约；价格竞争；提供标准服务	强调物流功能的整合；有物流中心；供应链的全面管理；跨区域的物流服务；主动服务；第三方物流的普遍应用；长期战略伙伴条件；降低总物流成本；增值物流服务；定制物流服务
物流信息技术	无外部整合系统；有线或无线的EDI（电子数据交换）联系；无卫星跟踪系统	实时信息系统；广泛应用EDI；有卫星跟踪系统
物流管理	现代管理程度有限或没有现代管理；分散管理	现代化、信息化管理；系统管理；全面质量管理等

第三节　物流的特征、分类及作用

一、物流的特征

（一）物流电子化

物流电子化与物流信息化互为支撑、相辅相成，共同推动了现代物流行业的迅猛发展。物流电子化与物流信息化不仅是科技进步的结晶，也是现代物流发展的强大动力。其中，电子数据交换技术作为电子商务的先驱，其诞生源于简化烦琐、耗时的订单处理流程的迫切需求，通过电子化手段大幅提升了订单处理的效率和准确性，为现代物流的快速发展奠定了坚实基础。物流电子化的核心目的是加速物流运作，提升资源配置的效率和利用率，确保物流过程更加高效和流畅。物流电子化的应用旨在解决商流、物流、资金流和信息流传递过程中的效率瓶颈，通过精准的数据处理和自动化的流程管理，实现物流效率的最优化。

物流的特征、
分类及作用

（二）物流信息化

物流信息化给物流信息的表示、传递、储存及使用等方面带来了革命性的变革，彻底颠覆了传统物流的操作模式。物流信息技术革命是物流产业发展的重要标志之一。这一变革涵盖了物流信息的数字化表达，自动化和代码化的物流信息收集，计算机化的物流信息处理，网络化、标准化和实时化的物流信息传递，数据库化的物流信息存储，系统化的物流信息管理，个性化的物流信息查询，以及物流信息商品化等多个方面。

（三）物流自动化

物流自动化的成功实施依赖于先进的信息化技术，机电一体化技术的运用则是其核心要素。随着社会的高速发展，物流行业面临日益严峻的挑战。为满足现代化企业对于高效、精准管理的迫切需求，传统的人工物流作业模式已逐渐显得力不从心。物流自动化最明显的特点是其操作流程完全自动化，从而极大地提高了整体物流流程的活跃度和工作效率。物流自动化不仅提高了运输速度，也降低了人力成本。在整个物流操作流程中，物流自动化技术得到了普遍应用，具体包括条码/语音、射频自动识别、自动分拣、自动存取、自动导向和货物自动跟踪等多个子系统。在发达国家，这些尖端的自动化技术已经在物流操作中得到了广泛应用，并带来了显著效益，大大提高了物流操作的效率和精确度。尽管我国的物流行业起步较晚，发展速度和自动化水平都相对较低，但物流行业向自动化方向发展是历史进程中的必然选择。因为物流自动化拥有使企业降低人力成本、提高劳动生产率、减少库存积压、节约运输成本、增强市场竞争力等诸多优势，所以随着我国经济的稳步增长和科技的持续创新，物流自动化将很快成为现实。

（四）物流智能化

物流智能化是物流自动化和物流信息化持续演进的必然结果，它代表了物流行业专业性和技术创新的深度融合。在物流运作的复杂过程中，许多关键决策，如模拟并优化物流运作方案、精确设定和控制库存水平、高效运行和控制自动导向与自动分拣系统，以及优化自动存取系统的操作等，都需要高度智能化的技术来支持。随着物流自动化的持续深入，物流智能化已跃升为物流行业面临的核心技术挑战与关键解决方案。目前，部分发达国家已研发出"专家系统"、智能机器人等前沿的物流智能化技术，并在物流行业中得到广泛应用，取得了显著的成效。为了实现物流行业的现代化转型，提升物流智能化水平是一条必经之路。

（五）物流柔性化

物流的柔性化理念实际上是为了践行"以用户为中心"的服务宗旨而诞生的。在物流这个服务行业里，要实现运作的柔性化，就意味着物流企业需精准把握用户需求，灵活调整运营策略，确保对用户的物流服务需求作出迅速而准确的响应。这样的柔性物流运作不仅能够降低企业的运营成本，还能显著提升企业的服务水平，从而增强企业的市场竞争力。20世纪90年代末，全球范围内涌现了一系列先进的生产和管理技术，如柔性制造（FMS）系统、计算机集成制造（CIMS）系统、物料需求计划（MRP）系统、制造资源计划（MRPⅡ）系统、企业资源计划（ERP）系统、准时制（JIT）系统和供应链管理（SCM）系统等。这些技术旨在整合和优化生产与流通流程，确保企业能够根据用户的个性化需求来高效组织生产和物流活动，体现了物流柔性化的核心理念。这些先进技术的应用提高了物流效率，降低了生产成本，增强了市场竞争力。在当前强调"以用户为中心"的市场策略下，物流的操作方式需要更为灵活，以应对社会经济增长和市场竞争的挑战。

二、物流的分类

尽管所有领域物流的基本元素都是一致的，但由于物流涉及的对象、目标、范围和范畴各不相同，因此物流的种类也存在差异。

（一）按物流领域分类

1. 宏观物流

宏观物流（macroscopical logistics）即从社会再生产全局视角审视的物流活动，它涵盖了社会再生产整体的物流动态。参与这一层面物流活动的主体多为社会关键产业或大型利益集团，它们之间的经济联系紧密，生产经营过程呈现出高度的同步性、连续性和规模经济性。因此，宏观物流必然与宏观经济背景相契合，形成一个统一协调的整体。

宏观物流的考察范围不仅仅局限于物流活动本身，还深入产业或集团的物流行为与运作策略。从空间维度来看，宏观物流通常涵盖大范围的物流活动，与小范围的微观物流形成对比。宏观物流关注的是物流的全过程，而非单一环节。

在物流活动领域，宏观物流与社会物流、国民经济物流、国际物流等紧密相连。宏观物流主要体现在综合性和全局性上，着眼于物流的整体结构、物流与社会经济的互动关系、物流在国民经济中的地位、物流与经济增长的联动机制，以及社会和国际物流系统的构建与运作等。

2. 微观物流

微观物流（microcosmic logistics）更加关注具体的物流活动，这些活动通常由消费者、生产企业等实体执行。微观物流特指在物流活动中针对某一特定环节、局部或特定产品的精细化操作过程。微观物流涵盖了多个细分领域，如企业内部的物流运作（企业物流）、生产过程中的物料流转（生产物流）、供应链的上游供应（供应物流）、产品的市场销售配送（销售物流）、产品使用后的回收（回收物流）、废弃物的处理（废弃物物流），以及日常生活中的物品流转（生活物流）等，这些都属于微观物流的范畴。这些物流活动在各自领域内扮演着重要角色，共同构成了物流体系的微观层面。由于每个企业所从事的经营活动各不相同，因而形成了不同种类、不同形式、不同规模、不同内容的企业间物流活动。这类活动是在一个相对较小的地理范围内进行的，具有明确性和局部性。因此，微观物流的发展与宏观物流有着密切的关系，它可以影响宏观物流的决策。微观物流研究更接近实际情况，目的是为企业提供具体的物流策略和解决方案。

（二）按物流活动空间分类

1. 国际物流

国际物流（international logistics）是指跨越不同国家（地区）边界的物资流动。它不仅仅局限于货物的跨国运输，而且涵盖了从货物的起始点到目的地的整个物流链条，包括货物的运输、储存、装卸、搬运、包装加工，以及贯穿始终的信息传递等各个环节。这些环节相互衔接、紧密配合，确保国际物流高效、顺畅地进行。这种物流活动是由于全球各国（地区）在进行国际贸易时，商品从一个国家（地区）流向另一个国家（地区）所引发的。在经济全球化和区域经济一体化进程中，国际贸易与国际物流相互促进、相互融合。在现代物流领域中，国际物流是一个发展迅速且规模宏大的部分。由于国际贸易具有很强的地域性和全球性特征，因而国际物流也就成为一种国际性的经济现象。近年来，随着国际贸易的飞速增长和国际分工的不断深化，国际物流的议题逐渐成为现代物流研究领域的焦点。

2. 国内物流

国内物流（national logistics）是指在一个国家地域范围内的物流活动。物流是经济发展到一定阶段的产物。在国民经济的生产性服务业中，物流占据了至关重要的位置，因此它被纳入国民经济的整体规划之中。物流发展水平既反映了社会经济发展程度和现代化进程，也是衡量一国综合国力和国际竞争力的重要指标之一。在构建一个国家的物流系统时，我们应该从一个宏观的角度出发，努力推动国家物流的系统化、规范化和标准化进程。

3. 区域物流

区域物流（regional logistics）是指一个国家某一区域内的物流。在一个经济区域内，所有的物流活动都受到相同的法律、规章和制度的约束，同时也受到相似的文化因素和社会因素的影响，它们在科技和装备方面的水平基本一致，因此每个区域都具有其自身的独特性质。由于区域经济发展水平差异很大，因此对区域物流进行合理划分显得尤为重要。关于区域物流的分类，存在多种不同的划分准则。根据行政区划进行划分，例如华东地区和华北地区等；基于地理位置的分类，例如长江三角洲、珠江三角洲和河套地区等。

（三）按物流的作用分类

1. 供应物流

提供原材料、零部件或其他物料时所发生的物流活动称为供应物流（supply logistics）。在商品交易的流通环节中，供应物流是指从买方的角度出发，在商品交易过程中进行的一系列物流操作，目的是实现商品的有效配置。供应物流主要通过采购、运输、仓储等环节来完成商品的流通任务。对于生产型企业来说，供应物流的核心任务在于精准高效地确保原材料和零部件能够准时无误地抵达生产工厂，为生产线的顺畅运行提供坚实的物料保障。它是制造过程中一个不可或缺的重要环节。供应物流也被视为一种重要的增值服务业务，具有高投入、高回报、高风险的特征。鉴于原材料和零部件之间有固定的比例关系，供应链的核心任务就是确保原材料得到适当的存储、精确的分类、及时的配送，以及进行必要的加工和预处理工作。考虑到供应物流经常导致大量企业的流动资金被占用，因此对其实施严格和合理的管理是控制企业运营成本的关键。

供应物流面临的挑战是，除了实现供应目标外，还需要在特定条件下，以最低的成本和最小的消耗来组织物流活动。在非短缺经济时代，实现这一目标无疑是一项充满挑战的工作。在这种情况下，供应物流成为一种全新的经营理念和管理模式。在当前的市场背景下，企业之间的竞争焦点已经转向如何更有效地降低物流过程中的成本。因此，企业在供应物流方面的主要职责是建立高效的供应链网络，选择最合适的供应策略，并致力于实现零库存的目标。

2. 生产物流

在企业生产过程中，对原材料、在制品、半成品直至最终产成品所进行的一系列物流操作，称为生产物流（production logistics）。这是一种贯穿整个生产流程，从原材料采购直至最终产品交付给客户的全程物流活动，充分体现了物流在生产过程中的专业性和重要性。这一环节是制造业特有的，与整个生产流程密切相关。在整个生产流程中，原材料和半成品等物资都按照预定的工艺流程在各个环节之间顺畅流通，从而构建了一个高效的生产物流体系。因此，对生产物流进行合理配置，在确保工厂生产流程的有序性和减少生产开销方面起到了重要的作用。伴随着制造业向数字化工厂的转变，生产过程中大量的数据采集与分析工作都被纳入信息化系统之中。这一技术进步不仅展现了物流科技的迅猛发展，也凸显了制造业在提高生产效能和降低生产成本方面的持久追求。

3. 销售物流

销售物流（distribution logistics）作为物流领域中的一个关键环节，专指企业在将商品推向市场并完成销售过程中所涉及的一系列物流活动。销售物流包括从供应商到顾客之间的货物流动和运输等环节。在目前以买方市场为主导的市场环境中，销售活动越来越注重其服务特性，目的是全方位地满足买方的各种需求，进而推动销售活动取得成功。从本质上看，销售物流主要涉及运输和配送两个环节，而这两个环节均需要借助一定的技术手段来实现。在当前的市场环境中，销售活动通常以确保产品顺利送达消费者手中，并提供全面的售后服务为最终目标。销售物流与其他物流不同，它是通过将产品送到用户手里或送至消费者手上进行最终消费。企业销售物流的核心在于通过一系列物流活动，如精心包装、及时送货和高效配送等来实现销售目标。为了实现预定的目标，企业必须对送货模式、包装质量和运输路径等进行深入的研究，并灵活运用各种物流手段，例如小批量、多批次和定时定量配送等，以适应不同客户群体的多样化需求。此外，还可以在销售过程中有效控制物流成本，从而使企业获得更好的经济效益。

4. 回收物流

在物流领域中，当退货、返修物品以及周转使用的包装容器等物品从消费者（需方）被退回至供应商（供方）时，所触发的一系列物流活动被称为回收物流（returned logistics）。在公司的内部环境中，如果回收的物品没有得到妥善处理，这不仅会对生产环境造成污染，还可能对产品的品质和生产效益产生直接的负面影响。此外，大量的回收物还存在着严重的安全隐患，不恰当的处理方式还会占据大量的存储空间，从而降低公司的运营效益。因此，企业的持续发展在很大程度上依赖于专业的物流管理和废物回收策略。

5. 废弃物物流

废弃物物流（waste material logistics），作为物流领域的一个重要分支，专注于处理在经济活动中失去原有使用价值的物品。在公司的制造、供给和市场销售过程中，经常会产出各式各样的废弃物和边角料。这些废弃物主要包括废报纸、废电池、废旧电视机、废弃计算机、报废汽车及各类包装废弃物等。对这些废物进行高效的回收与管理，在物流过程中是至关重要的环节。随着社会经济发展水平的提高和人们环保意识的增强，人们对废弃物的处理也越来越重视。这些物品需经过专业的收集、细致的分类、必要的加工与包装、规范的搬运以及妥善的储存等流程。废弃物物流包括废物回收、废旧物资处置，以及废弃产品再生等内容。废弃物物流的核心目标是重视目标物品的潜在价值或使其获得被再次利用的机会，从环境保护的视角出发，进行焚烧、化学处理或将其运送到特定地点进行妥善处理。

（四）按物流系统性质分类

1. 社会物流

社会物流（external logistics）是指在流通行业中发生的各种物流活动，它是整个社会物流体系的一部分，因此一些人也将其称为大型物流或宏观物流。社会物流不仅是国民经济达到一定发展阶段的自然结果，还揭示了生产要素在地理空间上的分布模式，同时也反映了经济活动在社会层面上的社会化水平。社会物流一般包括商品流通过程和服务过程两个方面，前者为后者提供必要的物质技术基础，而后者则为前者创造良好的外部环境条件。

社会物流流通网络构成了国民经济的生命线，流通网络分布的合理性和流通渠道的流畅性都是极其关键的因素。我国目前存在着大量不合理甚至不规范的流通体系，造成了资源浪费、环境污染等一系列问题。为了实现更高的经济效益和社会效益，我们必须运用前沿的技术和策略对流通体系实施科学的管理和有力的控制。

2. 行业物流

虽然企业在市场竞争中可能会成为对手，但它们在物流行业中更可能频繁合作，以共同推动行业物流（profession logistics）的系统优化。在供应链管理中，企业之间建立起战略联盟关系，并将其应用于物流活动，确保每个参与的企业都能从中受益。以日本的建设机械行业为例，其物流系统化的核心内容包括：如何高效利用各种运输工具；各企业间物资的流动。

3. 企业物流

企业物流（internal logistics）是指企业在其日常经营活动中所涉及的物流活动，这些活动贯穿于从原材料采购到产品最终交付给客户的整个业务流程。企业作为一个以盈利为目标的经济实体，其核心在于通过提供产品或服务来满足客户需求。这与经济领域中的其他实体，如政府和个人，有着明显的区别。企业物流侧重于内部运营的效率优化和成本控制，以确保商业活动的顺畅进行。企业物流包括采购、生产和销售三个阶段。对于一个制造业企业来说，首先需要采购必要的原材料，接着经历多个加工步骤，最终将产品推向市场销售。为了实现这一目标，企业必须从外部采购各种物资，并进行运输、保管等工作。

（五）按物流主体的性质分类

1. 第一方物流

所谓第一方物流（first - party logistics），是指物资供应者自行负责将货物送达需求方，从而实现物资在空间上的有效转移。在生产经营活动中，物流是一个重要环节，它既包括从原材料到最终产品的流动，也涉及产品销售与服务这两个方面。历史上，许多制造业企业都有自己的大型运输设备（例如车辆、船只等），以及为运输自家产品服务的仓储和其他物流工具，以确保产品在空间上的移动。在生产过程中，由于物料种类繁多，数量不一，因此企业一般不会将货物全部运出。尤其在产品传输量较大的场合，企业更倾向于自行承担物流职责。

2. 第二方物流

第二方物流（second-party logistics）是指物资需求方自行解决所需物资的物流问题，从而实现物资在空间上的位移。它是把供应企业与使用企业连接起来，通过运输、仓储等环节，使之相互衔接，形成一个完整的物流系统。传统上，许多大型企业都配备了自己的运输设备和商品存储仓库，以应对从供应站至商场的物流挑战。

3. 第三方物流

第三方物流（third-party logistics）是指生产和经营企业为了更好地专注于其核心业务，将原先独立处理的物流任务通过合同形式交给专业的物流服务公司，并通过信息系统与这些物流服务公司保持紧密沟通，从而实现对物流过程的全面管理和控制。

第三方物流服务作为一种专业的物流解决方案，既非源自供应商（第一方），也非源自客户（第二方），而是作为一个独立的专业组织，与这两方合作，提供全方位的物流服务。它不涉及商品的所有权或交易，而是基于合同和合作伙伴关系，为客户提供高度定制化和信息化的物流代理服务。这种服务模式是现代物流业发展的重要方向，已在全球范围内得到广泛认可和应用。

在国际舞台上，第三方物流技术已经在企业运营中取得了显著成效。国内的大中型企业也开始意识到其重要性，并积极探索和应用。第三方物流服务涵盖的范围十分广泛，包括但不限于物流系统设计、电子数据交换能力、报表管理、货物集运、承运人和货运代理选择、海关代理、信息管理、仓储服务、专业咨询、运费支付与谈判等多元化服务。这些服务旨在帮助企业提升物流效率，降低成本，增强竞争力。

三、物流的作用

物流不仅是一种增值的经济行为，也是导致成本上升和环境压力增加的经济活动。因此，从经济学角度讲，物流既具有价值属性，又具备使用价值属性。物流活动本身是一种耗费资源和消耗能源的社会行为。人们应在努力减少物流成本和减轻环境负担的同时，确保物流活动的价值得到提升。

（一）物流创造时间价值

从供应者到需求者，本身就存在一段时间的间隔，改变这种时间差所产生的价值被称为"时间价值"。在现代物流领域中，时间价值被赋予了前所未有的重要性。在企业的日常运营和市场竞争中，时间被视作一种极为珍贵的资源。时间价值不仅是企业实现市场竞争优势的关键因素，而且在资源配置中发挥着核心作用。通过精细化的时间管理和物流优化，企业能够有效提升运营效率，进而增加经济效益和社会效益。在物流行业中，时间价值的重要性日益凸显，已成为推动行业发展和企业进步的重要动力。这里以物流成本为切入点，分析在市场经济环境下，如何利用"时间价值"来提升物流效率、降低物流成本。

1. 缩短物流时间

减少物流所需的时间，可以降低物流损耗、减少物流消耗、提高物流周转效率以及节省资金等。因此，世界上许多国家都把加快物流速度作为发展国民经济和提高经济效益的一项重要措施，并取得了一定成效。观察整个社会的物流状况，提高物流效率和减少物流所需时间是物流行业必须遵守的经济原则。

2. 通过时间差创造价值

供应与需求之间存在显著的时间间隔，这是一个普遍的现实。在这里，"时间"被认为是一种重要的生产要素，它可以用来改变商品本身的形态，也可以用来调节生产过程中各环节间的比例关系。这便是人们常说的"时间价值"。但是，商品本身不具备自动缩短这段时间间隔的能力。例如，如果没有有效的解决办法，集中生产的粮食除了在当地被少量消耗外，很可能会损坏或腐烂，而在非生产阶段，人们将无法找到可以食用的粮食。因此，想要提升商品的品质，就必须缩短流通过程中的时间间隔。为了使这种时间差距得到补偿，就需要对商品流通进行必要的控制。物流的目标是利用科学系统的方法来补偿和调整时间上的差异，从而实现其"时间价值"。从这个意义上讲，延迟物流时间就等于减少了流通成本。所谓延迟物流时间，是指将从原材料到最终产品的整个过程中消耗的大量人力、物力和资金，重新分配给消费者或有需求的人。延迟物流时间不仅能节省资金，而且能减少库存费用，增加利润空间。在物流系统中，存在着大量的"延迟物流"，它与其他物流方式相比具有独特的优势。比如，秋天产出的粮食和水果等农产品，可以通过物流储存和储备的方式，有计划地延长物流周期，以满足人们多样化的需求；夏季大量消耗的能源，通过物流的运输环节得到充分利用。由于物流因素，季节性生产的产品被提前运出市场，其核心思想是通过有计划地延长物流时间和增加时间差来创造更多的价值。商品可以通过延迟物流时间，在一个更好的时间节点上实现更高的价值。

（二）物流创造空间价值

"物"的价值在供应者和需求者之间呈现出明显的空间差异。供应者和需求者往往处于不同的地理位置，这种由于"物"的位置变化所带来的价值被称作空间价值。物流作为一种生产要素投入，其作用在于为消费者提供产品或服务。现代社会的产业结构和社会分工决定了物流如何创造空间价值。由于供应和需求在地理位置上有所不同，因此商品在各个不同的区域都有其独特的价值。物流活动对商品在地域间分布产生影响，进而改变商品在空间上的配置结构。利用物流手段，商品能够从价值较低的区域转移到价值较高的区域，从而实现价值的提升。

在全球经济一体化的浪潮下，一个至关重要的策略就是在成本效益最优的区域进行生产，以构建高效的国际分工和全球供应链。这样做不仅能确保产品的成本竞争力，还能提升整个供应链的灵活性和响应速度，从而更好地满足全球市场的需求。为了满足这种需求，必须建立与之相适应的全球价值链。借助高效的物流体系和全球化的供应链，我们有能力在最具价值的地区进行销售活动。因此，企业应该以提高物流效率来提升竞争力，进而实现增加利润、降低经营成本、促进增长以及增强竞争优势的目标。信息技术与现代物流技术为实现这一目标提供了强大的支撑，这使得物流有能力创造更多空间价值并实现增值。

（三）物流创造加工价值

在物流的视角下，生产过程中的"物"经过精心加工，其附加价值得以显著提升，进而实现新的使用价值。这正是生产过程的核心价值所在，也是物流链中不可或缺的一环。对物品的精确处理，不仅增强了产品的市场竞争力，也给企业带来了更高的经济效益。"物"经过加工而形成商品并实现其效用时，"物"也就转化为具有一定形态和质量的产品。因此，在物流流通的过程中，可以利用流通加工的独特生产方式，让流通中的"物"通过特定的加工手段增加其附加价值。例如，到达消费市场后的玻璃裁剪和机电产品组装，这些都是物流创造加工价值的体现。

第四节　物流学说及其观点

一、商、物流分离学说

无论是商流还是物流，它们都构成了流通的一部分，只有将这两部分结合起来，商品才能从供应方顺利转移到需求方。从这个意义上讲，二者并不完全等同，它们之间存在着明显差别。在商品交易完成后，即商品的所有权正式转移给买方之际，这些商品便需要按照买方的具体需求进行精准、高效的转移。这一过程正是物流活动的关键环节，它确保了

物流学说及其观点

商品从卖方到买方的顺畅流通，满足了客户的实际需求，同时也体现了物流行业的专业性和高效性。商流和物流都属于经济领域中的重要方面，二者有着密切的联系，并具有相互转化、相互促进的功能。物流构成了商流的物质基础，而商流又是物流的引领者，两者相互补充，紧密协作，缺一不可。如果把整个社会经济看成一个系统，那么物流就是这个系统中不可分割的一部分。从宏观角度看，商流和物流总是相互伴随的。商流与物流都存在着一个共同的目的——满足消费者对商品的需求，而不是争夺市场。仅在特定的流通环节中，商流和物流活动才有可能单独进行。因此，研究商流与物流之间的内在联系，对于促进商品流通、加速资金周转有重要意义。虽然商流与物流之间的联系极为紧密，但它们各自拥有独特的活动模式和固有规律。在商业企业中，商流是指商品流转过程中所经历的所有环节，包括进货、销售、储存、调运、结算、调拨、

保管等一系列活动。在商业流程中，业务活动通常需要经过一系列的经营步骤，然而，物流活动并不会受到这些环节的限制。物流管理就是要以最经济有效的方式组织商品流通，减少流通过程中不必要的消耗，降低成本，提高效益。物流系统凭借对商品种类、数量、交付标准和运输条件等多元化因素的精准把控，能够确保商品通过精简高效的物流路径，以最少的环节和最短的时间，准时且高质量地送达用户手中。

在实际的经济活动中，商品交易的场所并不总是商品实际流通的首选路径。商品从生产到消费的整个流转过程要经过许多环节，而这些环节又是有规律可循的，即具有一定的顺序性。当商品的交易路径与实物的移动路径完全吻合时，常常会出现实物流动路径的曲折、逆流和重复等不合逻辑的情况。物流之所以能被人们深入了解和认识，正是在商流与物流分离的背景下得以实现的。同样，物流学的创立与发展也离不开这一基础。在精心组织流通活动的过程中，我们始终遵循商流与物流分离的原则，这不仅是为了满足提升社会经济效益的客观需求，而且是企业现代化进程中的必然选择。这一原则不仅体现了物流的专业性，也使物流活动更加高效、有序，从而为企业和社会创造更大的价值。

二、物流的"黑大陆"说

美国知名的管理学专家彼得·德鲁克（Peter Drucker）曾经明确指出："流通是经济领域里的黑暗大陆。"而德鲁克所指的流通则是一个泛称。

然而，在流通行业中，物流行为的不确定性特别明显，导致人们对其了解不深，因此，"黑大陆"说主要是针对物流行业的。

三、物流的"冰山"说

物流的"冰山"说是由日本早稻田大学的西泽修教授提出的。在深入研究物流成本的过程中，他发现当时的财务会计体系和核算方法都无法真实反映物流费用的实际状况，导致人们对物流费用的认识相当有限，甚至存在很大误解。物流成本的真实状况究竟怎样呢？他将这种状况形容为"冰山般的物流"。所谓物流就是货物从起点到终点之间的所有活动。其显著特性在于，大多数沉没在水面之下的部分是我们无法观察到的，而我们所观察到的仅仅是物流活动的一个环节。

四、"第三利润源"说

1970 年，日本早稻田大学的西泽修教授提出了"第三利润源"说。

通过对历史变迁的观察可以认识到，在整个人类历史发展过程中，曾经有两个主要的盈利领域：一是生产领域，二是消费领域。工业时代的特点是以大规模生产为特征，以大量消耗原材料和能源作为其发展动力。在生产力尚未发达、社会产品供不应求的历史阶段，制造企业无须过多担忧销售问题，几乎可以无限制地销售其生产的任何数量的产品。因此，这些企业开始专注于大规模的设备更新与改造，旨在提升生产能力，扩大产品数量，并降低生产成本。通过这样的方式，企业能够创造更多的剩余价值，这也是我们通常所说的"第一利润源"，体现了物流在生产与供应链管理中的基础性价值。

随着市场经济的逐步确立和完善，企业之间的竞争日益激烈，产品的市场竞争已由价格竞争转化为质量和服务等方面的竞争。因此，为了生存与发展，企业就必须想方设法地开发新产品。当一种产品在市场上泛滥，导致供大于求，销售面临挑战，难以持续增长时，企业会考虑通过降低人力成本等来寻找新的盈利途径。在经济活动中，人是最基本的资源，因此人力资源的开发和利用亦成为企业获得利润来源的重要因素。在人力资源领域，最初的目标是提供低成本的工作，但随着科技的进步，人们开始提高劳动效率，减少人力的使用，或者采用机械化和自动化的方法来减少劳动的消耗，这样可以有效地降低成本并增加盈利，这种方式被称为"第二利润源"。

但是，随着这两大利润来源的潜力逐渐减少和利润拓展逐渐困难时，物流行业的巨大潜力开始受到人们的关注，这也是西泽修教授提出的"第三利润源"观点的由来。

五、效益背反说

"效益背反"实际上是物流系统中某些功能组件之间的盈亏矛盾。具体而言，当一个功能组件被优化并获得效益提升时，其他一个或多个功能组件可能会因此受到经济上的损失。以包装与运输环节为例，包装成本越低，获得的利润也就越高。在商品的销售过程中，由于消费者对产品数量、质量等方面有更高的要求，包装费用往往高于其他物流活动的支出。当商品开始流通时，简化的包装可能会削弱产品的保护功能，这可能导致储存、装卸和运输等关键环节的工作效率下降，从而带来巨大的经济损失。所以在物流过程中，要使整个系统达到最优状态，必须从整体出发，对物流各环节进行综合平衡和协调。

六、成本中心说

成本中心说的核心思想是强调物流活动在企业成本构成中的重要性。物流成本是企业成本中涉及运输、仓储等与物流相关的费用，构成了企业成本的核心部分。现代物流不仅要求降低物质消耗，而且要求减少资源浪费和提高生产效率。因此，解决物流难题的关键不仅仅是追求流程的合理化和现代化，也不仅仅是为了支持和确保其他各种活动的顺利进行，更重要的是通过优化物流管理和执行一系列的物流活动来实现成本的降低。成本中心说认为，任何一个组织都存在着与之相适应的各种资源。物流成本的管理对于企业的盈利至关重要，因为它不仅是企业成本的重要组成部分，也是我们降低成本的重要突破口。以具体数字为例，假设我们的销售额达到 100 万元，其中利润为 10 万元，物流成本占据了其中的 10 万元，即销售额的 10%。在这样的背景下，每当我们能成功降低 1 万元的物流成本，就意味着我们直接增加了 1 万元的利润。

值得注意的是，为了创造这额外的 1 万元利润，我们需要销售额外的 10 万元产品。换句话说，降低 1 万元的物流成本所带来的效益，等同于我们实现了 10 万元销售额的增长。这与物理学中的杠杆原理颇为相似，即在物流成本这一"支点"上施加微小改变，就能撬动销售额的显著增长。因此，有效管理和降低物流成本，对于提升企业的整体经济效益具有举足轻重的作用。

七、服务中心说

服务中心说凝聚了美国、欧洲等地学者对物流领域的深刻洞察。这些学者认为，物流活动的核心价值不仅体现在为企业减少成本、增加利润上，更重要的是通过提升企业对用户的服务水平来增强企业的市场竞争力。因此，在物流的表述上，他们更倾向于使用"后勤"这一词汇，以凸显其服务的核心功能。

物流作为一个错综复杂的系统，由一系列相互关联、互为支撑的要素构成。这些要素包括原材料、零部件，以及贯穿产品生产过程的各种运输方式、仓储设施等。它们共同协作，确保物流流程的顺畅进行，为企业提供高效、准确的服务，从而满足用户需求，增强企业的竞争力。企业可以通过优化物流服务，利用其整体实力来降低成本并提高盈利，从而提升供应链的反应能力，最终促进产业协同发展。

八、战略说

战略说作为当前流行的观点，正被学术界和产业界广泛接受。人们逐渐认识到，物流并不仅仅是一个日常操作层面的任务，而是具有深远的战略意义。它已经成为推动企业持续发展的核心战略之一，为企业赢得了重要的竞争优势。这种观念的转变，凸显了物流在现代企业管理中的重要地位。近年来，物流作为国家经济建设的重要组成部分，受到了越来越多的重视。然而，仍有一部分企业由于认知不足，认为物流只是一个辅助环节，甚至有些观点认为物流就是物流公司的事情。那么，物流是不是一种独立于企业之外的活动？什么构成了企业的战略方针呢？企业的目标就是盈利，这是一个根本问题。它关乎企业的生存与发展。物流会对企业的生存和发展产生影响。物流战略不仅仅是在流通环节进行一些合理的调整，它注重全面的优化，而不是仅仅对局部进行改进。因此可以说，战略说将物流的重要性提升到了一个非常高的层次。

◖ **复习与思考题** ▮▮▮▶

一、选择题

1. 物流概念最初在（　　　）产生。

A. 美国　　　　　　B. 日本　　　　　　C. 英国　　　　　　D. 中国

2. 以下不属于物流特征的是（　　　）。

A. 物流电子化　　B. 物流信息化　　　　C. 物流自动化　　　　D. 物流成本化

3. 以下不属于物流作用创造的价值的是（　　　）。

A. 空间价值　　　B. 时间价值　　　　C. 加工价值　　　　D. 形体价值

二、简答题

1. 物流具有哪些特征？

2. 物流的作用是什么？

3. 物流理论都有哪些学说？

4. 现代物流理论有哪些新发展？

5. 什么是效益背反？试以实例说明物流活动中存在的效益背反现象。

第二章　物流管理

教学目标

经过本章的深入学习，学生应能理解管理与物流管理的基本概念，并熟悉现代物流管理的核心特征及其涵盖的内容。同时，学生应掌握物流战略管理的基本框架，以帮助企业在复杂多变的市场环境中作出物流决策。此外，学生还应了解物流成本管理的重要性，以及如何通过优化服务管理来提升客户满意度和企业竞争力。

案例导入

亚马逊的物流管理之道

亚马逊作为全球最大的电子商务公司之一，其成功的背后离不开高效的物流管理。亚马逊的物流管理策略不仅确保了商品能够准确、快速地送达消费者手中，还大幅降低了运营成本，提升了客户满意度。

首先，亚马逊建立了完善的仓储和配送网络。通过在全球范围内布局多个仓储中心，亚马逊能够实现商品的快速调配和配送。同时，亚马逊还利用先进的物流技术，如自动化机器人、智能分拣系统等，提高了仓储和配送的效率。

其次，亚马逊注重物流信息的实时更新和共享。通过先进的物流信息系统，亚马逊能够实时追踪货物的位置和状态，确保客户能够随时了解订单的配送情况。此外，亚马逊还与供应商、第三方物流公司等合作伙伴建立了紧密的合作关系，共同优化物流流程，提高物流效率。

最后，亚马逊还注重物流服务的创新。例如，亚马逊推出了 Prime 会员服务，为会员提供免费的快速配送服务，进一步提升了客户体验。此外，亚马逊还通过大数据分析，预测消费者的购买需求，提前进行商品调配和配送，从而减少了缺货和滞销的情况。

这个案例展示了物流管理在电子商务企业中的重要作用。通过优化物流网络、提高物流效率、创新物流服务等方式，企业可以降低成本、提高客户满意度，进而在竞争激烈的市场中脱颖而出。同时，这个案例也为其他企业提供了有益的借鉴和启示，推动物流行业向更加高效、智能的方向发展。

思考：

1. 亚马逊的物流管理策略是什么？

2. 亚马逊物流管理给其他企业的启示是什么？

第一节　物流管理概述

一、管理与物流管理概念

管理，简而言之，是组织中的管理者通过一系列职能——计划、组织、领导（包括协调与指挥）、控制等——来引导他人共同达成既定目标的过程。

现代物流业作为一个庞大且复杂的系统工程，其触角广泛，渗透社会经济生活的各个领域。现代物流业旨在解决物流系统中的供应和需求在时间、地点、数量、种类和价格等多个维度上的冲突，并为各类客户提供满足其需求的物流解决方案。因此，加强物流管理对经济社会发展意义重大。

在宏观层面，物流管理以物流系统为核心，运用管理的基本理念和方法，深入分析物流活动所涉及的技术与经济问题，旨在实现物流系统经济效益的最大化、社会效益的提升和服务质量的优化。

在微观层面，物流管理聚焦于运用多样化的管理功能，如计划、组织、协调、指挥与控制，结合现代物流的先进思维和技术手段，对运输、储存、装卸、搬运、包装、流通加工、配送，以及物流信息处理等多个关键环节进行精细化管理，以实现高效的资源配置。

二、物流管理的范围

（一）现代物流管理的层次

从公司的运营角度出发，物流管理的核心是关注公司的物流活动，其目的是以最经济的方式为客户提供高质量的物流服务，包括物流活动的规划、组织、调整和监控。现代社

物流管理概述

会经济发展迅速，市场瞬息万变，竞争日趋激烈，企业需要不断提高自身的竞争力，需要实现科学有效的物流管理。考虑到企业物流活动的独特性，企业的物流管理可以从三个不同的层面进行。

1. 物流战略管理

物流战略管理的核心在于从企业的长远发展视角出发，进行全局性、前瞻性的规划与部署。它不仅要全面规划和设计企业物流的未来目标、物流在企业运营中的战略地位，还要确定提供的物流服务质量以及物流服务的具体内容。

2. 物流系统设计与运营管理

物流系统的建设应包括硬件设施的配备、信息系统的构建，以及组织机构的设立等方面，其中信息系统建设是物流系统建设的重要支撑。一旦企业的物流战略被明确，为了有效地执行这一战略，就必须配备一整套高效的执行工具或手段，也就是物流运营系统。物流系统的设计与运营管理的核心职责是对物流系统和物流能力进行规划，实时监控物流系统的运行状态，并根据具体需求进行系统的调整和优化，以提高物流效率和质量。

3. 物流作业管理

物流作业管理即针对业务的具体需求，拟订一份详细的物流操作计划，并依据该计划对物流活动进行现场监控和指导，同时也对物流操作的质量实施严格的监控。

（二）现代物流管理的内容

纵观物流活动的整体流程，现代物流管理的核心内容涵盖了物流活动的整体管理、物流的基础功能管理以及物流系统中各个要素的综合管理等方面。具体包括以下三个方面。

（1）在物流基础活动管理方面，其涵盖了运输、储存、装卸搬运、配送、包装、流通加工以及信息管理等多个关键领域。这些活动相互衔接，共同确保物流过程的顺畅与高效。

（2）物流的基本职能管理聚焦于战略层面的规划与执行。它涵盖了物流战略的制定、物流计划的编制、组织结构的搭建以及物流运行的实时监控等，确保物流系统能够按照既定目标有序运行。

（3）物流基本要素的管理涉及多个方面，包括人力资源的合理配置、物流质量的严格把控、设施设备的维护与管理、技术创新的推动以及成本的有效控制等。这些基本要素的管理直接关系到物流系统的整体性能与效率。

三、现代物流管理的特征

现代物流管理不仅是一种管理实践，也是管理思想、先进技术和高效方法在物流领域的精准应用。现代物流管理具有以下显著特征。

（一）现代物流管理以实现顾客满意为首要目标

现代物流管理追求的核心目标是确保客户的满意度。这意味着在尽量降低总成本的前提下，达到预定的客户服务标准，并在服务和成本之间找到一个动态的平衡点，从而为企业在激烈的市场竞争中确立战略上的优势。为此，企业必须建立起一套系统的、完整的、科学的物流管理体系来指导自己的实践活动。为了实现顾客满意的首要目标，物流管理必须解决一个核心问题：如何在精确的时间和地点，确保以恰到好处的数量、卓越的质量以及合理的价格，将产品准确无误地送达客户手中。这正是物流行业中常说的"7R"原则——正确的产品（right product）、正确的数量（right quantity）、正确的时间（right time）、正确的质量（right quality）、正确的地点（right place）、正确的价格（right price）、正确的客户（right customer）。

（二）现代物流管理以整体最优为目的

现代物流管理已经迈入供应链管理的全新纪元。物流不再局限于单一企业内部的功能部门，而是跨越了企业边界，形成了一个涵盖供应商、批发商、零售商等相关企业的协同网络，形成了一个整体的、协同的活动模式。物流成本作为生产经营的关键指标，对其进行合理控制不仅可以提高企业竞争力，而且能促进整个社会经济的发展。如果一个企业在物流管理上只专注于局部最优，那么它将很难在越来越激烈的竞争中脱颖而出。现代物流业的发展要求企业不仅重视自身物流成本与效率问题，而且关注整个供应链中的各节点企业间的协调配合，以及对客户需求的快速反应能力。从原材料的分配计划到最终消费者所需物品的移动，需要供应链各环节之间的紧密合作，以实现最大的综合效益。在现代物流管理中，由于企业间信息不对称现象的存在，供应链上的各个环节往往因信息不对称而陷入相互博弈的境地，这直接导致物流成本居高不下。为了解决这一问题，从供应链管理的视角出发，现代物流管理致力于指导跨企业的物流协同操作。通过强化供应链上所有企业间的合作关系，实现产品从起点到终点的全过程价值和经营行为的整体优化，进而降低物流成本，提高整体效益。

（三）现代物流管理以信息为中心

在现代物流管理中，物流信息无疑是核心要素，指引着整个物流系统的运作。物流信息技术的运用，则是推动物流现代化进程的重要驱动力和关键衡量标准。现代企业在进行生产经营时都会涉及物流问题，而物流又贯穿于整个经济循环过程中，对国民经济发展起着举足轻重的作用。为了确保生产经营决策的准确性和再生产的顺畅进行，现代物流活动必须具备及时了解和响应市场需求的能力，并能将这些信息有效地反馈到供应链的各个环节。因此，物流信息系统的建立和完善对于促进现代物流发展具有十分重大的意义。当代企业在进行物流管理时，高度依赖先进的信息网络技术和全面、精准的市场数据，以实现各自的商业目标并提升整个供应链的运行效率。传统的物流系统主要依靠人工操作，不仅成本高而且效率低下。随着计算机技术及通信技术的发展，各种先进的信息化手段已经成为现代物流业发展必不可少的工具，例如在物流的运输环节中，我国的北斗卫星导航技术发挥着至关重要的作用。通过该技术，我们能够实现对地面及水上运输工具的精确追踪和实时定位，同时，还能为驾驶人员提供详尽的交通气象信息，确保运输安全。更重要的是，北斗卫星导航技术能够对潜在的异常情况进行预警，并给出相应的指导建议，这极大地提升了运输的可靠性和质量。此外，借助北斗卫星导航技术的精准数据，我们可以优化运输调度，确保货物在最短的时间内以最低的成本安全抵达目的地，从而显著降低运输成本，提高整体运输效率。

随着互联网技术的广泛普及和电子商务的迅猛崛起，供应链上的企业之间能够实时、精确且高效地进行海量数据交换。这种数据交换不仅将物流、商流、资金流紧密地融为一体，还实现了生产、流通和消费各个环节的无缝连接。这种无缝连接极大地提升了供应链整体的效率，从而显著提高了社会经济效益。

（四）现代物流管理既重视效率也重视效果

在物流管理中，效率的核心在于衡量投入与产出的关系，它直接关联到执行工作的方式。追求效率，实际上就是追求以更优化的方式来完成任务，确保不浪费任何资源，力求在相同的投入下实现更高的产出。高效的物流管理意味着能够精准地把握时间、成本等关键因素，通过优化流程减少不必要的损耗，从而给企业带来更高的利润。

效果侧重于衡量物流系统运作后所带来的实际收益，它与企业的目标紧密相连。一个成功的物流管理系统，不仅要有高效的运作方式，还要确保所执行的活动能够实现既定的目标，为企业创造实实在在的价值。因此，物流管理的效果关注的是所做的工作是否正确，以及这些工作是否给企业带来了期望的回报。更明确地讲，效果揭示了公司的资金投入与其产生的收益之间的联系，这包括经济和社会的双重收益。从本质上说，效果是一种结果的体现。

在成功的组织中，高效率与高效果是相得益彰的。与之相对的是，不良的管理往往导致效率低下和效果不佳，或者虽然取得了一定效果，但效率却大打折扣。现代物流管理正是如此，它首先聚焦于实现组织的整体目标，即关注效果（确保战略的正确性）。同时，现代物流管理还强调通过正确的方式和策略来高效完成组织任务，这意味着在追求效果的同时，也追求资源的最大化利用和成本的最小化。简而言之，现代物流管理致力于在确保战略正确的前提下，通过优化策略和资源利用，实现组织的最高效率和最佳效果。

第二节　物流战略管理

一、战略与物流战略的概念

（一）战略的概念

"战略"这个词起源于军事术语，意思是指导整个战争的策略。它是国家在一定时期内对战争进行谋划、指挥与控制的总体策略，是一个国家为了实现战略目标而确定的长期发展方向。在战争背景下，为了达成政治目标，战争指挥者依据战争的内在规律，制定并执行了一套关于战争准备和实施

物流战略管理

的策略、政策和手段。

在管理学中关于"战略"的诠释存在多种不同的观点，并且尚未形成一致的看法。不管是哪一种观点，战略都可以被视为组织的最终目标，以及为确保这些目标得以实现所需的一系列策略、政策和行动的综合体现。战略与战术一样，都是企业为了达到特定目的而采取的行动方案，最终是为了实现企业整体或整个行业的发展。这种观点与战争背景下对战略的认识是相吻合的。

2. 物流战略的概念

物流战略是企业根据外部环境和自身特点，为寻求物流的可持续发展，就物流发展目标及达成目标的途径与手段而制定的长远性、全局性规划与谋略。

二、物流战略的内容

(一) 一体化物流战略

20世纪末，一体化物流成为最具影响力的物流发展趋势之一，它的核心思想是通过企业间的物流合作，提升物流效率并降低物流总成本。随着信息技术的发展和电子商务应用的普及，一体化物流在全球范围内得到了迅速发展，并成为未来物流发展的方向。一体化物流可以分为三个主要类型：纵向一体化物流、横向一体化物流以及物流网络。

1. 纵向一体化物流

这是一种以市场为导向、以提高竞争力为目标的组织结构形式，它可以降低供应链上各节点企业间的交易费用，从而获得最大利润。在物流管理的实践中，纵向一体化策略强调企业应将供应链中的各个环节——包括供应商和最终客户——都纳入其管理视野之中，并将其视为物流运作的核心要素。这种策略要求企业不仅关注自身的物流活动，而且与供应链上下游的合作伙伴紧密协作，共同优化整个供应链的效率和效益。通过纵向一体化的物流管理，企业可以确保从原材料采购到最终产品交付的整个过程都受到有效的管理和控制，从而实现资源的优化配置和成本的降低，同时提升客户满意度和企业的市场竞争力。企业必须具备良好的合作能力和强大的竞争能力。纵向整合的物流管理模式要求企业在从供应原材料到最终将产品交付给客户的全过程中，都必须执行物流管理策略。为了获得竞争优势，企业需要充分利用其内部资源，与供应商和客户建立并深化合作关系。

2. 横向一体化物流

在市场环境下，许多产品的销售地点分散，因此在同一个区域内，有很多企业需要同时从事不同类型的货物配送活动。横向一体化的物流模式是通过与同一行业内的多个企业进行物流合作来实现规模经济效益和物流效率的提升。例如，不同的公司可以采用相同的运输方法来共同运送不同种类的商品。本书对这一现象提出了一种新的解决方法——联合装货法，即将不同企业的物流活动合并为同一个作业流程，从而使整个流程得到更有效的管理。例如，当地理位置相近的多家公司，在特定的时间范围内物流流量都相对较少时，为了降低运输费用，提高经济效益，可以采取将物流业务外包给其中一家公司的策略，这样就可以实现"双赢"。因为，有一家公司在运送其自有商品的同时，也在搬运其他公司的货物。从公司的经济回报角度来看，这种策略有效地减少了公司的物流开销；从社会价值的角度来看，社会物流过程中的重复劳动得到了减少。

3. 物流网络

物流网络包括运输、仓储、包装和配送等各个环节。物流网络结合了纵向一体化物流和横向一体化物流的特点。在物流网络中，各物流企业都拥有自己独特的核心能力和资源。同样，在物流网络中，各节点企业通过各自的信息系统将自身与外部供应链上其他节点企业联系起来，形成了一个相互关联、相互依赖的整体。物流网络成功地将纵向一体化物流与横向一体化物流结合起来。因此，物流网络将成为企业之间进行合作与竞争的平台。在物流网络里，每一个物流公司都具有自身的核心技术和资源，每个物流节点都有各自独立的运作模式。由于物流网络的复杂性，整个供应链成为一个有机整体。在这种情况下，生产企业可以通过建立自己的物流网络来获得更大的利益。与此同时，具有优势的物流公司也可以与中小规模的物流公司建立市场拓展合作伙伴关系。物流企业还可将自己所拥有的各种资源通过一定方式组合起来，形成一个庞大而又完善的综合物流网络体系。这样可将曾经的竞争者转变为现今的合作方，协助生产型企业拓展其销售领域。由此，物流网络已经演变为一个由生产型企业和物流公司共同构建的系统，它具备多维度、交叉连接和相互影响的协同效应。随着越来越多的公司加入物流网络，其产生的规模效应将变得更加显著，从而显著减少整个社会的物流成本。

（二）物流服务延伸战略

物流服务延伸战略是指在已有的物流服务基础之上，进一步向两端拓展，旨在为客户提供更为全面和完善的物流解决方案，从而增加物流服务的附加价值，并满足客户在高级物流方面的需求。物流服务延伸是物流产业发展到一定阶段的必然产物。以仓储公司为例，它们会充分利用手中的货物资源，通过购买部分车辆或整合社会车辆来提供配送服务；又比如运输公司，在完成了货物的路线搬运之后，它们会依据客户的具体需求，对货物进行暂时的保存和分发。这一系列活动构成了现代物流业中一个重要的环节——物流服务延伸。物流服务延伸战略就是物流服务提供者以增值性服务为主线，对自身原有的物流业务进行扩展。对于那些主要提供单一物流服务的传统物流公司而言，这一战略不仅有助于扩大物流服务的覆盖面，还能有效提升物流服务的质量和层次。

（三）物流信息化战略

信息化不仅是降低物流成本和增加物流价值的关键因素，而且是现代企业高效运作和提升市场竞争力的基础条件。物流管理是运用先进科技手段来搜集、处理以及传播与物流相关的数据和信息的管理活动，以及在此基础上进行的各种相关的信息管理工作。此外，物流管理还为物流流程中的各种决策活动，如供应商选择、顾客分析和顾客服务审计等，提供了必要的信息支持，并对这些活动进行了持续的监控。物流信息化战略的根本目的是实施资源优化措施，降低生产成本，提高生产效率，并增强企业的竞争力。

（四）物流技术装备现代化战略

国家的政策支持和资金投入是物流产业持续发展的关键因素。目前我国物流业存在着投入不足、结构不合理及效率低下等问题，这就要求国家必须加快物流产业的改革与建设步伐。物流企业的持续发展，离不开现代化公共基础设施的建设，具体包括机场、车站、码头、公路和铁路等重要节点，以确保物流网络的高效畅通。同时，为进一步提升物流运作的效率和效果，企业还需加大投资，引入先进的物流技术装备。

针对当前一些交通运输系统、集装箱装卸搬运系统、散料储运系统、自动仓储系统、产品包装系统、流通加工系统和配送中心存在着的技术装备的落后状况，物流企业应积极进行技术升级和设备更新。这些措施不仅能够显著提升物流运作的自动化、智能化水平，还能够大幅减少人为差错，提高作业效率和准确性，从而为物流产业的长期发展提供强有力的物质和技术支撑。

（五）定制式物流服务战略

定制式物流服务是一种将特定的物流服务扩展到特定客户的全面服务模式，覆盖了从原材料采购到成品销售的每一个环节。定制式物流服务提供者通过对客户需求进行分析和预测后提供所需产品或解决方案，并在满足客户需求时获取相应利润。定制式物流服务主要可以划分为两大类：仓储型和流通服务型。这一服务模式不仅涵盖了存储、运输、加工、包装、配送和咨询等多个业务领域，还进一步拓展到订单管理、库存管理以及供应商协调等其他多个服务领域。随着电子商务在我国经济生活中的地位不断提升，定制式物流服务也越来越受到关注。

在现代社会中，随着市场竞争的日益激烈以及消费者需求多样化趋势的发展，物流服务的个性化特征越来越明显。现代物流服务强调与客户建立战略性的合作伙伴关系，采用定制的服务方式不仅可以确保物流公司的业务稳定，还可以帮助物流公司降低运营成本。物流公司要根据不同类型的物流服务制定相应的发展战略和营销策略，并在此基础上不断提升自身的管理水平和服务质量。物流公司能够通过对自身资源的优化配置，从而提升其服务质量和市场竞争力。在物流运作中，为了满足客户多样化、个性化的要求，物流公司就必须制定合适的作业流程及相应的物流操作方法，以便以最经济高效的方式提供服务。

（六）物流战略联盟模式

物流战略联盟模式是指物流公司为了实现比仅提供物流服务更优质的服务，而在彼此之间建立起相互信赖、共同承担风险和分享利益的合作伙伴关系的商业策略。随着我国市场经济体系的逐步建立及完善，物流市场竞争越来越激烈，这就要求物流企业必须不断提高自身的管理水平。国内的物流公司，特别是中小规模的民营企业，由于自身实力相对较弱，其未来发展方向应是建立横向或纵向的合作联盟，即通过组建第三方物流公司来完成整个物流链条中的运输、仓储等环节的运作。这一自主的资源整合策略，在经过高效的整合和重组后，博采众长，能够在较短的时期内形成强大的协同效应和核心竞争优势。它具有成本节约化、管理柔性化、业务协作化等优点，对提升整个社会物流业水平有积极作用。此外，这些策略在扩大企业规模和推进信息化建设的过程中，有助于建立规模上的优势和信息的网络化，确保供应链的每一个环节都能紧密结合，从而推动企业在物流服务方面取得质的飞跃，并构筑一个更高级别、更完整的物流网络结构。因此，我国物流企业实施资源整合是非常必要的，也符合我国物流产业发展的实际需求。通过战略联盟来整合资源是中小型物流公司增强其总体竞争力的关键手段之一。这不仅是对传统经营方式的革新，而且为企业创造了新的利润源泉。通过虚拟经营，企业可以在组织结构上打破明确的边界，达到提高效率的目的，进而增强企业的市场竞争力和持续生存的能力。

广州市海元物流有限公司被公认为中小型物流企业战略联盟中的优秀代表。该公司是一家拥有百年历史的专业第三方物流企业，是由 31 家专线运输公司在资产整合后创建的现代化物流服务公司，并在全国范围内拥有 376 个分支机构。该公司以"为客户创造价值"为核心价值观，通过与客户建立合作关系管理和选择业务伙伴，不断发展壮大。

（七）物流咨询服务战略

物流咨询服务采用了一种独特的经营策略，它充分利用了专业人员的专长，深入公司内部，为各企业提供如市场研究、物流系统设计、成本管理以及企业流程重塑等一系列服务。随着现代信息技术与物流业的结合日益紧密，物流咨询已成为现代企业获取竞争优势的重要手段之一。提供物流咨询服务有助于企业减少运营成本，提升生产效能和服务质量，从而增强企业的核心竞争力。同时，物流咨询服务还能帮助企业优化资源配置，实现规模经济和范围经济效应。在为客户提供物流咨询服务的同时，企业也致力于整合其业务流程和供应链的上下游联系，从而为客户提供完整的物流解决方案。物流咨询作为一种新型的服务方式，能够使企业从繁杂琐碎的事务性工作中解脱出来，提高工作效率和服务质量。

在实际的业务操作过程中，可以考虑使用大客户经理负责制度来提供物流咨询服务。在建立大客户经理负责制度时，首先应根据客户情况选择合适的客户类型，确定相应的工作重点和目标。大客户经理需要根据每位客户的独特性，组建一个专门的项目团队。该团队应由行业内的权威专家、大客户代表、作业管理部门以及项目经理组成，从项目的初始阶段开始负责销售、方案设计和服务实施，以确保项目能够成功执行并提升客户满意度。在此基础上，大客户经理还要对整个项目过程进行全面有效的控制。此外，大客户经理还需要在客户关系和客户服务这两个方面加强工作，以满足客户的动态需求。经验表明，这种从客户视角出发，与客户建立长期战略合作关系，实现相互协作和共同成长的商业运营模式，具有较好的市场前景。

（八）绿色物流战略

随着经济的增长，环境问题日益严重。作为经济活动的重要组成部分，物流行业也面临着环境承载力的挑战。因此，从环境保护的视角出发，对现代物流企业的物流系统进行优化，以构建绿色物流管理体系，已经成为21世纪物流行业重要的发展方向。

（九）企业物流专业化战略

企业物流专业化战略的核心思想是通过专业化分工与协作，提升物流服务质量和效率，增强企业的核心竞争力。专业化是现代物流发展的趋势之一。公司的专业物流服务不仅能够满足公司内部的物流需求，还可以为外部提供业务服务。因此，为了构建一个专业化的物流体系，企业不仅需要具备独立的配送中心和高效的服务团队，还必须配备先进的配送工具，并具备强大的组织领导力和正面的企业形象。通过专业化的物流管理手段，企业在采购环节所需的费用可以得到显著降低，从而减少整体的物流成本。但是，对于生产制造型企业而言，实施专业化的物流战略使得物流成本在企业总成本中的占比相对较高，因此对企业实力要求较高。

（十）企业物流国际化战略

全球化进程的迅猛发展，不仅促进了全球经济的调整和产业结构的快速优化，也推动了全球贸易的快速增长，这些因素共同促成了企业物流的国际化。为了满足全球化的要求，一些实力雄厚的跨国企业在全球范围内积极配置资源，通过各种方式进行跨国经营活动，借助物流国际化战略参与国际分工与竞争，以期取得更大的收益。

综上所述，实行物流十大战略的公司范围不仅包括自营物流的公司，还包括部分自营物流和部分外包物流的公司，以及专门从事物流业务的第三方物流公司。其中，执行物流策略并取得显著成果的主要是第三方物流公司，例如宝供物流企业集团有限公司和中海集团物流有限公司，它们为我们提供了宝贵的实践经验。

第三节　物流成本管理

一、物流成本概述

（一）物流成本的特点

物流成本指的是从原材料采购开始，一直到商品成功送达消费者手中的整个过程中产生的费用。物流成本的大小直

物流成本管理

接影响着企业经营效益和竞争能力，也关系到国家的经济效益。然而，在传统观念中，物流成本的估算经常被拆分为难以识别的部分。物流成本包括仓储、运输和配送等活动中发生的各项耗费，以及由此产生的其他相关费用。由于物流成本未被纳入公司的财务会计体系内，制造业企业通常会将物流成本计入产品成本，而商业企业则容易将物流费用与商品流通费用混淆。此外，在实际工作中，许多管理者也往往把物流成本核算与财务分析割裂开来。物流成本被视为一个不可分割的整体，它不仅涵盖了在生产和流通过程中的资源消耗，还涵盖了运输和仓储等多个环节的费用。如果仅仅把物流成本看作生产成本，那么它就无法体现出物流活动对整个供应链所产生的影响。因此，无论是在制造行业还是在商业环境中，根据物流成本的定义来全面估算物流成本都是相当困难的。即便是那些已经独立于生产环节或流通环节的物流成本，也无法单独准确地反映其真实情况。因此，很难有人全面了解物流成本的真实情况及其所产生的大量支出。这就导致了"物流成本"和"物流管理"在会计理论上存在很大差异，并由此产生了一系列问题。

计算物流成本可能会遇到一些困难，这主要是因为物流成本具有不易被察觉的特性。在传统的财务会计体系中，物流成本一般不计入企业成本费用之中，而是作为一项支出列支到管理费用科目中，这使得物流成本不能真实反映物流活动过程的耗费情况。在计算物流成本的过程中，物流部门面临的成本控制难题占据了相当大的比例。因此，需要对物流成本进行分解，并根据不同的物流成本构成对其加以分类。比如说，保管费用包括由于过度采购或生产造成的库存积压费用，以及在紧急运输等特殊情况下的发货费用。进货或生产的数量通常不是由物流管理部门来确定的，但需要它与相关部门密切合作。物流成本的核算也要遵循成本归集和分配的准确性原则。此外，物流的各种成本之间有一个明确的权衡模式。从物流的角度看，当一个功能的成本减少时，另一个功能的成本会相应地增加。因此，对物流活动进行管理时，应充分考虑各种不同费用的相互关系。在制订物流费用计划时，我们必须充分考虑各项费用之间的紧密关联性。为了实现整体成本的最优化，我们需要全面、细致地考虑各种费用因素，确保在保障物流服务质量的同时，实现成本的有效控制。这种综合考虑的方式，体现了物流管理的专业性和精细性，也是确保物流产业健康可持续发展的关键。

（二）物流成本管理的意义

物流成本研究的核心目标是从其他费用科目中提取所有的物流成本，这样人们就可以清楚地看到隐藏的物流成本，从而找到降低这些成本的方法。目前我国物流业发展水平不高，物流成本居高不下，已成为制约其进一步发展壮大的瓶颈。降低物流成本对于增加企业及社会的经济回报具有至关重要的作用。

（1）从微观层面分析，产品的总成本中，物流成本所占的比重是非常大的。因此，在现代企业管理过程当中，通过控制与节约物流成本来实现对企业的价值创造具有重要意义。因此，对于一个生产型企业而言，物流成本的下降是至关重要的。这也将给企业带来显著的经济和社会双重收益。企业通过物流成本管理所产生的效益主要体现在产品销售量以及销售收入等方面。得益于物流成本的降低，企业在其所处行业的产品价格竞争中获得了更大的优势。公司具备以相对经济的价格在市场上销售其产品的能力，这不仅可以提升产品在市场上的竞争力，还可以增加销售额，从而为公司创造更大的盈利空间。

（2）从宏观层面分析，物流成本管理具有以下两个功能：

① 随着物流效益在行业内得到全面提升，物流成本有望实现显著下降，达到新的历史低点。这一转变不仅提升了行业的运营效率，还使得该行业在国际市场上具备了更强的竞争优势。这种竞争力的提升，正是物流管理专业化和精细化运作所带来的积极结果。从这个意义上讲，中国物流业已经具备了国际化经营的条件和环境，但仍需进一步完善国际物流网络，以更好地适应国际化经营的需要。对某一特定地域的产业而言，这有助于提升其在国内市场中的竞争地位。

② 在物流领域实现成本普遍下降时，这种成本优化将直接反映在产品价格上，推动物价相对降低。这对于维护消费市场的稳定极为有利，因为它能够保持消费者购买力不被削弱，甚至在一定程度上增强国民的购买能力。这正是物流行业专业化管理所带来的积极经济效应。

物流成本的减少对于社会整体而言，意味着在物流领域内，可以用更少的资源去获得更多的物质财富。

二、影响物流成本的因素

（一）进货方向的选择

在物流管理中，进货方向的选择是一项至关重要的决策。它不仅直接关系到公司的运输距离，还会对后续的运输工具挑选、最优运输路径规划以及进货数量的确定产生深远影响。这些因素的综合考量，体现了物流运作的专业性和精细化。如果企业没有根据市场变化及时调整自己的生产战略和经营战略，就会在竞争中处于不利地位，甚至被淘汰出局。因此，进货方向的选择成为影响物流成本水平的一个核心因素。

（二）运输工具的选择

各种各样的运输工具，其成本和运输能力都存在差异。在同一运输过程中，由于各种运输工具本身性能和使用条件的差异，所产生的费用也就各不相同。因此，在进行运输决策时必须综合各种因素来确定采用何种交通工具。从另一个角度看，企业对特定物品的需求和工艺标准也起到了决定性的作用。如果运输工具在一定时期内满足不了客户的需求或不能满足用户要求，就会使企业蒙受巨大的损失。因此，在选择运输工具时，既要确保满足生产和运输的双重需求，又要确保物流的成本是最低的。

（三）存货控制

存货常常是物流成本的重要组成部分之一。在物流库存管理的专业实践中，我们运用定量订货法、定期订货法以及零库存法等多种策略，来精准控制进货数量。通过这些专业方法的应用，企业可以优化资金流动，减少不必要的资金占用和货款利息支出，同时降低存储空间成本、库存服务成本和库存风险成本。这些方法能帮助企业在保障服务水平的前提下，有效提高库存管理效率，为企业的稳健运营提供有力支持。

（四）货物保管制度

一个健全的物品管理、保养和分发体系，能够显著减少物品的磨损、发霉、遗失和事故的发生，进而有效地减少物流的总成本。因此，对于企业来说，加强仓储管理是十分必要的。然而，在物资的储存过程中，由于管理措施的不足，物资经历物理变化（如磨损、变形等）、化学变化（如腐蚀、发霉等）以及生物变化（如虫蛀、霉变等），会引发物资的大量损耗。

（五）产品废品率

在物流领域中，产品质量是决定物流成本高低的核心因素，其中尤为关键的是产品的废品率。这一指标在物流成本考量中占据着举足轻重的地位，因为它不仅直接关联到企业的经济效益，还对消费者满意度和企业社会责任履行有着深远影响。通过优化物流管理，企业能够有效减少次品和废品导致的回收、退货等物流成本，从而提升整体物流效率，实现经济效益与社会效益的双赢。

（六）管理成本开支

在物流管理中，尽管管理成本与流通中的具体存储数量之间并不构成直接的数学函数关系，但管理成本的高低确实对整体物流成本产生间接影响。换句话说，优化管理成本对于降低整体物流成本具有重要意义。在物流企业中合理控制管理成本，不仅能减少不必要的开支，而且能使物流活动更加科学和合理化，从而达到降低成本的目的。企业可通过合理控制办公成本、水电费以及差旅费用等各种管理费用，显著降低总体的物流成本。

（七）资金利用率

当企业利用贷款进行生产或分销活动时，不得不承担一定的利息支付。由于物流环节所产生的费用是企业的经营成本之一，所以企业往往把这部分利息作为物流成本来计算和分配。这部分的利息将被均匀地分配到物流的总成本中，因此资金使用率不仅会决定资金的支出大小，还会对物流的成本波动产生影响。

三、物流成本管理策略

（一）控制物流成本

为了降低不必要的成本并实现既定的成本目标，我们对物流过程中的各个环节产生的费用进行了有组织、分阶段的管理。

1. 绝对成本控制

绝对成本控制的核心思想是将所有费用控制在一个固定界限内，这有助于减少花费，避免资源浪费。

2. 相对成本控制

相对成本控制是一种专业的物流管理策略，它侧重于通过深入对比分析成本与产值、利润、质量以及服务水平之间的关系，来确保在特定的运营条件下实现经济效益的最大化。这种策略不仅体现了物流管理的精细化和专业化，还能帮助企业更精准地把握成本结构，优化资源配置，从而在竞争激烈的市场环境中保持优势。其核心是控制成本，即对生产经营过程中发生的全部耗费进行预测、计划、组织、指挥、协调以及监督和考核。物流成本控制领域因相对成本控制而得到了扩展，这要求在减少物流成本的过程中，也要考虑到与成本紧密相关的各种因素，例如产品的构成、项目的组织结构以及服务的质量标准等。相对成本控制以企业内部为基础，以外部市场为延伸，把企业生产经营过程中所涉及的各项活动纳入控制范围内进行管理。其目标是增强成本控制的效果，同时降低单位产品成本，从而提升总体经济回报。

（二）降低物流成本

降低物流成本意味着在既定的服务标准下，提高服务效率并使物流更为合理。提高服务质量、降低运输成本和减少库存积压是企业降低成本的重要手段。可通过以下主要途径来实现：

1. 简化物流路径

通过精心规划仓库、配送中心等关键物流节点，实现物流路径的简化。在物流配送中，可以利用配送中心进行集中作业，也可以分散到各个店铺或门店处实施作业。这一措施不仅有效减少了运输距离和运费，还把分店和营业场所的相关业务转交给了配送中心。一个配送中心负责处理多个营业地点的物流任务，这使得配送中心的配送数量实现了规模化，从而降低了物流成本。

2. 推动运输的共同化

当运输量不足时，企业可以选择与同业或其他行业合作进行联合运输。通过整合运输资源、提高运输工具利用率，共同化运输不仅可以增加运输量，还能确保交货时间，是一种有效降低物流成本的方式。

3. 设定合理库存量

如果库存过多，就会增加物流总成本，从而使利润下降。库存起到了调节生产与销售、采购与销售之间时间差的作用。如果企业对市场变化缺乏足够的了解，盲目地增加库存量，必然会导致库存成本增加而使利润下降，而且可能因缺货成本过高而影响正常经营活动。从减少物流库存成本的视角来看，合理控制库存是关键。然而，库存必须以满足客户服务需求为前提。在物流管理中，存货量不足将引发缺货成本增加问题，这些成本的增加很可能会抵消因库存持有成本减少而带来的经济效益，甚至可能导致整体成本超过原先的综合水平。为应对这一挑战，企业必须运用专业的预测技术，科学分析并预测客户在特定时间段内的需求趋势，从而精准计算出能满足这些需求的最小库存量。设定合理库存量不仅能确保供应链的稳定运行，还能帮助企业实现成本的有效控制。

4. 合适的包装方式与科学的装卸方法

在进行包装时，应选择与包装标准一致的材料和方法。另外，借助标准化的装卸工具和科学的操作方式，可以让装卸过程更为轻松，进而有效地减少装卸所需的时间。

5. 采用科学的方法进行维护和保养

例如，在储存期间，外界环境变化等因素导致物资内部发生物理、化学反应而产生各种不同程度的损耗，这些必然会影响仓库中物资的质量及数量。鉴于库存的物资种类繁多，且物资的物理和化学属性各不相同，因此所需的维护和保养条件也存在差异。考虑到物资的独特性质，我们必须确保提供恰当的温度和湿度环境，并采取适当的存储措施，以保证物资的损失能够维持在一个可接受的范围，这也是减少成本的关键措施之一。

（三）平衡物流能力与客户期望

在实际的物流运作中，为满足客户对物流服务的期望和需求，往往需要投入大量物流成本。这些成本涵盖了从运输、仓储到配送等各个环节的精细管理，以确保物流操作的专业性和高效性，从而为客户提供高质量的物流服务。虽然这些成本投入巨大，但它们是确保物流服务质量、满足客户需求的重要保障。因此，如何降低物流成本就成为企业提高竞争力的重要因素之一。物流成本支出与客户对服务的期待有着紧密联系。如果物流成本过高，将直接影响企业利润。想象一下，在一个拥有数百万居民的大都市中，要想完全满足居民对各种商品的需求，就必须储备大量库存，并承担高昂的物流费用。尽管随着库存种类和数量的增长，物流成本也相应上升，但商品的购销差和总销售额仍然是有限的。因此，要想在物流领域占据竞争优势，关键在于找到物流成本与客户预期之间的平衡点。

（四）确立现代化的物流理念，完善公司的物流管理架构

为了降低公司的物流成本，首要任务是优化物流体系，确保公司的组织架构可以高效地执行物流管理，并成立一个专门负责物流管理的机构，以促进物流管理的专业化进程。同时，在物流活动中，应以市场为导向，注重与市场需求接轨。企业需要确立现代的物流理念，并结合当前物流的发展方向，仔细审查公司的物流体系和操作模式，采纳前沿的物流管理策略，并根据公司的实际情况持续优化物流管理，以减少物流的总成本。

<h1 style="text-align:center">第四节　物流服务管理</h1>

一、物流服务的含义

物流服务可以定义为物流公司或企业物流部门从处理客户订单开始，直到商品成功送达客户手中的全过程，其目的是满足客户需求，确保商品供应高效完成，并减轻客户在物流过程中的负担。

物流服务的核心目标是确保客户的满意度。物流系统包括供应、加工制造、包装、配送等环节以及运输、仓储等辅助部门，每个环节不同程度地影响着顾客价值，从而使整个供应链中各个环节的收益各不相同。物流服务的质量是否能够有效地满足客户的各种需求，直接决定了物流服务公司能否获得市场竞争优势。因此，物流服务的好坏直接影响到企业在市场竞争中的地位和效益。物流系统的构建和操作决定了公司可以提供的客户服务质量，而向客户销售的收益与系统设计的相关费用共同决定了公司可以获得的盈利。因此，物流服务是衡量一个企业经营水平的重要标准之一。物流服务主要有四个核心组成部分：

（1）确保提供客户所需的商品（备货保证）；

（2）确保在客户预期的时间段内提供商品（配送保证）；

（3）确保满足客户对质量的预期（品质保证）；

（4）为客户提供增值服务（服务保证）。

二、物流服务的内容

从物流服务的专业性角度出发，物流服务内容通常分为基础服务和增值服务两大类。基础服务涵盖了运输、储存、配送、装卸搬运、包装、流通加工以及信息处理等关键环节，这些服务构成了物流运作的核心部分，确保了货物从起点安全、高效地抵达目的地。

物流服务管理

增值服务是基于客户需求的深度挖掘和满足，通过先进的信息系统支持，为客户提供个性化的、创新的、融合信息与知识的物流服务。随着市场竞争的加剧，客户需求日益多元化，物流服务也需要与时俱进，不断研究和满足客户个性化需求，提供附加的、具有竞争力的增值服务。这样的增值服务不仅能够提升客户的满意度，还能够

增强物流企业的市场竞争力。

（一）增加便利性的服务

简化流程和操作的服务是增值服务的重要组成部分，因此我们把这种增值服务称为简化服务。所谓简化，并不是指服务内容的简化，而是指在过去需要消费者自行完成的某些任务，现在这些任务已被服务提供商替代完成，从而提高了商品或服务的价值。在提供服务前，企业应该为客户准备哪些便利措施？在为客户提供物流服务的过程中，企业可提供物流全程的实时追踪等服务，所有这些都是为了给客户带来更多的便利。

（二）提高反应速度的服务

快速反应是指物流公司在面对众多种类和小规模的买方市场时，不再仅仅依赖于库存，而是以信息为导向，利用先进的物流技术和管理策略，在客户提出需求时，能够快速提取关键因素，并根据客户的个性化需求，迅速提供所需的产品或服务。

快速反应已经上升为物流服务的核心内容之一。在我国物流市场上存在着许多影响快速反应的因素。传统的物流服务逐渐将快速反应转变为仅仅满足快速运输的需求，而现代物流则通过两种方式来提升反应速度：一是在国家交通基础设施的支持下，优化运输基础设施和提升设备的运行效率，例如通过建设高速公路和铁路来加快速度、制定新的灵活管理策略以及提升汽车的行驶速度等；在物流流程中引入先进的信息技术和自动化技术，使其具有更快的反应速度。二是通过精心设计和优化增值性物流服务方案，完善配送中心和物流中心的网络布局，并根据客户的具体需求重新规划流通路径。这样的优化旨在减少不必要的物流环节，简化整个物流过程，并显著提升物流系统的反应速度和灵活性。

（三）服务成本优化

在当前激烈的市场竞争中，物流服务商既要确保提供卓越的客户体验，又必须追求成本效益以实现盈利。为了达成这一目标，需要积极寻求降低物流成本的策略。在确保满足客户期望的服务水平前提下，可以采取多种方法降低成本，包括将非核心业务外包给专业的第三方物流服务提供商，建立企业间的紧密合作关系以推动物流一体化，以及采用先进的物流技术、设备和设施，如物联网技术、大数据分析、人工智能、条形码技术和电子标签技术等，这些都能有效提高物流效率，进而降低总体物流成本，增强企业的市场竞争力。

（四）服务延伸与增值

在提供基本服务的基础上，进一步拓展延伸服务，旨在为客户创造更多价值。延伸服务不仅增加了核心服务的价值，还提升了核心服务的质量，给客户在服务的广度和深度上带来更多增值体验。例如，运用供应链集成的思想，将服务范围扩展至市场调研、预测、采购及订单处理等多个环节，进一步涵盖物流系统设计、物流策略规划与选择、库存管理、配送流程优化、物流金融服务，以及专业教育和培训等领域，以满足客户更全面的需求。

三、物流服务策略

现代物流服务对公司的运营管理产生了深远的影响，它是公司经营策略的核心部分。物流服务质量的好坏对整个企业的生存与发展具有重要作用，同时也会对消费者购买行为产生重大影响。根据企业的经营管理和发展需求，制定既有效又实用的物流服务策略，将直接决定物流服务的表现，进而影响到客户的满意度和企业的竞争实力。

（一）差异化服务策略

对目标市场进行重新定位，这是通过对客户群进行细致划分来实现的。深入了解每个客户的具体需求和当前满意度，从而确定哪些客户服务需要进一步优化。在此基础上，根据客户特点选择合适的营销组合策略。为那些业务相对稳定且业务量较大的客户提供即时、高品质和多元化的服务，将有助于加强供应商与服务提供商之间的联系，建立长期合作伙伴关系，给物流公司带来持续盈利，同时也能提高其客户价值。

（二）集成化服务策略

信息网络技术不仅是现代物流的关键组成部分，还是提高物流服务效率的核心技术支撑，同时也是提升客户服务品质的重要因素。在现代物流中，信息流与资金流都离不开对信息的及时掌握，而信息技术的发展又为信息传递提供了更多途径。为了确保供应链的高效和流畅运行，我们需要一个全面的信息收集、整合、发布、追踪和查询系统，以便对物流的各个环节进行实时追踪、有效控制和整体管理。本书提出一种基于网络环境的信息集成式物流信息系统解决方案，该方案以信息技术为手段，利用现有网络资源进行资源整合，构建一个面向物流全过程的集成化信息管理系统。信息的整合使得公司对物流系统的可视化和智能化管理变得可行，这有助于优化供应链，缩短备货周期，提高公司的反应速度，并提升客户的满意度与服务品质。

（三）协同化服务策略

当前，我国已建立起一些允许物流要素产权自由交易的市场，如货运和仓储市场等。尽管众多物流公司积极投身市场竞争，其经营模式却未能充分适应现代市场经济的发展要求。在我国，不少物流公司是从传统的运输和仓储公司演变而来，各自在物流服务上保持着相对独立和单一的功能。

然而，由于缺乏统一的行业管理标准和规范，物流行业内普遍存在"重生产轻流通"的现象，导致大量物流资源得不到有效利用，出现闲置或浪费等问题。针对这一问题，如果公司能在一定范围内对这些闲置或浪费的物流资源进行整合和协调，不仅能有效降低物流成本，提升整体运营效率，还能为客户提供更高质量的服务，从而提高物流行业的竞争力和市场地位。

（四）建立顾客忠诚度的服务策略

物流公司仅仅追求客户满意是不够的，还必须努力提高客户忠诚度。客户忠诚度的高低直接影响着公司未来的利润空间和市场竞争力。高忠诚度的客户会持续地购买同一家公司提供的服务。在分析客户忠诚度影响因素和形成机制的基础上，构建客户忠诚模型。根据专业研究发现：大约70％的销售收入实际上是由公司的老客户贡献的。而更值得注意的是，与新客户建立稳固的业务关系所需的平均成本，是维持一个现有老客户所需费用的5～6倍。在市场竞争日趋激烈的情况下，物流公司要想赢得市场，就必须不断提高客户忠诚度，这样才能保证长久稳定的客户群。因此，为了降低整体成本并获得竞争优势，物流公司建立与客户之间的忠诚关系显得尤为关键。

四、物流服务管理过程

在如今竞争激烈的环境中，以客户为中心的物流策略正在逐渐成为公司获取竞争优势的重要途径。物流策略是公司对其物流活动进行管理和规划时所采取的一系列方法和手段。以满足客户需求为中心的物流策略的制定需要经过多个阶段，如图2-1所示。

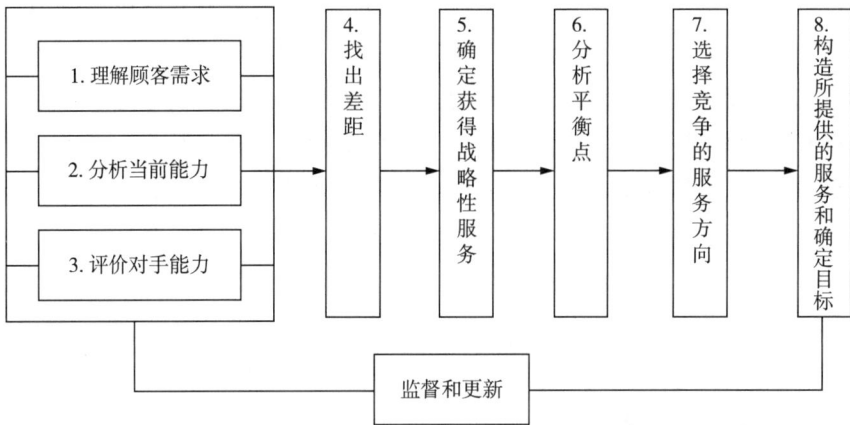

图2-1 以满足客户需求为中心的物流策略制定

（一）深入了解客户的具体需求

随着客户需求的不断演变，供应商不仅有责任预见这些变化并作出积极响应，还需要持续调整其业务目标以适应这些变化。这种情况下，公司面临从"供应中心"向"服务中心"的转型，即从生产到销售的服务模式转变为以服务客户为主的营销方式。在这个转变中，需要重新设计物流流程和方法来满足新的要求。为了确保客户的满意度，必须对物流流程进行相应的调整。本书介绍一种用来帮助公司提高对客户需求的响应能力的新方法，即通过了解客户需求而进行战略管理，并将其应用到具体的实践中。具体通过三个关键步骤可以明确客户的需求：深入了解客户的业务需求、终端用户的需求；明确客户的需求与预期；根据客户要求提供合适的服务。与客户深入讨论他们的需求和期望如何变化，并评估客户对服务价值的期望和对服务成本的接受度。

（二）对现有服务和能力进行评估

在物流服务的专业领域中，深入洞察客户需求后，供应商的首要任务是识别其当前服务能力与客户实际需求之间的不匹配之处。这涉及制定策略以实现特定的服务目标，并识别竞争对手所提供的服务内容。针对这些挑战，EDI 作为一种高效解决方案，在多种情况下都能发挥关键作用。若供应商能充分采用 EDI 技术，提升其服务的效率和质量，那么这家公司在市场竞争中将占据显著的优势地位，并能为客户提供更为独特和专业的服务体验。

（三）解释当前做法与客户要求之间的差距

当公司准确地意识到与客户期望之间存在的不匹配时，可以进行深入的审查，以明确缩小这种差距可能带来的益处，例如提高客户的价值等。因此，公司要制定相应的战略来减少这些损失或改进做法。企业有责任对与差距相关的平衡点、收益、开销和潜在风险进行深入的分析和管理。在这种情况下，公司就能够识别出哪些利益会对其产生影响。此外，还应该考虑如何将这些利益转化为公司内部资源，并把它们投入实际经营中去。基于这些深入的分析，企业需要确保其利润高于其成本。

（四）满足客户特定需求的针对性服务

各种客户群体对服务内容和质量有着不同的需求。为了让尽可能多的客户感到满意，公司应该根据客户需求期望的相似度来对客户进行分类。如果按照市场规模划分客户群体会有很大局限性，因为每个人都知道自己所从事的职业。大部分公司会根据不同的产业、产品类型、销售额和盈利状况来进行客户群体的精细划分，这样可以更有效地提供具有针对性的服务。例如，在汽车行业中，汽车制造商为每位用户定制了一套个性化的汽车系统。在提供针对性服务时，需要对服务成本与收益进行分析与权衡。在某些情况下，服务会使公司蒙受损失，但在另一些情况下则不会造成这种影响。

（五）在客户需求的基础上创造服务

当公司采纳以客户为中心的配送策略时，接下来的目标是基于客户的需求和期待来提供服务。因此，要想获得持续竞争优势，就必须与客户之间建立长期稳定的合作关系。为了更好地满足客户的需求并超越他们的预期，供应商不只是要满足客户的现有需求，还需要提供更多的增值服务。客户满意与客户不满意之间存在着明显差异，客户不满意是由于产品或服务质量没有实现预期目标而产生的一种负面反应。当市场竞争者开始把客户满意度看作他们在竞争中的优势时，如果供应商仅仅关注客户对价值的认识，并以满足客户最基本需求为出发点，那么如果不能满足客户的期望，他们将会受到客户的负面评价，因为客户不仅关注能给自己带来多少利益，还关注服务质量、响应速度、可靠性等多个方面。即便满足了客户的期望，也不一定能获得他们的好评，因为这只是他们所期望的。公司要通过持续改进服务流程，优化供应链管理等方式来提高产品和服务质量，从而获得客户的认可和信任。只有当提供的服务超越了客户的基本需求时，客户才会感到满意，从而实现价值的增长。

（六）评估与跟踪执行

客户满意度和公司对客户的承诺有直接关系。客户满意度反馈是评估公司真实满意度的唯一精确准则，因为这体现了公司在满足客户需求方面的表现。评估客户对公司整体服务和产品的满意度是非常必要的。客户满意度指数作为一种量化手段，用于评价客户满意度水平。

客户满意度指数是一种对客户满意度进行量化分析的方法，它可以从多方面衡量企业与顾客之间是否保持良好关系。为了满足客户的需求或超出他们的预期，需要达到或超越客户满意度的标准。在这种情况下，公司需要采用一套新的系统来管理客户满意度，以便能更好地满足客户对商品和服务的各种要求，并提高自身的竞争力。比如说，在众多商业领域，邮购支持系统都为客户提供了附加价值的服务。邮购支持的标准会因产品的种类而有所不同，但可能会考虑到响应的时长、服务的便捷性以及员工的礼貌行为等。客户满意度指标应当在持续的监督下，它不仅能用于衡量供应商在客户满意度上的表现，还能用于评估一段时间内服务执行和改进的实际情况。

（七）保持持续改进过程

为了维持较高的客户满意度，供应商需要适应不断变化的客户需求。因此，在客户对公司产品或服务提出新要求之前，供应商就应该考虑如何为其提供合适的产品。可以通过与客户的互动，深入了解他们的需求，并努力满足他们的期望。

◖复习与思考题▮▮▮▶

1. 如何理解物流管理的概念？

2. 现代物流管理的特征有哪些？

3. 物流战略包括哪些内容？

4. 影响物流成本的因素有哪些？

5. 简述物流服务的内容。

第二篇

物流职能篇

第三章　包　装

✏️ **教学目标**

经过本章的系统学习，学生应能够深入理解物流领域中的包装知识，掌握包装的基本概念，包装在物流过程中的重要性及其多样化功能。同时，学生应能够了解包装的不同分类，以便根据实际需求选择合适的包装类型。此外，学生还应掌握包装材料的选择原则，以及各类包装技术的具体应用，确保在实际操作中能够合理运用。最后，学生还需熟悉集装化的概念，了解如何通过合理的包装提升物流效率，实现包装的优化，从而在整个物流过程中发挥最大效用。

📖 **案例导入**

包装引发的国际商务纠纷

国际贸易中因货物包装问题造成的损失较大，导致国际商务纠纷频频发生。

1. 使用的包装材料违反进口国规定

若使用的包装材料违反进口国的有关规定，则会导致货物在入关时被查扣。例如，绝大多数国家不允许使用稻草做包装捆扎与衬垫材料的货物进入；许多国家规定，为避免病虫害的传播，以木、竹、藤、柳等为原材料的进口包装物必

古今说物流：
中国古代茶叶嬗变与
现代茶叶包装里的商机

须经过熏蒸处理，并附权威证明书，而未经熏蒸处理的包装物不能进入；大多数国家禁止使用旧报纸、旧棉花、旧棉布做商品内部充填物或包装缓冲材料。

2. 脆弱易碎商品的包装不够坚固

我国每年因包装保护不良导致进出口贸易商品在运输流通途中破碎损坏而引起索赔的案例很多。其原因除了运输流通途中出现意外，装运方法粗暴、违规等，还在于包装容器结构设计和使用不合理，内部缓冲衬垫设计和使用不科学等。

3. 贵重商品包装过于简易或封缄不严

有些贵重的出口商品因包装简陋或封缄不严而受损或丢失，引发商务纠纷。造成

商品受损或丢失的具体情况有：包装纸箱封缄处开裂，捆扎带松散，受压后包装变形，缺少包装封缄的原封专用标记，无防偷换措施（即打开后可重新封合而不留痕迹）等。此类商品门类众多，包括丝绸、服装、文体用品、玩具、工艺礼品、精密仪器、瓷器、钟表等。

4. 危险品包装容器结构薄弱与密封不良

具有易燃、易爆、放射性等潜在危险的商品在储藏运输过程中需要密封包装，否则会因渗漏溢出而产生燃烧、爆炸、污染等危害环境与人身的严重后果。这类商品主要有电石、铝银粉、油漆、有机溶剂等。近几年，我国发生过几十次因危险品出口包装不当引发事故而导致的纠纷。

5. 包装规格与容量不适当

我国某些商品的包装存在以下问题：不按国际贸易惯例要求执行，不严格遵照客户要求操作，或因包装容量规格设置不当，导致商品包装体积过大或过于笨重，从而引发进口方拒收和商务纠纷。

6. 包装设计违反进口国宗教与风俗习惯

一些商品包装的图文标贴设计未能充分尊重进口国的宗教文化和风俗习惯，这也是引起国际商务纠纷的常见原因之一。

思考：

可以采用哪些方法来改善上述包装问题？请为这些产生贸易纠纷的包装重新设计包装方案。

第一节 包装概述

一、包装的基本概念

在远古时期，人们就借助自然界中的植物作为最初的包装材料。随着社会经济的飞速发展和科技的日新月异，现今的包装材料已越发丰富多样，对包装的理解和应用也更为深入。随着物流技术的不断突破和广泛应用，以及人们对物流

包装的概念与分类

系统认识的日益加深，物流行业对包装材料和技术也提出了更为专业和严格的要求。

包装在产品从生产到消费的过程中扮演着至关重要的角色，它是连接生产和消费的桥梁。具体来说，包装包含两个核心要素：一是包装材料，二是包装技术。这两者共同确保产品在运输、存储和分销过程中的安全、完整和便捷。

包装用作名词时，指的是可以储存物品、抵御外部压力、保护和推广产品以及促进销售的物品，包括包装材料和容器。我国古代称其为"袋""瓶"。现代意义上的包

装是指为实现商品价值或使用价值而对原材料进行处理后形成的一种具有一定功能的特殊物质形态。包装作为动词时，指的是在包装过程中所使用的技术手段。

国家标准《物流术语》（GB/T 18354—2021）对包装的定义为："为在流通过程中保护产品、方便储运、促进销售，按一定技术方法而采用的容器、材料及辅助物等的总体名称。也指为了达到上述目的而采用容器、材料和辅助物的过程中施加一定技术方法等的操作活动。"因此，可以说包装就是包装设计与制作，即在生产、储存和使用商品时通过一系列手段来保证其功能得以实现的各种技术手段和工艺组合。简而言之，包装是包装物及包装操作的总称。

二、包装的功能

包装在物流中有许多功能：保护功能、销售功能、方便功能。包装的保护功能是指确保商品在流通中的时间和使用价值不会受到外部因素的干扰，这也是包装最核心和最基础的功能。包装的销售功能则是通过包装本身来体现的，它包括商品自身所具有的经济价值及社会价值两个方面。随着商

包装的作用

品经济的快速增长和市场竞争的加剧，包装的销售功能成为一个必然的结果。包装的方便功能，即包装具有节省包装材料、减少资源消耗、保护环境、降低运输成本、提高产品竞争力、促进产品销售等作用。包装设计的主要目的是确保运输、装卸、储存、携带和使用以及回收和废弃处理更为便捷。

根据国家标准《包装术语　第1部分：基础》（GB/T 4122.1—2008），包装必须具备三大功能：保护产品、方便储运以及促进销售。

（一）保护产品

确保产品的安全是包装工作的核心职责。因此，包装必须能够适应各种复杂的环境条件，以保证其功能的正常发挥。在物流的运输与配送环节中，产品可能会遭遇各种不利的气候条件、物理冲击、生物侵蚀以及化学腐蚀等风险，这些潜在因素都可能对产品造成损害。为了避免或降低这些影响因素对包装造成的不良影响，就需要采取一些保护措施。包装的其中一个功能是确保产品的安全并降低损害。图3-1中，薯片作为流通的商品，运输中最大的缺点表现为易碎，利用惰性气体充填包装，形成充气包装，可防止薯片在运输过程中因挤压而受到损坏。图3-2利用泡沫塑料的缓冲性能提供包装保护，保证运输过程中商品的安全性。

（二）方便储运

在物流运输和储存环节中，商品包装不仅扮演着保护产品的关键角色，还必须满足便于储运的实际需求。这种"方便储运"意味着包装的设计需要充分考虑到装卸、运输、堆码和储存的便捷性。如图3-3所示，啤酒通过采用热收缩薄膜进行集合包装，

极大地提升了装卸和储存的便利性。而图 3-4 则展示了托盘集合包装的应用,商品被规整码垛,形成了易于搬运和运输的货物单元,这不仅提高了运输效率,也确保了商品在储运过程中的安全性。这些专业且实用的包装方式,充分体现了物流行业在提升运输效率和商品保护方面的专业性与创新性。

图 3-1 充气包装

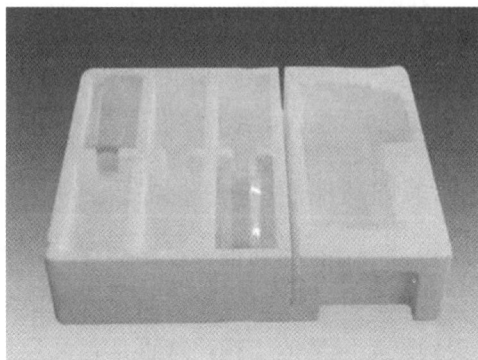

图 3-2 泡沫包装

图 3-3 热收缩薄膜

图 3-4 托盘

(三) 促进销售

包装作为物流流程中不可或缺的一环,其设计不仅能够为商品增加附加值,还能显著提升商品的市场竞争力。在现代营销中,包装被视为促进销售的关键手段。通过精心选择的包装材料、设计独特的包装装潢以及创新的包装结构,能够有效激发消费者的购买欲望。图 3-5 中的玻璃瓶包装的设计便是一个生动的例子。它突

图 3-5 玻璃包装

破了传统的透明玻璃材质，转而采用磨砂材质，不仅为商品增添了独特的质感，还通过简约的装潢设计突出了其商业 Logo，从而成功吸引了消费者的目光。这种对包装设计的重视和创新，正是现代物流行业在提升商品附加值和市场竞争力方面的体现。

三、包装的分类

（一）按包装功能划分

（1）运输包装。运输包装是以满足运输、仓储和销售要求为主要目的的包装。它具有保障产品安全，方便运输装卸，检验等作用，同时具有防水、防火、防虫、防霉等防护功能。

（2）销售包装。这一包装类型在物流及市场营销中占据重要位置，又被称为商业包装、消费者包装或内包装。它不仅承

包装的概念与分类

载着保护商品的基本功能，还通过其独特的造型、色彩及说明文字，实现对商品的宣传、介绍与促销。换言之，销售包装不仅保障商品安全，还通过设计元素吸引消费者，促进销售。因此，对其造型结构、视觉设计和文字说明都有着严格的专业要求。

（二）按包装的层次划分

（1）内包装：也称个包装或销售包装，它以单一商品为单位，直接接触并保护商品。常见的内包装包括金属罐、玻璃和塑料容器、包袋和纸盒等，这些包装对材料、设计和制造要求都极高。

（2）中包装：由多个单体商品或内包装组合而成，构成一个便于运输和销售的包装单元。例如，12 支铅笔组成的一打。中包装的设计便于商品的运输、计量、陈列和销售。

（3）外包装：又称大包装，是商品的最外层包装，容纳一定数量的中包装或内包装。其主要目的是便于商品的计量和运输，虽然外观设计的要求不高，但必须清晰标明内容物、性质、体积、重量及出品单位等信息。

（三）按包装材料划分

（1）纸类包装；

（2）塑料类包装；

（3）金属类包装；

（4）玻璃和陶瓷类包装；

（5）木材包装；

（6）纤维织品包装；

（7）复合材料类包装。

（四）按包装的目的和用途划分

（1）内销商品包装。内销商品包装设计需要适应国内短途和中短途的运输需求，

同时包装的尺寸和内部物品的数量也应与国内的消费模式和水平保持一致。内销商品的包装通常以简洁、注重成本效益和实用性为特点。

（2）出口商品包装。外销商品包装设计需要适应国际长途运输的需求，通常以远洋航运、空运、火车运输和汽车集装箱运输为主导。出口商品包装应符合环保标准。出口商品包装的设计、颜色和形态，需要考虑到商品在销售国家的独特习惯和特色。出口商品包装应根据商品类别选择合理的包装材料与结构。对于出口商品的包装，其保护性、装饰性和竞争性的标准都更为严格。

（3）特殊商品包装。通常指的是工艺美术品、文物、精密贵重仪器以及军事用品等的包装。特殊商品因其固有的高价值，相较于普通商品，其包装标准和要求更为严格。

（五）包装的其他分类方法

物流行业常常会按照包装容器的质地及其软硬程度来对包装进行分类。这种分类方法主要包括硬包装、半硬包装和软包装。每种包装类型都有其独特的特点和适用场景，以确保商品在运输和储存过程中的安全与效率。

第二节　包装材料与包装技术

一、包装材料

（一）包装材料的概念

在物流领域，包装材料是制造包装容器和直接用于产品包装的核心要素。包装材料种类繁多，主要包括纸和纸板、塑料、金属和玻璃等传统材料。此外，还有竹木和野生藤类等天然材料，以及天然纤维和化学纤维等纤维类材料。为了满足更多特定需求，复合材料、缓冲材料、纳米材料、阻隔材料、抗静电材料和可降解材料等也逐渐成为重要的包装材料。这些材料的选择和应用，体现了物流行业对商品保护、运输效率和环保要求的综合考量。包装设计是对包装进行科学的分析与研究，以确定包装的功能、结构及造型，并使之符合商品特性要求而展开的设计工作。用于包装的辅助材料包括胶黏剂和涂料等。

（二）包装材料的分类

根据使用材料的不同，对包装材料进行分类。

（1）根据包装材料的不同特性，将其细分为纸与纸板、塑料、玻璃、金属以及复合材料等几大类。这种分类方式有助于我们更精确地选择适合不同商品和运输需求的包装材料。

（2）从材料的软硬属性看，我们可以将包装材料进一步划分为硬包装材料（如金属、硬质塑料、玻璃等)、半硬包装材料(如瓦楞纸板、某些塑料等)以及软包装材料(如纸张、铝箔、天然纤维等)。这种分类方式使得我们在选择包装材料时能够更好地考虑到商品的保护性和运输过程中的安全性。

(3) 按照材料的来源,包装材料可以分为天然包装材料和加工包装材料两大类。天然包装材料直接来源于自然,如木材、竹材等;加工包装材料则是经过加工或合成的,如塑料、纸制品等。这种分类方式有助于我们更好地了解包装材料的来源和环保性能。

(三) 包装材料的选用原则

1. 对等性

在挑选包装材料的过程中,首要任务是明确被包装产品的属性,也就是将其分为高、中、低三个等级。对于高端产品,例如各种仪器和仪表,由于它们的价格相对较高,为了确保其在市场上安全流通,就应当选择性能上乘的包装材料。尽管出口商品和化妆品的包装并不属于高端产品,但为了迎合消费者的心理需求,通常也会选择使用高品质的包装材料。对于中等档次的产品,其包装所用的材料除了追求外观上的美感,还需重视其经济效益。低端产品通常是指消费量最大的那一类产品。对于低端产品,为了降低包装材料和作业费用,以及方便开箱操作,应当以经济效益为首要考量,并可以选择使用经济型的包装规格和材料。

2. 适应性

包装材料的主要功能是为产品提供包装,而这些产品需要经过流通才能被消费者所获得。由于不同产品的流通环境各不相同,因此选择包装材料时应确保其与流通环境相匹配。不同的环境和流通条件对材料的要求也不一样。流通条件涵盖了气候、运输手段、流通的目标以及流通的周期等方面。在这些因素中,气候条件最为重要,因为它直接影响到产品能否顺利地进入消费领域并使产品发挥应有的作用。面对恶劣的气候条件,选择合适的包装材料变得尤为关键。例如,在不同温湿条件和振动条件下,包装材料需要适应各种运输方式的需求。包装形式主要由包装内容物和包装容器的形状及尺寸等因素决定,也与包装材料有关。所谓目标市场,是指接受包装产品的人们。由于各国、各地区和各民族的差异,他们对包装材料的规格、颜色和设计都有各自的需求,因此必须确保包装材料与这些需求相匹配。包装周期即流通时间,指商品到达消费者手中的预定时间。对于某些商品,例如食品,其保质期可能较短,其包装材料必须满足相应的要求。

3. 协调性

包装材料应与该产品包装的主要功能保持一致。一个完整的产品包装包括了从原料到成品整个生产过程中的各个部分。产品包装通常可以被划分为内包装、中包装以及外包装,这些包装在产品流通过程中起到的作用是有所区别的。其中,内包装即小包装。小包装是直接与商品产生接触的,其主要目的是保证商品的品质,通常使用塑料薄膜、纸质材料、铝箔等软性包装材料。小包装可用于少量的散装商品或少量的易腐品，主要采用纸盒、塑料、金属及其他硬质包装材料。中包装是一种将单件商品或内包装组合成一个小整体的方法，它需要具备装饰和缓冲的双重功能，主要使用纸板、加工纸等半硬材料，并且能够适应印刷和装饰等行业的需求。外包装也被称为大包装，具有较好的密封性和良好的耐用性，常用纸箱、纸盒及塑料编织袋等进行装运。外包装是一个集多种包装于一体的容器，其主要目的是确保商品在流通过程中的安全性，同时也方便货物的装卸和运输。

4. 美学性

产品能否畅销在很大程度上受到其包装是否遵循美学原则的影响。包装设计要想取得良好的视觉效果，就必须对包装进行合理有效的选择与布置。其中最重要的还是看包装的色彩和质感。不同的颜色会带来截然不同的效果。当然，所选择的颜色必须与销售目标的喜好相一致。包装材料质地柔软而细腻，富有弹性，能满足儿童的需要。包装材料具有很好的挺度，不仅给人一种美观大方的感觉，而且陈列效果也很好。如将彩色塑料盒、纸盒、玻璃瓶等用于食品、药品等商品展示时，可使消费者产生强烈的视觉冲击力和心理效应，从而刺激购买欲望。

二、包装技术

不同种类的物品，其性能与包装要求各不相同。我们需要根据物品的类别、性能以及具体形态，选择最合适的包装技术和方法，确保物品在物流的每一个环节都能得到最佳的保护。

（一）防震包装技术

防震包装，也被称为缓冲包装，其主要目的是减少内部物品受到的撞击和震动，并采取特定的保护措施以防止其受损。在商品的流通过程中，防震包装的设计是不可或缺的。防震包装就是为使商品具有较好的抗震性能而采用的一种结构形式，即对物品进行多层叠加或整体组合形成的包装结构。这一设计考虑了外部流通环境的多种因素，但从力学的动态载荷角度看，冲击和震动是两个主要的影响因子。因此，防震包装的设计应综合考虑缓冲包装和减震包装这两种不同的方法。

1. 全面防震包装法

全面防震包装法是一种将内部和外部包装完全填满防震材料以实现防震效果的包装方式。根据使用的防震材料的不同，这种方法可以进一步细分为不同类别。

（1）压缩包装法。压缩包装法是通过使用弹性材料来填充或加固脆弱的物品，这种方法能够有效地吸收振动或冲击产生的能量，并将这些能量导向内部物品中最具强度的区域。这种方法可用于各种需要防止撞击及震动的物品包装中。所采用的弹性材料通常是丝状、薄片状或粒状的，即使是形状复杂的产品也能得到良好的填充。从防震的角度看，这类包装材料可以高效地吸收能量，分散外部的压力，并为其内部物品提供有力的防护，如图 3-6 所示。

（2）浮动包装法。浮动包装法和压缩包装法在基本层面上是相似的，它们之间的显著差异在于浮动包装法所使用的弹性材料是由小块衬垫构成的，这些材料具备位移和流动的特性，有助于填补受力区域的空隙，进而分散内部产品受到的冲击，如图 3-7 所示。

图 3-6　压缩包装

图 3-7　浮动包装

（3）裹包包装法。在裹包包装法中，人们使用各种柔性材料来包裹单一的内部物品，并将其放入外部的包装箱中。这种包装法能有效地防止外界震动对物品造成损伤。该包装法以低成本和易于使用的特点，被认为是一种相当理想的防震包装选项，目前已被广泛应用于各种产品的防震包装中，并取得了很好的效果。这种方法通常应用于小型产品的防震包装，如图 3-8 所示。

（4）模盒包装法。模盒包装法采用模型技术，将聚苯乙烯树脂等原材料加工成与产品外观类似的模盒，从而提高包装的抗震能力。模盒是一种通过特定工艺加工而成的包装形式，它可代替纸袋或其他材料进行产品的外包装。由于模盒具有一定强度，所以可以在运输过程中起到保护产品的作用。模盒包装法主要应用于小型和轻型产品的包装设计中，如图 3-9 所示。

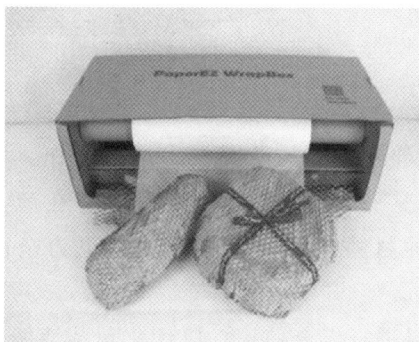

图 3-8　裹包包装

图 3-9　模盒包装

图 3-10　就地发泡包装

（5）就地发泡包装法。就地发泡包装法是一种专业的防震包装技术，其操作基于内装物品和外包装箱的尺寸和形状。如图 3-10 所示，该方法的核心是在内装物与外包装箱之间，精准填充发泡材料，以起到缓冲和保护的作用。这种技术确保了物品在运输和储存过程中的安全性，同时也展现了物流行业的专业性和精细操作。这一方法操作简便，其核心设备包括装有异氰酸酯和多元醇树脂的容器以及喷枪。该方法可用于多种产品的保护，如药品、食品、化妆品和玩具等。

2. 部分防震包装法

对于那些具备出色整体性能和内部包装容器的产品，只需在产品或内部包装的转角或特定区域使用防震材料作为衬垫，这种方法被称为部分防震包装技术。部分防震包装法是利用特殊结构形式来实现减震效果。对于一些不便于整体安装的零部件，可采用直接将其放入防震垫层中加以固定的方法包装。部分防震包装法所使用的防震材料主要包括由泡沫塑料构成的防震垫、由充气塑料薄膜制成的防震垫以及橡胶弹簧等组件。

3. 悬浮式防震包装法

如图 3-11 所示，为了确保某些价值较高且容易损坏的物品在流通时不会受到伤害，人们通常会选择使用坚固的外部包装容器，并将这些物品通过带子、绳索、吊环或弹簧等工具悬挂在外部包装上。这样就需要有一种能承受较大冲击负荷的支撑件起到弹性阻尼器的作用。

图 3-11　悬浮式防震包装

4. 联合方法

在实际的缓冲包装应用中，通常会结合两种或更多的防震技术进行操作。为了保证缓冲包装设计合理可靠，应根据不同的情况采取适当的措施。例如，在产品包装中既添加了铺垫材料，又加入了无定形缓冲材料，以确保产品获得更为全面的保护。

在某些情况下，可以对不同类型的缓冲材料进行组合使用，以优化包装性能。这种方法称为混合设计法，其原理是利用两种或多种不同性质的物质之间的相互作用来改善它们各自的性能。例如，将具有相同厚度的不同材料进行并联组合，或者将具有相同面积的不同材料进行串联组合。

（二）防潮包装技术

防潮包装技术作为物流保护性包装中的关键技术，致力于通过使用具有出色隔绝水蒸气能力的专业防湿材料对物品进行全方位包封。这一技术的核心在于有效降低外部湿度对产品的不良影响，同时确保包装内部湿度维持在物品所需的标准范围内，以保证物品的优良品质。在实施防潮包装时，应根据流通环境的湿度状况和物品的具体特性，精心选择最合适的防潮包装材料和结构，以防止或减少水蒸气的渗透，从而确保防潮效果。在选择防潮材料时，通常会选择合适的材料并设计出合适的防潮结构，或者会添加一些其他附加材料，如干燥剂、涂料、衬垫等，如图 3-12 所示。

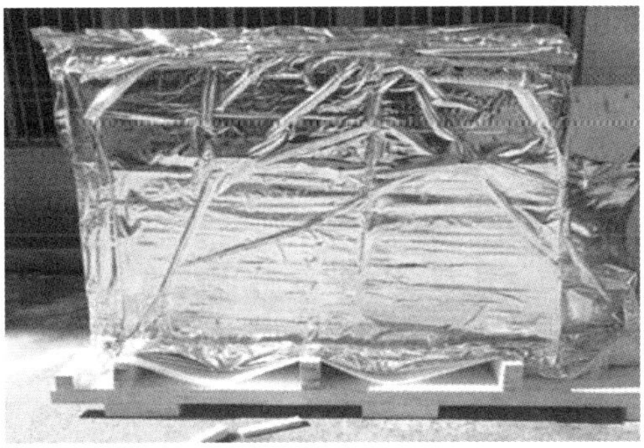

静态干燥和动态干燥是为了消除包装中的湿气并维持其干燥状态而采用的主要干燥技术。静态干燥是在密闭容器中进行的，主要用于小件物品或少量的易腐产品的贮存。动态干燥是利用干燥机或其他设备使包装内的湿度达到一定程度后再进行干燥处理。动态干燥法利用除湿设备来吸取包装中的湿润空气，适合于大型包装和长期储存包装。

图 3-12 防潮包装

常见的干燥剂包括硅胶、分子筛、铝凝胶以及氯化钙。目前，用于物品包装的干燥剂主要是硅胶。随着科学技术和生产的发展，产品防潮包装已越来越受到重视。为满足不同等级防潮包装的技术要求，应特别注意以下事项：

（1）一般而言，防潮包装的有效期限被设定为不超过两年，这是基于大量实践数据和科学评估得出的。在这段保质期内，可以确保包装内的空气在 25 ℃ 的恒温条件下，其相对湿度不会超过 60%，从而为物品提供一个干燥、稳定的存储环境（除非遇到特殊情况）。

（2）在进行防潮包装的产品和操作环境中，必须确保干燥和清洁，温度不应超过 35 ℃，相对湿度不应超过 75%，并且温度的变化不应太剧烈，以避免凝露的产生。如果产品具有较高的水分含量，在 35 ℃±3 ℃ 的温度范围内，以及在 35% 或更低的相对湿度环境中，则可实现良好的干燥效果（不包括干燥食品）。

（3）如果产品存在尖锐的部分，应在使用前进行适当的包扎（如使用柔软的材料包裹），以避免对防潮的包装容器造成损害。

（4）在进行防潮包装的过程中，应尽量保持连续性，一次性完成所有包装工作。如果需要中途暂停，应立即实施临时防潮措施。

（5）由于产品在运输过程中条件不佳，容易受到机械伤害，因此建议在运输过程中使用缓冲衬垫来进行固定、支撑或卡紧，并尽量将相关配件放置在防潮层之外，以避免对防潮包装容器造成擦伤，最终导致产品受潮。

（6）对于包装附件和产品的外部包装部分，都应确保其处于干燥状态，并最大限度地利用这些部分进行吸湿。碎纸或纸箱的水分含量不应超过12%。

（三）防锈包装技术

在国际物流中，为了确保金属部件在长途运输过程中免受锈蚀的侵害，我们通常采用三种防锈包装技术：气相防锈法、干燥剂法和涂层法。这些方法都体现了物流行业对于货物保护的专业性和严谨性，确保金属部件能够安全、完好地抵达目的地。其中，气相防锈法是最常用的方法之一。对于金属构件来说，最重要的问题就是防止生锈，这就需要在其表面形成一层保护膜，而气相防锈法则能有效地保护其表面免受腐蚀。

应依据产品的锈蚀敏感度和气候条件来选择适当的防护包装方法。对于机械设备，主要使用气相防锈法和干燥剂法。

1. 气相防锈法

气相防锈法利用气相缓蚀剂在常温下能够持续缓慢气化、挥发出来的缓蚀气体，使这些气体吸附在裸露的金属表面，形成一个到两个分子厚的稳定保护膜。该保护膜能有效地防止氧气、湿气等对金属的腐蚀。气相缓蚀剂由于是持续挥发的，能够在密闭空间内始终处于"饱和"状态，因此可达到长期、稳定、优良的防锈效果。其主要特点如下：

（1）全面保护：气相防锈剂是一种主动防锈材料，能够渗透到传统防锈油无法覆盖的角落空间，提供全面的防锈保护。

（2）长期防锈：气相防锈剂的防锈保护期长，最长可达12～20年，适用于需要长期保存的金属制品。

（3）使用简便：只需将金属制品与气相防锈剂放在一起，用塑料袋等密封即可完成防锈保护，去除时也十分方便。

（4）环保安全：气相防锈剂不含有害化学物质，不会对环境造成污染，也不会对人体健康产生危害。

气相防锈法广泛应用于各种金属制品的防锈保护，如汽车船舶的发动机及零件，机械设备的铸件及零配件，电子设备的零件等。

2. 干燥剂法

为了确保包装内部物品在储存过程中的相对湿度保持在一个可接受的范围内，把适量的干燥剂放入多个小袋子中，并把它们挂在容器的合适位置。接着，利用热封技术或其他相关方法，采用具备一定防水和透气特性的塑料薄膜来对这些内部物品进行密封处理。这样做的目的是确保该空间内的相对湿度始终低于锈蚀临界值。

这一方法在德国得到了广泛应用,利用薄膜和塑料等材料制成的包装容器对机器进行保护,以防止外界环境中的水分、氧气、潮气等进入机器内部造成锈蚀和损坏。德国在机械制造技术方面具有很高水平,德国制造的各种规格和型号的机器被出口到全球各地,其中大多数机器的出口运输包装都采用了这种防锈方法。通常在机器上安装一个可移动的箱体,内部装有干燥装置和防雨罩等设备。该运输包装的具体构造是:使用符合特定标准的塑料薄膜确保机器的密封性,并在其内部配备经过精确计算的干燥剂袋;运输时,可将机器放在大纸箱内进行运输。通常,人们会用木制或金属的托盘来固定纸箱,并用木板将其固定在周围。为了便于搬运和装卸,底部应设计为可拆卸。顶部还装有一个木质的盖子,但这个盖子的内侧通常会覆盖一层塑料薄膜或其他材料,以防止雨水侵入。

3. 涂层法

涂层法是通过在金属表面涂抹蜡或油脂等物质,从而形成一个防护层,防止水分等物质与金属接触,实现金属的防锈效果。目前,常用成膜物质包括石蜡、植物油、防锈漆和防锈油等,将其涂敷在金属表面。这一方法需要在涂敷之前对金属表面进行一系列处理,如除污、清洁和干燥等,同时还需确保设备或部件的精确度。如果选择了不恰当的清洁方式,可能会对受保护的设备或部件造成伤害;另外,涂敷过程中需将涂料涂到需要覆盖的部位上,而这些部位通常是金属部件的薄弱环节,容易产生腐蚀,甚至使金属表面遭到破坏和污染。在进行涂敷操作时,采用先进的涂敷设备和技术可以实现涂层的均匀性和无瑕疵。此外,根据实际情况选择合适的涂料,可减少成本和资源浪费。随着环保意识的提高和技术的发展,越来越多的环保型涂料被应用于涂层防锈。

总体而言,涂层法在物流行业中应用较为广泛,不仅被用于仓储阶段的防锈保护,还被用于某些特定组件的独立运输,比如具有较大表面积的轴和管道等部件。

(四)防霉包装技术

防霉包装的目的是避免霉菌对内部物品造成损害,从而延长物品的保质期,这是一种特定的防护手段。为了确保产品的安全性,大多数仪器、仪表、化学制品和食品等商品,通常需要经过防霉包装处理。

商品的霉变是由微生物活动引起的,这会在不同层面上影响商品的实际使用价值。目前,霉变已成为我国农产品及食品中最普遍的质量问题之一,不仅严重危害消费者的健康和安全,而且给国家带来很大的经济损失。相关机构的数据显示,我国仅在纺织品方面因霉变造成的经济损失就达数百万元。因此,防霉技术研究具有重要意义。商品的品质会受到各种微生物的作用,如细菌、霉菌、酵母菌和放线菌,这些微生物在特定环境下可能会导致商品发霉或腐败。

防霉的包装技术手段主要分为两种:密封包装和非密封包装。

1. 密封包装

采用四种不同的方法密封包装。

（1）在真空环境中替换惰性气体以实现密封包装。其原理是将容器内充入惰性气体，使之处于密闭状态。这一方法使用了封闭的包装方式，在容器中进行真空抽取，以替换惰性气体。由于密封效果好，贮存时间长，能有效地防止微生物污染和虫蛀。在一个主要由惰性气体构成的微环境里，该产品既不会遭受霉菌的侵害，也不会出现发芽和生长的现象。这一方法可被视为一种长期封存的封装技术。

（2）使用干燥的空气进行密封包装。将容器放入装有一定量水和一定量干燥剂的密闭容器中。建议选用气密性优良且透湿度较低的各类容器或复合材料来实施密封包装。在一个密封的容器内放置干燥剂和湿度指示纸，以确保容器内的湿度能够保持在60％或更低的水平。

（3）去除氧气后进行密封包装。对包装内的氧气浓度进行检测，并根据实际需要适当调整包装内氧气浓度以达到要求。建议采用气密性优良、湿度低和氧气透过率低的复合材料或其他种类的密封容器进行封装。通过控制包装材料的水分含量来保证产品内部不发生氧化反应。在密封的包装容器里，添加适当的除氧剂和氧指示剂。除氧剂的主要功能是将包装容器中的氧气浓度减少到0.1％或更低，从而实现除氧封存的目标，防止商品发霉。

（4）挥发性防霉剂防霉。为了满足产品的独特需求，可以在密封的包装容器中加入具有抗菌性能的挥发性防霉剂，从而实现高效的防霉包装。

2. 非密封包装

非密封包装有两种方法。

（1）对于那些容易发霉的物品和部件，在经过适当的防霉处理后，必须在其外部加上防霉纸，接着才能进行包装工作。

（2）为了控制包装箱内部的湿度，可在包装箱的两端上方设置通风窗。通风窗的核心作用在于防止和减少因温度波动引发的产品凝结现象，进而防止产品发霉。

对于已经经过有效防霉处理或对霉菌敏感度较低的产品，建议采用非密封包装。

（五）防虫害包装技术

1. 高温防虫害包装技术

高温防虫害包装技术是一种利用高温环境限制害虫生长和繁衍的专业技术。当环境温度控制在40 ℃～45 ℃时，大部分害虫的活跃性会显著降低，有效遏制了农作物病虫害的发生与危害。若温度进一步升高至45 ℃～48 ℃，害虫将进入休眠状态。而当温度上升到48 ℃以上时，害虫会迅速死亡，确保了物品在运输和储存过程中的安全。

2. 低温防虫害包装技术

低温防虫害包装技术通过维持低温环境来抑制害虫的生长和繁殖，最终达到杀虫的效果。这种技术体现了物流行业在保护货物免受害虫侵害方面的专业性。

3. 化学药剂防虫害包装技术

在防虫包装技术中，化学药剂的应用至关重要。通常，我们会对包装材料进行防虫剂或杀虫剂的处理，或在包装容器内加入杀虫剂或驱虫剂，以防止虫害对包装内商品的侵害。例如，除虫菊酯和丁氧基葵花香精的混合物被广泛应用于多层纸袋中，这种混合剂不仅安全有效，还能有效保护货物免受虫害侵扰。

（六）危险品包装技术

危险品的包装方法是基于其特性来制定的，也是为保证安全而采用的特殊包装技术。根据相关法律法规，危险品在生产、加工、储运过程中都要使用各种包装容器及包装材料进行保护和隔离，以防止外界物质进入内部或危险品泄漏到环境中去而造成事故。在危险品的运输包装上，必须明确标注各种性质类别的危险货物标志（图3-13），同时也要注明装卸和搬运的相关要求标志。对危险品进行安全管理是非常重要的一项工作。针对各种不同的危险品，所选择的处理方式各不相同，因此，对危险品的安全运输包装就显得尤为重要。以下是几种危险品包装技术。

图3-13 危险货物标志

1. 易燃易爆物品包装技术

例如，过氧化氢这种物质具有很强的氧化能力，当遇到微量的不纯物质或受到加热时，它会迅速分解并可能爆炸。因此，在食品加工中必须使用各种不同类型的防爆包装材料来保证食品质量安全。防爆的包装方式是先用塑料桶进行封装，接着把这个塑料桶放入铁桶或木箱里。包装容器可在工厂进行制造，以确保符合安全标准。每一件物品的净重都不要超过50千克，并配备具有自动放气功能的安全阀，在桶内压力达到特定水平时，保证安全阀能够自动释放气体。

2. 气体置换包装技术

这种包装技术是使用不活跃的气体（如氮气、二氧化碳等）来代替包装容器中的空气。通过调整密封容器内的气体成分和降低氧气浓度来抑制微生物活动，从而实现防霉、防腐和保鲜的目的。

3. 真空包装技术

这是一种在容器密封前将其内部转化为真空状态的包装方法，以确保密封后的容器内几乎不含空气。由于这种技术能够防止食品中微生物的繁殖，所以又叫真空包装法。其主要目标是减小或避免氧化作用，并抑制某些霉菌和细菌的繁殖。

4. 收缩包装技术

这是一种利用收缩薄膜来包裹想要包装的物品，并对这些收缩薄膜进行特定的处理（例如加热），确保薄膜紧绷并与物品紧密贴合的包装方法。

5. 拉伸包装技术

这是一种利用机械设备在常温条件下拉伸弹性薄膜，并将待包装物品紧密包裹的包装方法。目前，该技术已被广泛运用于食品、医药及保健品等行业的商品外包装上，并取得了较好的效果。

三、打包技术

（一）常见防震打包方法

（1）部分防震打包法只在商品或其内部包装的某个角落或部分区域，使用具有良好完整性和内置容器的防震材料进行填充。主要的防震材料包括泡沫塑料防震垫、充气塑料薄膜防震垫以及橡胶弹簧。

（2）综合防震打包法是指将所有防震材料填充在内包装和外包装之间进行防震的打包方法。

（3）悬挂防震打包法就是对于价值较高或脆弱的货物，为了确保其在流通过程中不会受到损害，使包装容器的外部稳固，用绳子、皮带和弹簧等工具将货物悬挂在包装容器中。

（二）货品打包注意事项

（1）货品打包时，要做到大不压小，重不压轻。

（2）打包前确认货品种类，例如，确认是否需要在产品彩盒上加固气泡袋包装玻璃制品等。

（3）检查产品在包装盒内是否晃动，如有晃动可选择对产品进行加固，例如裹气泡袋等。如是易碎品，则要评估是否通知更改包装，以避免运输导致破损。

（4）如打包箱大小不合适，可选择切割加填充物等方法，以避免产品在打包箱内晃动受损。

（5）易碎品打包箱要在六面上贴易碎标志作为提示。

（三）常用的包装箱分类

包装箱主要是为了便于运输、装卸和仓储，一般分为：瓦楞纸箱、蜂窝纸箱、木板箱、泡沫箱、编织袋、免胶纸箱、标准化物流周转箱、循环包装箱。

（1）纸箱。包装纸箱作为现代物流不可缺少的一部分，是最常用的包装产品之一，如图 3-14 和图 3-15 所示。

图 3-14　瓦楞纸箱　　　　　　　　　　图 3-15　单层纸板箱

（2）木箱。根据客户的不同要求定制不同的木箱。对货品的尺寸、形状、质量和特性进行量身定制。木箱分为铁木结构木箱、出口免熏蒸不需检验木箱、花格木箱、胶合板木箱、夹板木箱、卡扣木箱、特殊规格及包装（木箱），可根据客户需求上门包装，如图 3-16 所示。

出口木箱（1）

出口木箱（2）

国内木箱（1）

国内木箱（2）

花格木箱

卡扣木箱

图 3-16　各种木箱规格

（3）循环包装箱。这种包装箱采用高质量的 PP 蜂窝板材制造。这种板材不仅易于回收再利用，而且耐用性强。更重要的是，它采用了自锁底折叠结构和全箱体魔术粘贴合模式,巧妙地避免了传统包装中常用的胶带纸、拉链等易耗材料。这一设计不仅提升了包装箱的稳固性和安全性,还显著降低了物流成本,符合环保理念,展现了物流行业在可持续发展方面的专业性,如图3-17所示。

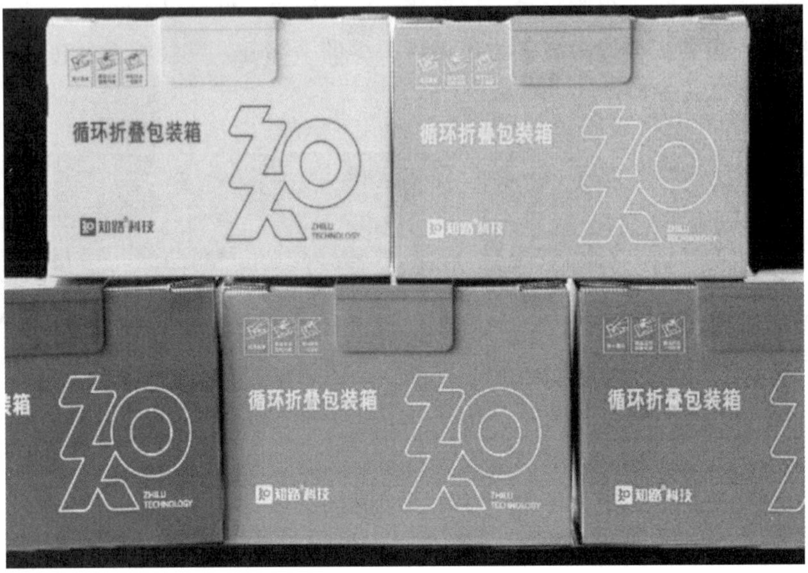

图3-17 循环包装箱

(4)标准化物流周转箱。它广泛应用于汽车、家用电器、轻工业和电子等多个行业。它具有耐酸、耐碱、耐油污的特性,无毒、无味,可以用来装载食品等,清洁方便,零件周转方便,堆放整齐,便于管理,如图3-18所示。

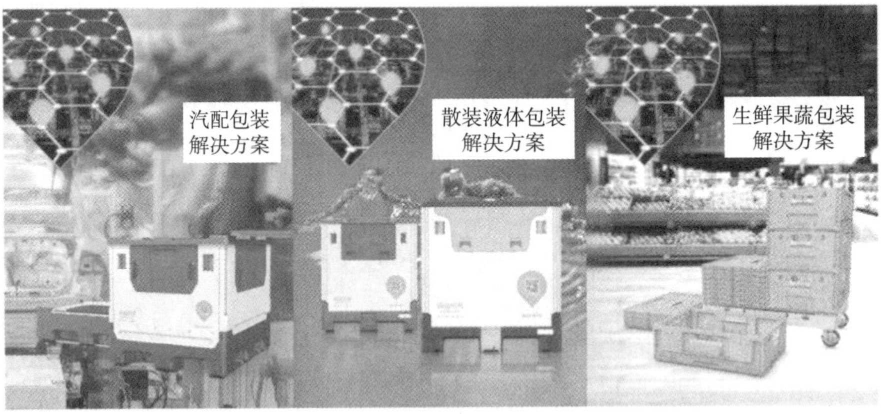

图3-18 标准化物流周转箱

(四)常用的托盘分类

物流园区不仅需要标准化的设施,还需要标准化的作业流程。物流园区的装卸作业要全面实现标准化，广泛使用托盘、周转箱等单元化器具，并使物流作业流程实现智能化，从而提升转运、装卸效率。

托盘作为一种水平平台装置，主要用于货物的集中、堆积、运输和搬运。它作为一个单元负荷，使得货物的装卸和搬运变得更为便捷。托盘包括蜂窝纸托盘、层压板托盘、高密度合成板托盘、木屑板托盘、塑料托盘及塑木托盘等。

（1）蜂窝纸托盘由蜂窝纸板和高强度蜂窝支腿经过胶粘和压制技术复合制成。这款托盘不仅重量轻、成本低、强度高且不需要熏蒸，还经过了高温消毒和防腐处理，是一种绿色环保产品，特别适用于航空货运物流。

（2）层压板托盘是一种环保再生材料，由废纸、草浆等原料通过水解和压制工艺制成，其抗压和承重能力与木板类似，适用于电子产品和其他高端产品的运输。

（3）高密度合成板托盘采用特殊工艺，将各种废料在高温、高压环境下进行再加工，从而克服了传统木托盘常见的木结、虫蛀、色差以及耐湿性差的弊端。高密度合成板托盘具备出色的抗压能力，承重能力强大，同时成本相对较低，使其成为搬运各种货物的理想选择。这一产品的应用，不仅提升了物流作业的效率，也体现了物流行业在资源循环利用和可持续发展方面的专业性。

（4）木屑板托盘价廉实用，不会受到虫害、结疤或色差的影响，是木托盘的优质替代选项之一，如图3-19所示。

图3-19 木屑板托盘

（5）在发达国家，塑料托盘已被广泛采用，并且其未来的发展前景非常广阔。尽管这种托盘的初始投资成本相对较高，但它具备高强度、可循环利用和长使用寿命（最长可达7年）等优点。

（6）塑木托盘是通过将回收的再生聚烯烃和木质纤维在高温、高压和热挤压的条件下转化为型材后进行组装制作的。塑木托盘（图3-20）主要适用于集装箱内装运货物，也可作为包装箱及容器使用，还可以用作其他用途。它拥有众多卓越的特性：出口时不需要熏蒸；具有抗腐蚀、防止变形和容易清洁等特点；具有多次循环使用的能力；性价比表现出色；该产品是完全可回收的，并且对环境友好。

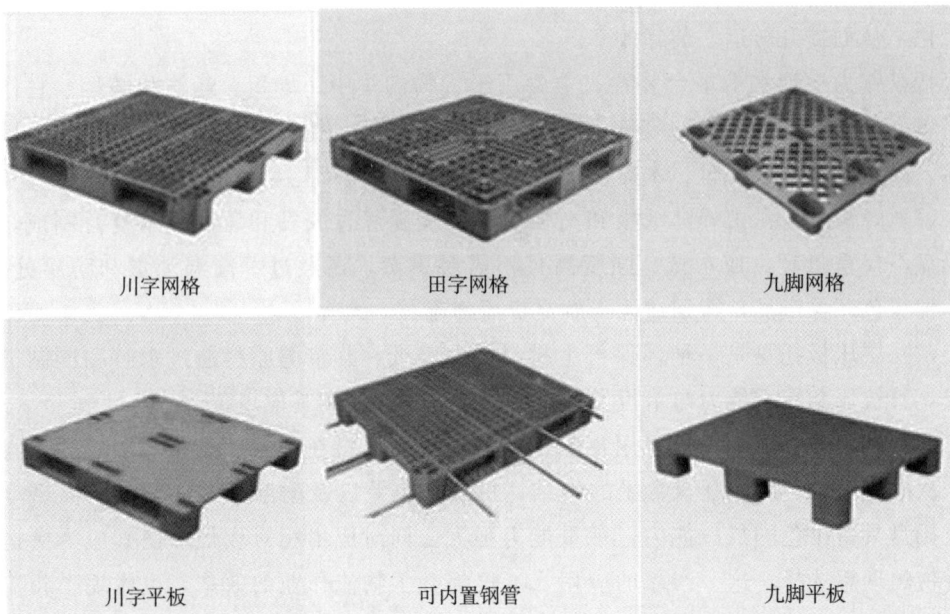

图 3-20　塑木托盘

（五）包装标准化的意义

制作一个工业木包装箱，大概需要 0.38 立方米的木材，我国木制包装箱每年大约需要消耗 1700 多万立方米的松木。实际上，工业木包装箱每年要耗费大量的木材，这些木材使用后，很少一部分能够回收再利用，大部分被焚烧或填埋。

将绿色、共享、循环的理念推广到物流行业，推行低克重高强度快递包装纸箱、免胶纸箱、可循环配送箱、标准化物流周转箱替代木包装箱，是当前行业的重要发展方向。

（1）提升效率。我国仓储物流行业长期面临物流周转箱标准化不足、多式联运系统及托盘循环共用系统建设不完善、运行效率低、能耗高等问题，包装标准化有助于解决这些问题。

（2）减少环境污染。物流行业是包装材料的使用大户，快件包装过程中会消耗大量的纸箱、泡沫箱、塑料袋、胶带等包装物。通过过度包装治理，探索循环包装精细化运营，推行包装减量化、再利用、可循环、可降解的绿色包装，可以节约包装材料，减少固体废物对环境的污染。

（3）长期来看还可以降低成本。虽然木箱成本低，但只能使用一次，后期处理也会给环境带来负担。循环包装虽然制造成本较高，但其最大的优势是能够重复使用。经测算，循环包装使用 3~5 次后，成本将低于木箱成本，给企业带来实实在在的经济效益，如图 3-21 所示。

图 3-21 包装循环利用

第三节 集装化、集装包装及包装合理化

一、集装化与集装包装

集装化，就是将两个以上的散装或零星货物组合成一个标准化单元，这些单元具有统一的尺寸、重量和外形。这样的单元在装卸、保管、运输等物流环节中能作为一个整体来处理，大大提高了物流操作的效率和便利性。当前，集装化已经深入物流的各个环节，为物流的高速化、现代化发展奠定了坚实的基础。

为了实现更高的运输和仓储效率，物流集装化对包装的结构尺寸提出了明确要求。根据物流的基础模数尺寸、集装化基础模数尺寸及集装化尺寸来精确计算和确定内包装尺寸与外包装尺寸，可以显著提升集装化装载率。

（一）集装的基本概念

集装是将众多小型单件货物或未包装的货物，通过特定的集装容器（如托盘、集装箱等）和先进的技术手段（如自动化装卸设备等），组合成一个尺寸较大、质量较大的标准化单元。这样的单元，其单体总量可达几吨甚至几十吨。从包装的角度来看，集装属于大型包装的范畴。

过去，杂散货物的集装组合方式受限于技术水平和装卸设备的普及程度。在科技水平相对落后的条件下，装卸工作主要依赖人力，这导致了组合体重量受到包装材料强度和人力装卸能力的双重限制。因此，那时的组合体重量一般不超过 50 kg。随着科学技术的飞速发展，特别是自动化装卸设备和集装箱技术的广泛应用，集装方式得以突破，给现代物流带来了革命性的变革。

（二）集装的效果

集装的核心理念是以小集大，这种以小集大的策略是基于标准化和通用化的要求来实施的。在国际上，集装箱船已成为一种重要运输方式。集装的优势有以下几个方面：

（1）提高装卸、搬运和堆码作业的效率。

（2）集装的效果。与逐个装卸单一物品相比，集装的效果主要体现在：

① 减少了工作时长，可将多个货物的多次装载和搬运转变为一次性集装操作。

② 通过降低装卸作业的劳动强度，可以减轻工人在处理大量杂货和中小件作业时的劳动强度。集装技术采用机械化操作，不仅降低了装卸的工作强度，还增强了集装货物的防护功能，从而有效地避免在装卸过程中出现碰撞损伤等。

③ 简化理货任务，缩短理货时间，提高交接效率。

（3）使包装合理化。在引入集装技术后，可以显著减少物品的小规模单独包装和零散小包装的需求。这种改变不仅极大地降低了包装材料的消耗，提升了成本效益，而且随着集装规模的扩大和整体防护性能的增强，包装的稳固性和耐用性也得到了显著提升。这对于确保货物在运输过程中的安全性和完整性至关重要，对于提升物流运作的效率和效益有着积极影响。

（4）便于运输和仓储管理。集装的整体运输和存储方式极大地简化了运输和存储的工作流程，使得物流管理更为便捷，同时也更高效地使用了运输工具和存储空间。

（5）使整个物流系统实现合理化。集装系统的最大优点是可以将原先分散的物流环节有效地整合成一个整体，从而实现整个物流系统的合理运行。因此，在我国物流行业中，集装技术已成为一种不可缺少的技术手段。

（三）集装的方式

1. 集装箱

集装箱种类繁多，包括普通型、笼式、罐式、台架式、平台式、折叠式和挂式等，每一种都有其特定的应用场景。

2. 托盘

托盘也是集装的重要工具之一，有平托盘、柱式托盘、架式托盘、笼式托盘、箱式托盘、折叠式托盘和轮式托盘等，为不同货物提供稳定的支撑。

3. 集装袋

集装袋作为一种柔性的包装容器，也称为软容器，特别适用于轻量货物或需要柔性包装的货物。

4. 货捆

货捆是通过绳索等多种材料将货物捆绑成一体,使多个单独的货物组合成一个整体单元,以便搬运和运输。

5. 框架

框架设计灵活多变,可以根据物资的外观特性进行选择和定制,以满足不同物资的集装需求。有些框架如门字型框架适应性广,而有些框架则专用于特定形状的物资。

6. 集装加固

在物流过程中,集装货件常受到静载荷和动载荷的影响。因此,使用适当的加固方法、材料和类型至关重要,以确保货物的稳固和安全。

(四)集装箱运输方式

集装箱(图3-22)运输自1956年从陆路发展到水路以来,这种运输方式已成为全球货物运输的主流。它不仅能节约包装材料,简化货运作业,提高装卸效率,还能降低运营费用,便于自动化管理。然而,集装箱运输也需要较大的投资,用于采购运输工具、专用码头、泊位以及装卸机械等配套设备。只有在货物流

图3-22 集装箱

量大且稳定集中,能实现多式联运和"门到门"服务的条件下,集装箱运输才能充分发挥其优势。

集装箱的运输形式主要有整装货(FCL)和拼箱货(LCL)两种。整装货运输适用于货物量达到集装箱容积或承载量的大部分,由发货人在其货仓或工厂仓库装箱,然后通过内陆运输和海上运输等方式到达目的地。而拼箱货运输则适用于货物量不足整箱的情况,由仓库根据货物的流向、特性和质量等,将到同一目的地的货物拼装在一个集装箱内进行运输。

(五)集装箱的尺寸规格和分类

1. 集装箱的尺寸规格

ISO 668:2020是国际标准化组织(ISO)制定的最新集装箱尺寸和重量标准,全称为:《系列1货运集装箱分类、尺寸和额定质量》(Series 1 freight containers—Classification, dimensions and ratings)。该标准规定了国际通用的系列1集装箱(即最常见的海运集装箱)的基本尺寸、分类和最大总质量(总重),适用于干货箱、冷藏箱、开顶箱、平板箱等标准集装箱类型。

2. 集装箱的分类

（1）按用途分类：

① 干货集装箱（dry cargo container）。目前，世界上有很多货运公司都在用散装箱或袋装箱来装运各种不同性质的货品。这是一种多功能的集装箱，它主要用于装载日常杂货，除了液态货物、需要调节温度的货物和特殊货物。干货集装箱（图 3-23）在国际上被广泛采用，是目前世界上三大集装箱之一。这类集装箱的应用范围非常广泛。在一些特殊情况下，如用于运输危险品、易碎物品等，可以根据实际需要选择不同尺寸大小的袋装或罐装货物。常见的尺寸有 6096 mm（20 ft）和 12192 mm（40 ft）两种。

② 通风集装箱（ventilated container）。通风集装箱（图 3-24）是一种利用空气流动来保持内部干燥或降低内部温度的装置，它可以安装于各种货柜车内，也可用在其他运输方式中。通风集装箱通常会在其侧壁或端壁上安装通风孔，这样的设计特别适用于那些不需要冷冻但需要通风，并且容易感到闷热的货物，例如水果和蔬菜等。如果关闭通风孔，通风集装箱可以被用作杂货集装箱。

图 3-23　干货集装箱　　　　　　　　　图 3-24　通风集装箱

③ 台架式及平台式集装箱（platform based container）。由于其在结构上与其他类别集装箱相比具有许多优点而被广泛地应用于国际货物运输中。该类集装箱为了维持其纵向的稳固性，箱底相对较厚，与普通集装箱相比，其箱底具有更高的强度，但内部的高度却相对较低。箱底板由钢板制成，并采用了双层加强板结构。下方的梁和角柱都配备了系环，能够确保货物的紧固。该类集装箱可以用来装运一些体积较大或质量较大的货物。台架式集装箱缺乏水密性，因此无法装运对湿度敏感的货物。这种集装箱可以装在汽车或其他车辆上，也可以装到火车或轮船上。平台式集装箱是一种特殊的集装箱，它只配备底板，而没有上部结构设计。这种集装箱具有良好的密封性能和较高的承载能力，可以装载大量不同质量的货物，也适用于各种形式的船舶运输。平台式集装箱的装卸操作十分简便，特别适合装载大型和长件货物，如图 3-25 所示。

④ 开顶集装箱（open top container）。它是一种在普通集装箱上加装了一个可折叠篷布或塑料盖帘的新型集装箱。这类集装箱采用了独特的无固定顶部设计，但其顶篷却通过可折叠的顶梁支撑，由坚固耐用的帆布、塑料布或涂塑布等材料精心制成。除

此之外，其构造和功能性与标准的干货集装箱颇为相似，确保了物流运输中的稳定性和适用性。这样的设计既体现了物流的专业性，又确保了集装箱的实用性和易用性。由于这种结构能适应不同高度货箱的装卸要求，开顶集装箱在集装箱运输中得到了广泛的应用，如图 3-26 所示。

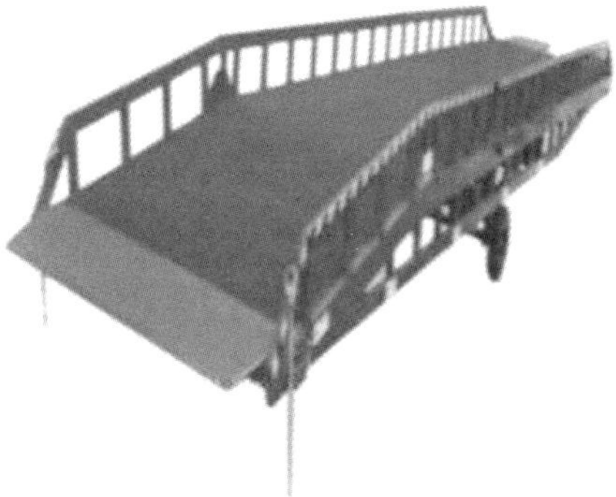

图 3-25　平台式集装箱

图 3-26　开顶集装箱

⑤ 牲畜集装箱（pen container）。这是专门用于运输牲畜的集装箱。它由箱体、侧板及底部构成。在物流运输中，为了保障内部环境的通风性，特别选用了金属丝网作为箱壁材料。这种材料不仅确保了通风效果，还增强了箱体的耐用性。为了进一步增加实用性，在箱体的侧壁下方设计了清扫口和排水口，以便清理和维护。此外，为了满足特定货物的需求，牲畜集装箱还配备了专业的喂食装置，确保了物流过程中货物管理的专业性和便捷性，如图 3-27 所示。

⑥ 散货集装箱（bulk container）。散货集装箱是一种专用的多用途船舶运输设备。散货集装箱不仅配备了箱门，还在箱顶设置了两三个装货口，适合装载粉状或粒状的货物，如图 3-28 所示。

图 3-27　牲畜集装箱

图 3-28　散货集装箱

⑦ 冷藏集装箱（reefer container）。冷藏集装箱是物流行业中专为需要维持特定冷冻或低温环境的货物而设计的专业运输容器。这种集装箱能够确保货物在运输过

程中保持稳定的温度条件，从而保障货物的品质和安全。在物流领域，机械冷藏集
装箱根据其冷冻机配置方式，分为两大类：一类是内置型，即内藏式机械冷藏集装
箱，其内部有冷冻机设备；另一类是外置型，即外置式机械冷藏集装箱，其冷冻机
设备配置在集装箱外部。这两类冷藏集装箱能满足不同的物流需求，确保货物在运
输过程中保持所需的低温环境。冷藏集装箱具有结构简单，重量轻，操作方便，便
于装卸搬运及可根据需要进行调整等特点，适用于各种不同性质的货物运输，如图
3-29所示。

⑧ 罐式集装箱（tank container）。罐式集装箱是一种专门用于运输液态货物的特
殊集装箱，包括但不限于酒精、油品以及液态化工品等货物。其主要特点是在箱内装
有可移动或固定的设备，以达到装卸方便、节省空间的目的。它是由一个罐体和一个
箱体框架构成。罐体是有一定高度且有多个可上下移动的槽口的金属容器，每个槽口
内都装有一个能与外界相通的排气孔。在装货过程中，货物是通过罐顶的装货孔进入
的；在卸货过程中，货物要么从排货孔流出，要么从顶部装货孔吸出，如图3-30
所示。

图3-29　冷藏集装箱

图3-30　罐式集装箱

⑨ 汽车集装箱（car container）。汽车集
装箱是一种经过精心设计和专业制造的物流
容器，特别用于装运小型轿车。这种集装箱
以其专业的设计和制造标准，确保了轿车在
运输过程中的安全性和稳定性。汽车集装箱
设计的独特之处在于它没有侧墙，只配备了
框架和箱底，能够容纳一层或两层的小型轿
车，如图3-31所示。

（2）按集装箱材质分类：

① 钢质集装箱。其主要用于港口装卸，

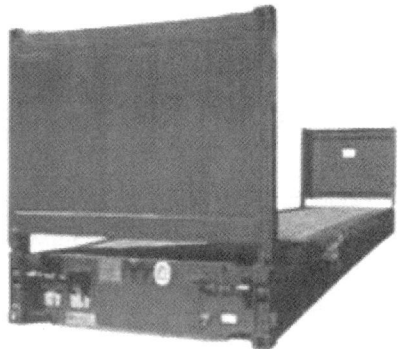

图3-31　汽车集装箱

也可作为船舶货舱及仓库等使用。这种集装箱是由钢材与不锈钢焊接组成的。由于其
材质优良，在国际上得到了广泛使用，特别适用于海上作业，如运输石油等。它的优

点包括高强度、稳固的结构以及优良的水密封性能。其缺点在于耐腐蚀性差。

② 铝合金集装箱。铝合金集装箱的核心部分是通过铝合金的铆接工艺制成的，它具有重量轻、外观雅致和抗腐蚀等优点。

③ 玻璃钢质集装箱。这种集装箱重量轻、成本低，可以用在各种场合下运输货物。这种集装箱采用了高度专业化的材料构造，主要由玻璃纤维与树脂混合而成，并巧妙地融合了适量的强化塑料以增强其耐用性。这些复合材料胶附于胶合板的两侧，确保了集装箱的整体强度和稳定性，满足了物流行业对于运输安全和耐久性的高标准要求。由于这种集装箱重量轻、造价低，目前在国际上得到了广泛应用。它拥有高强度、良好的刚性、优越的隔热性能以及出色的耐腐蚀特性。

④ 薄壳式集装箱。薄壳式集装箱的设计类似于飞机结构，它将骨架、外板等部件融为一体，形成不可拆卸的整体。这种设计结构赋予了薄壳式集装箱轻质且抗冲击的特性，即使在受到外力冲击或扭力时，也能保持形状不变，保证了货物的安全。

(3) 按集装箱的结构分类：按照结构特点，集装箱可细分为多种类型，如保温集装箱、敞顶式集装箱、罐式集装箱、散货集装箱、折叠式集装箱和挂式集装箱等。每种集装箱都有其独特的功能和适用场景。

① 保温集装箱。其配备保温装置和隔热材料，确保箱内温度恒定或保持在特定范围内，特别适合运输易受温度影响的精密仪器和食品。

② 折叠式集装箱。其侧端壁和箱顶等部件可折叠或分解，回空时体积大幅缩小，以减少舱损和运输费用，需要时可重新组合使用。

③ 挂式集装箱。其专为服装运输设计，允许衣物直接悬挂于集装箱内，避免折叠，节省包装材料，保持衣物原样。

（六）集装箱运输

1. 集装箱运输的优越性

集装箱运输以其安全、迅速、便捷的特点，在物流行业中占有举足轻重的地位。其优越性主要体现在以下几个方面：

(1) 保护货物。集装箱多采用钢铁、钢架铝板、不锈钢、玻璃钢等坚固耐用的材料制成，密封性能优良。这些材料能够有效抵御运输中的机械振动和冲击，防止货物受损。同时，其密封性能还能确保货物免受风吹雨淋，保证货物的安全运输。

(2) 简化包装。集装箱的设计旨在保护产品和方便运输，这使得许多货物可以简化甚至省略包装。例如，挂式集装箱可以直接悬挂服装，无须额外包装；某些货物可以采用大袋包装，既节省材料又简化包装程序。

(3) 提高装卸搬运效率。这是集装箱运输最大的优点。集装箱运输依赖于机械化的装卸过程，例如起重机和叉车等，这有助于降低工作强度并节省人力资源。此外，由于在码头前沿设有专用卸货区，可以将不同种类的物品集中存放，便于保管、管理及搬运作业。与此同时，集装箱的使用使得货物能够更有序地组装，从而显著提升装卸效率和运输工具的周转速度；通过减少车船在线路和泊位上的占用时间，运输设备的工作效率也得到了显著提升。

（4）适于国际联运。集装箱的国际化、标准化对于推动国际联运以及实现不同运输方式间的高效换装至关重要。通过标准化，集装箱能够无缝衔接各种运输方式，无须对内装货物进行二次搬运，仅需简单更换集装箱，极大地提升了换装作业的效率，给物流行业带来了显著的便利性和成本效益。

（5）投资额大。集装箱的制造成本是普通货船的4～7倍，这意味着集装箱运输的投资是非常巨大的。为了进行集装箱运输，需要大量的资金投入，这导致固定成本在船运公司的总成本中占据了很大的比重。

2. 集装箱运输组织工作

（1）发送作业。它是指在发站装运前的所有货物运输任务，包括集装箱承运前的组织工作至装运前的作业。特别强调的是，货主需明确了解并遵循使用集装箱运输的条件和各项规定。若运输需在特定集装箱处理站进行，按照站内指定的承运规定进行操作。同时，相关处理站需负责受理、审核及装箱等一系列工作，确保整个物流流程的专业性、高效性和安全性。

（2）中转作业。在整个转运过程中需要有一个或多个中转站来完成这一工作。集装箱的运输除了从发货点到目的地的形式外，还有一些集装箱需要中转才能到达目的地。中转站的主要职责是确保前往中转站的集装箱能够迅速找到目的地，并在到达后重新进行配装，然后继续发往到站。

（3）交付作业。它是指装载集装箱的货车在到达货场后，需要完成的卸货以及向货主提交交付相关手续等工作。

二、包装合理化

（一）不合理包装

1. 包装不足

包装不足主要包括：包装强度不足，导致其防护性能降低；包装容器的结构不合理，导致包装破损或变形等；包装费用偏高，影响到产品生产企业的经济效益。包装成本的投入可能会显著超出因减少损失而带来的潜在收益，导致总体成本增加。因此，在物流运作过程中，合理控制包装成本，确保其与商品成本之间的平衡，对于维护消费者利益和物流行业的健康发展至关重要。

2. 包装过剩

包装过剩主要包括：选用超出实际需求的过高级别包装材料，过度设计包装物的强度，采用过于复杂的包装技术，设置过多的包装层次，以及使用体积过大的包装。这些做法不仅增加了物流成本，还可能影响物流效率。因此，在物流包装过程中，应注重合理性和经济性，选择合适的包装材料和方案。

货物包装合理化

3. 包装污染

在物流领域，包装污染是一个不容忽视的问题。常见的包装材料如纸箱、木箱和塑料容器等，在生产和使用过程中会消耗大量的自然资源。更为严重的是，许多商品的包装设计过于追求一次性和豪华感，甚至采用不可降解的包装材料，这些都对环境造成了严重的污染。

（二）包装合理化的概念

包装合理化是物流领域中的一个重要概念，它指的是在包装过程中，通过选用合适的材料和技术，设计出符合物品特点的包装容器，以实现包装费用的节约和成本的降低。同时，包装合理化还要满足保护产品、便于储运和有利于销售等多重需求。包装合理化不仅有利于经济效益的提升，还有利于节约资源和保护环境。

具体来说，包装合理化是一个综合性的管理活动，它涵盖了设计、生产、运输以及经营管理等多个方面。通过科学的设计，确保包装既能满足商品的保护需求，又能减少不必要的浪费；通过合理的生产流程，提高包装的生产效率，降低生产成本；通过优化的运输方案，减少包装在运输过程中的损耗；通过精细的经营管理，更好地控制包装的成本和质量。

1. 包装的轻薄化

包装的主要功能是保护产品。但过度复杂或质量过大的包装材料并不会显著增加产品的实际应用价值。因此，在确保产品强度、使用寿命和成本得到有效控制的前提下，选择更为轻便、纤薄、紧凑和小巧的包装材料，这不仅符合物流专业性的要求，还能显著提升装卸和搬运环节的工作效率，从而优化整个物流流程。

2. 包装的简化与标准化

这意味着包装的规格需要统一，形态和种类也应简化，以减少操作复杂性，提高作业效率。

3. 顺应集装单元化和标准化的需求

包装规格与托盘、集装箱等运输设备紧密相关，需确保包装规格与运输车辆和搬运机械的匹配性。因此，需要从系统化的角度出发，设定合理的包装尺寸标准，以满足集装单元化和标准化的要求。

4. 包装的机械化与自动化

为了优化工作流程并提升包装的现代化水平，应积极开发和应用各类先进的包装机械设备。这不仅能够提升包装效率，还能降低人工成本，提高整体物流系统的运行效率。

5. 强调与其他物流环节的协同

包装作为物流系统的重要一环，需要与装卸搬运、运输和仓储等其他环节紧密协同配合。应综合考虑各个环节的需求，确保整个物流系统顺畅运行。

6. 有利于环保

在包装过程中会产生大量废物。如果对包装废物处理不当，就会污染环境。最理想的情况是包装材料能够多次循环使用，并且具有可回收和再生的特性；包装设计符合环保要求，既经济又实用。在挑选包装材料的过程中，还需要确保这些材料对人体健康无害，并且不会对环境造成污染，即"绿色包装"。

（三）包装合理化的实现途径

包装合理化的实现途径如下：

（1）采用先进的包装技术并对包装技术进行优化是至关重要的。现代包装已从单一的产品包装容器发展为多功能、多品种和系列化的综合包装材料。应大力推行如缓冲包装、防锈包装和防湿包装等多种包装技术。在包装上除了考虑产品本身外，还要注意与环境条件相适应。

（2）朝着可重复使用的循环包装方向发展。

（3）采用单元装载的方法，这意味着要使用托盘和集装箱来进行组合运输。与集装箱相比，托盘具有成本低、装卸效率高以及便于携带等优点，因此被广泛地应用于各种货物的搬运工作中。托盘与集装箱共同组成了一个综合性的物流设备，涵盖了包装、运输和存储功能，它们构成了物流现代化的核心基石。

（4）从物流总体的视角来看，应采用科学手段来确定最优包装。影响包装的首要因素是装卸过程，而不同的装卸技术将决定包装的种类。影响包装的第二大因素是保管。在进行运输包装时，为了防止货物损伤或破损，需要根据实际情况选择合适的包装容器。另外，在进行包装设计前，必须考虑包装所能承受的最大压力，应该根据各种不同的存储环境和方法来选择最适合的包装强度。对于包装材料，要考虑其是否具有足够的耐破性能、耐疲劳性能和阻燃性能，以及能否满足使用要求等。影响包装的第三大因素是其运输方式。在包装过程中，要使产品不变质，就必须保证其质量稳定。运输工具的种类、运输距离以及道路状况等因素，都会对包装产生某种程度的影响。

◖复习与思考题▮▮▶

1. 简述包装的含义及功能。
2. 包装材料的选用有哪些原则？
3. 简述集装的方式。
4. 商品包装合理化的要点有哪些？
5. 如何实现包装合理化？

第四章　装卸搬运

教学目标

通过本章的系统学习，学生应能够深入理解装卸搬运的定义、特点及其在物流中的作用。同时，熟悉仓储及运输过程中装卸搬运作业的具体流程、分类以及常用的基本设备，并能根据实际需求合理选择装卸搬运设备。此外，学生还需掌握装卸搬运作业合理化的基本原则，并了解为实现这些原则而采取的有效措施。

案例导入

楼层库装卸搬运系统设计分析

东洲卷烟成品物流中心（简称"东洲仓库"）主要由1号和2号两个楼层库组成，包括仓储区、办公区、辅助功能区，其中成品仓储区由1号仓库和2号仓库组成，每个仓库配置有8个月台，分别负责省内和省外的业务；每个仓库5层，每层建筑面积5885平方米，整个仓储区总建筑面积为58870平方米。

古今说物流：起重机发展历程演变

东洲仓库的服务对象为浙江中烟，通过物联网技术手段，使其物流模式进一步向信息化、自动化、智能化和集成化方向发展，实现货位数字化、物品数字化、状态数字化及运行轨迹数字化。现在的东洲仓库正在将信息化技术全面应用于楼层库的模式中。例如，东洲仓库每个货位下面都有信息识别设备，需要出入库作业时可通过信息系统快速准确地找到相对应的货位；每台叉车上也装有车载终端，叉车司机可以快速准确地接收自己将要进行的出入库作业信息；地埋天线的设置也为整托出库作业提供了信息技术的支持。

当一层的出库能力不足以支撑当天的出库总量时，就需要进行转储作业。转储能力主要与升降电梯相关，当然也与调度的合理性相关。能否在规定时间向规定地点转运规定数量的货物，对出库效率影响很大。东洲仓库的出库作业有备货提前期。若在

备货提前期内完成要求的转储量，则不会影响出库作业；另外，当一层的存储量不足以应对当天出库量时，就会发生即时的转储作业，即没有提前期的转储作业，此时的转储能力能否满足出库作业的要求，将对出库效率产生很大的影响。

通过对转储作业的数据进行统计和分析，得出以下结论：待售出库的成品烟送到东洲仓库月台不入库而直接出库的数量占总出库量的 10％，时间集中在 1 至 2 月；待售出库的成品烟送到东洲仓库一层不周转，直接出库的数量占总出库量的 26％；从仓库 2～5 层转储到一层待售的数量占总出库量的 42％；从 2 层到 5 层直接送到月台进行装车的数量占总出库量的 22％。基于以上数据，以订单承接能力中订单承接量最大的月台为例，分析转储能力能否满足极限订单承接能力。如果能满足，则转储能力是足够的；如果不能，则需要进行改善。

东洲 1 号仓库订单承接能力中单日最大出库量为 2200 个托盘，其中 22％（484 个托盘）需要在当天从 2 至 5 层通过升降电梯输送到月台。升降电梯的载运能力为 6 个托盘，在配置两辆装载升降电梯的叉车以及两辆卸载升降电梯的叉车的情况下，一个升降电梯完成一次转储平均需要 6 分钟，1 号仓库共有 3 个升降电梯。每 6 分钟可以完成 18 个托盘的转储，在 165 分钟内可以完成 484 个托盘的转储。在出库作业能力的分析中得出结论，完成单日极限出库量 2200 个托盘，经过优化后极限能力可以在 130 分钟内完成。由此可以得出，在高峰期，日转储能力要求达到极限转储能力的 73％，仍有一定差距，需要采取改善措施。

思考：

东洲仓库的作业特点是什么？由此产生的库内搬运的特点又是什么？东洲仓库采用的是"叉车＋电梯"的组合搬运模式，如果不限定投资，不限定作业方式，请问你还能设计不同的搬运组织模式吗？

第一节　装卸搬运概述

装卸与搬运概述

一、装卸搬运的定义

装卸搬运作业在物流运作中扮演着至关重要的角色，它是运输、储存、包装等环节顺利进行的必要支撑。例如，在物品待运出阶段，装卸搬运作业确保物品能够准确、高效地装载到运输工具上，从而开始其运输阶段。而当物品到达目的地后，装卸搬运作业又负责将其从运输工具上卸下，以便进行后续的入库储存或进一步处理。

通过装卸搬运活动，运输、储存、包装等各个环节得以紧密衔接，形成了一个连续、流畅的物流"流动"。这种流动不仅提高了物流效率,也确保了物流系统的顺畅运行,使物流的概念得以真正体现。

在特定的地理区域,如车站、工厂或仓库内,对物品进行存储和支撑方式的调整,称为装卸;而将这些物品在空间中进行位置的转移,则被称为搬运。这两个物流环节中不可或缺的操作,被统一概括为装卸搬运,它们共同确保物品在物流过程中高效、有序地流动。从广义上讲,凡是具有以上两种功能和性质的活动都可被称作装卸搬运。在某些特定的情境下,可简单地称其为"装卸"或"搬运",实际上也涵盖了"装卸搬运"的全面定义。在日常使用中,这种整体操作在物流行业通常被称作"货物装卸",而在生产行业则常被称为"物料搬运"。这两个名词虽然表述了一个概念,但涉及领域有所不同。在实际操作过程中,装卸和搬运是紧密相连的,它们是同时发生的。装卸和搬运既可独立存在又相互联系,二者相辅相成。因此,在物流学领域,不应过分突出两者之间的区别,而应将其视为一种独立的活动。物流中装卸搬运的主要目标和内容是改变物品的存储状态和空间位置,具体包括物品的装载、卸载、转移、筛选、分类、堆放、入库和出库等。装卸搬运的任务就是把各种物品从一个地方运送到另一个地方。

二、装卸搬运的特点

在物流作业中,装卸是指针对物品的存放和支撑状态进行变更的活动,特别是指物品在垂直方向上的移动,如装车和卸车。而搬运则专注于改变物品在空间中的位置,主要涉及物品在水平或倾斜方向上的移动,如将物品从一处搬运到另一处。这两个环节在物流过程中常常是相互关联的,通常统称为装卸搬运,并具有以下显著特点。

(1)附属性。装卸搬运是物流活动中不可或缺的一部分,因为它是一个附属性的过程,在物流活动的开始和结束阶段都是不可避免的。装卸搬运不仅在运输和仓储环节中起着关键作用,还贯穿于整个物流过程。举个例子,通常所说的"汽车运输"其实涵盖了与之相关的装卸和搬运工作,这在仓库中通常被称为保管活动,其中也包括了装卸搬运的过程。

(2)支持性。装卸搬运是一种支持性的活动,也是确保生产和流通各项任务能够顺利进行的必要条件。许多企业存在着装卸搬运工作跟不上,或者装卸搬运能力不足等问题。例如,一些学者的数据显示,中等规模生产车间中,部件在机床上的实际加工时间仅占整个生产流程的5%,而其余大部分生产时间都耗费在了原材料、工具以及部件的运输和等待上。这意味着,优化物流和运输管理对于提升生产效率具有重要作用。装卸搬运工作也是提高经济效益的重要环节之一。例如,车辆或船只的装卸操作不当,可能会在运输过程中导致货物损失增加,甚至可能引发翻车、翻船等严重事故;有些货物由于装卸搬运操作不当,可能会使企业蒙受巨大的经济损失。如果卸货操作不当，可能会导致接下来的物流任务变得复杂，从而使工作量和劳动强度显著上升。

（3）衔接性。装卸搬运作为物流系统中的衔接性活动，扮演着将各个物流环节无缝连接的关键角色。无论是原材料入库、半成品转运还是成品出库，装卸搬运都确保了这些物流活动的顺畅衔接。一种相对先进的物流系统——联合运输方式，应运而生。

（4）多样性。在物流作业中，存在着各种各样的货物，这些货物在物理和化学属性、外形、重量、体积以及包装方法等方面都有着明显的不同。因此，对各种货物采取什么方式进行装卸搬运就成为一个十分重要的课题。根据装卸搬运的结果分析，部分货物在经过装卸搬运后需要被储存，而其他一些货物在装卸搬运完成后会被运送。这些货物所具有的特性对其装卸搬运有着较大影响。在装卸搬运设备的应用和装卸搬运方式的选择方面，不同的存储方式和运输方式提出了不同的标准和要求。

（5）波动性。装卸搬运作业量是波动的、不平衡的。某一商品的销量好或差、远距离销售或近距离销售，以及销售数量的多少，都会导致围绕该商品的实物流量发生显著波动。这种变化必然影响运输过程中各环节的运作效率，使整个系统产生一定程度的不平衡性。从物流行业的内部观察来看，运输路径上经常出现"限制扣""跑在中间、窝在两头"等情况，这也导致装卸搬运量时高时低地波动。

三、装卸搬运在物流中的作用

（一）装卸搬运是影响物流效率的重要环节

装卸搬运作为物流流程中的核心环节，紧密伴随着运输和存储活动展开。它不仅承担了在存储过程中对货物进行检查、维护和保养的重要职责，还包括但不限于货物的装载、卸载、转运、拣选和分类等细致操作，确保物流系统的高效运转和货物的安全完整。在物流的各个环节中，装卸搬运活动频繁进行，这些活动所消耗的时间已成为衡量物流效率的关键指标。从生产到消费的整个流通过程中，由于装卸搬运的频繁操作，其与货物受损、污损的风险紧密相关，并直接影响着货物的包装成本。因此，对装卸搬运过程进行优化，已成为提升物流效率、降低损失和成本的重要一环。具体包括精准选择适宜的装卸搬运方式，以及精心挑选、合理配置并高效使用相应的机械设备。同时，确保装卸搬运操作合理化，力求减少不必要的装卸搬运次数，从而避免货物在装卸搬运过程中受损，最终提升整个物流系统的运作效率。这些措施共同构成了装卸搬运管理的核心内容，以确保物流过程的顺畅和高效。

（二）装卸搬运是影响物流成本的关键因素

随着工业生产规模的扩大和自动化水平的提升，物料搬运费用在工业生产总成本中的比重日益凸显。物料搬运费用主要包括装卸、搬运、储存和管理等环节的成本。

提高物料运输和存储过程的自动化程度，对于优化物流管理、提升产品质量、降低生产成本、缩短生产周期、加速资金流动以及提高整体经济效益，具有重要作用。

（三）装卸搬运是物流链中的纽带

装卸搬运作为物流系统不可或缺的一环，是确保运输和存储顺利进行的关键作业。无论是运输、存储、包装还是流通加工等物流活动，都需要通过装卸搬运进行衔接。在保管活动中，为了检验、维护、保养货物而进行的装卸作业，如货物的装载、卸载、移送和分类等，同样离不开装卸搬运的参与。尽管装卸搬运本身并不直接产生价值，但它作为物流链中的纽带，通过提高物流效率、减少货物损失和降低物流成本，间接增加物流系统的整体价值。

四、装卸搬运的分类

装卸搬运是伴随货物运输和存储过程的重要物流作业。在货物运输过程中，它涉及向货车等运输工具装载和卸载货物；在货物存储过程中，它涉及向仓库和货场等存储设施入库和出库货物。根据不同的分类标准，装卸搬运活动可以分为以下类别：

装卸搬运分类及
作业过程

（一）按物流设施属性分类

1. 自用物流设施装卸

自用物流设施装卸指的是企业在自有仓库、配送中心等场所，使用自备的装卸搬运设备进行作业。

2. 公用物流设施装卸

公用物流设施装卸是指在公共仓库、车站、港口、机场等物流节点，利用这些设施的公共装卸设备和资源，高效完成货物的装卸搬运工作。这些装卸活动可以细分为仓库装卸、车站装卸、铁路装卸、港口装卸和航空港装卸等。

（二）按装卸搬运的物流设施、设备及对象分类

1. 仓库装卸作业

仓库装卸特指在仓库和配送中心进行的装卸搬运活动，通常包括货物的入库、出库、盘点等操作中的码放、上架、下架、拣货、移送等作业，这些活动确保了仓库内货物的高效流动和管理，如图4-1所示。

2. 汽车装卸作业

汽车装卸是指对汽车货物进行装卸和搬运的操作。其独特之处在于，每辆车的装载和卸载数量相对较少，同时还能充分利用汽车的多功能性，使其尽量接近作业地点，从而减少了运输活动，并直接实现了物流设施与汽车间货物的无缝过渡，如图4-2所示。

图 4-1 仓库装卸

图 4-2 汽车装卸

3. 铁路装卸作业

铁路装卸作业涉及在铁路车站将货物高效、安全地装入或卸出铁路车辆。其显著特点是，当采用集装箱化作业时，能够一次性完成整个车厢的装卸工作，从而显著减少整装零卸或零装整卸的烦琐操作。对于批量较小的货物，建议通过整合成 1/2 集装箱或 1/4 集装箱的形式，来提升铁路装卸的整体效率。此外，铁路装卸工作通常还涵盖了汽车在铁路仓库、理货场的作业，以及在列车旁和铁路站台旁的货物装卸任务，如图 4-3 所示。

4. 港口装卸作业

港口装卸作业是指在港口区域内，围绕码头前沿所进行的一系列专业、高效的货物装卸流程。港口装卸作业包括利用小船在码头与大船之间的"过驳"作业，以及港口仓库、理货场的货物搬运工作。同时，港口装卸作业还包括列车、汽车在港口区域的装卸作业，确保货物能够高效、安全地进出港口，如图 4-4 所示。

图 4-3 铁路装卸

图 4-4 港口装卸

5. 飞机装卸作业

飞机装卸作业特指在机场对飞机进行的货物装卸工作，确保货物能够安全、准确地装载到飞机上或从飞机上卸下。这一作业环节对于航空物流的高效运作至关重要，如图 4-5 所示。

（三）按装卸搬运的作业内容分类

1. 码放作业

码放作业涉及将货物从运输工具（如货车、货船等）上整齐、有序地堆放到指定的保管场所（如仓库），或者从保管场所移至运输工具或仓库的指定位置。这一作业确保了货物的整齐摆放，以便后续管理。

图 4-5　飞机装卸

2. 分拣作业

分拣作业是在码放或配货之前的关键步骤，它涉及将货物按照不同的品种进行分类整理，并准确送达指定的位置。这一作业确保了货物能够按类别进行有序处理。

3. 配货作业

配货作业是根据客户的具体要求，将货物按照品种、数量、作业顺序和发货对象进行分类、组配、集中，并精确送达指定位置。这一作业是物流配送过程中的重要环节，确保了货物能够准确无误地送达目的地。

4. 搬送作业

搬送作业是为了满足装卸、分拣、配送等需求而发生的货物移动。这包括水平、垂直、斜向等多种搬送方式，以及组合搬送，确保了货物能在物流过程中顺畅流动。

（四）按装卸作业的对象分类

1. 单件作业法

单件作业法是指将货物单独包装成单件，并逐件进行装卸搬运的方法。这种方法虽然主要依赖人工操作，但在某些特殊情况下（如精装、特制货物）或机械作业不适宜的场合，依然具有其独特的优势。

2. 集装作业法

集装作业法先将货物进行集装化（如使用集装箱、托盘、周转箱等），然后对这些集装件进行装卸搬运。这种方法包括以下几种：

（1）集装箱作业法。在港口方面，主要使用跨车、轮胎式龙门起重机等进行垂直装卸，使用拖挂车、叉车等进行水平装卸；在铁路方面，则主要依赖轨道式龙门起重机进行垂直装卸，使用叉车、平移装卸机等进行水平装卸。

（2）托盘作业法。它以叉车为主要作业机械，实现托盘化搬运。此外，还可用搬运车辆、滚子式输送机等实现水平装卸，使用升降机、载货电梯等进行垂直装卸。在自动化仓库中，则利用桥式堆垛机和巷道堆垛机完成货物的存取装卸。

（3）周转箱作业法。周转箱是根据货物规格设计的搬运容器，其尺寸与托盘、集装箱相匹配，便于集装运输。周转箱多为塑料制品，可重复使用，节省了包装成本，受到许多物流企业的青睐。

（五）按装卸作业手段分类

1．人工作业法

人工作业法是一种传统的装卸方式，不使用任何动力驱动的设备，而完全通过人力来执行装卸和搬运任务。这种方法在特定情况下仍有其应用价值，尤其是在设备受限或货物特性需要细致处理的情况。

2．机械化作业法

机械化作业法是指利用现代装卸和搬运设备，如叉车、起重机、传送带等，来完成货物的装卸和搬运任务。这种方法大大提高了装卸效率，减小了人工劳动强度，在现代物流中得到了广泛的应用，如图4-6所示。

图4-6 机械化作业

3．综合机械化作业法

综合机械化作业法强调作业机械设备与作业环境之间的优化组合和协同配合。通过全方位的组织、管理和协调，以及采用计算机控制和信息化管理等自动化控制手段，综合机械化作业法能够实现装卸搬运作业的高效、精确和智能化，为现代物流提供了有力支持。

第二节　装卸搬运作业

一、装卸搬运的主要作业

（一）仓储装卸搬运作业

仓储管理涉及物品入库、在库管理和出库三个核心步骤。仓储装卸搬运是确保这些步骤顺利进行的关键环节，涉及堆垛、上架、取货等精细操作。

1．仓储作业流程

（1）入库：仓储人员根据凭证或供货合同，接收并验收入库物品，完成登记、建档等流程，确保物品安全、准确地进入仓库。

（2）在库管理：仓储人员对验收合格的物品进行科学分类、有序堆码，并定期盘点和维护，确保物品在库期间保持最佳状态。

（3）出库：根据货主或业务部门的指令，仓储人员迅速进行备货和出库检验，确保物品准确无误地装载上车并发往目的地。

2. 仓储装卸搬运设备的选择

在仓储装卸搬运过程中，选择合适的设备至关重要。根据装卸机械的作用，仓储装卸搬运基本设备可分为两大类：起重搬运设备和输送设备。起重搬运设备主要包括起重机、叉车等，用于提升和移动重物；输送设备则包括卡车、牵引车、连续输送机、推车、自动导引运输车（AGV）、激光导引运输车（LGV）、智能式搬运车（AHV）等，负责将物品从一处运输到另一处，确保物流流程顺畅进行。

3. 仓储装卸搬运设备选择的原则

（1）利用物品的重力原理。在物流的装卸搬运环节中，应优先选择能够减轻物品重力负担，同时又能利用重力原理进行操作的设备。这样不仅能减轻劳动强度，还能降低对额外能源的需求，实现更高效、更节能的物流作业。举例来说，在分拣线被取出的过程中，可利用物品的重力，通过滑槽或无动力的小型传送带从高处向低处移动，完成物品的装卸工作。

（2）考虑经济的合理性。装卸搬运设备通常被划分为三个不同的级别，其中第一级是相对简单的装卸搬运设备；第二级是专门设计的高效设备；第三级是现代化的装卸搬运设备。不同级别的设备有其各自适用的场合、特点及使用要求。第三级设备由计算机控制，能够实现自动化和无人化操作。在选择设备的级别时，不仅需要从经济的合理性出发，还需要从提高物流效率、降低工作强度和确保设备安全等多个角度进行考虑。

（3）考虑物品的适应性。在物流作业中，选择合适的装卸搬运机械至关重要，必须紧密结合搬运物品的具体特性来作出决策。对于采用箱袋或集合方式包装的物品，建议采用叉车、吊车或货车等专业设备来进行装卸作业，以确保操作的高效性和安全性。对于散装粉粒体物品，传送带则成为理想的选择，它能够实现连续、稳定的物料输送。而对于散装液体物品，则可以直接利用专门的装运或储存设备来完成装载作业，以确保液体物品在装卸过程中的安全和便捷。

（4）确保装卸搬运过程顺畅。在选择装卸搬运设备时，应确保设备的装卸和搬运过程是连续不断的，如同流水般无间断地进行。

（二）运输装卸搬运作业

运输装卸搬运作业涵盖了从运输前的装车（装船等）到运输后的卸车（卸船等）的一系列流程。根据不同的运输方式，它可分为公路、铁路、水路、航空及集装箱海上运输装卸搬运等几大类。这里以公路运输装卸搬运和集装箱海上运输装卸搬运为例，深入解析其作业过程及所需设备。

1. 公路运输装卸搬运

（1）装车作业：在确保安全的前提下，根据车辆规定吨位装载货物，不得超载。对于危险货物的装载，必须严格遵循《汽车运输、装卸危险货物作业规程》。装载过程需轻装轻卸，货物堆码整齐，严禁不同性质货物混装。装车完成后，需核对货物数量，确保无误后办理交接手续。

（2）卸车作业：货物到达目的站后，需进行票据交接、货物卸车、保管和交付等工作。监卸人员需提前了解卸货信息，组织卸车。卸车过程中，监卸人员需检查车辆装载情况，确保无异常后开始卸车。整车货物一般直接装卸至收货人仓库或货场，收货人确认无误后签字盖章，完成货物交接。

（3）装卸工艺与管理：制订科学的装卸工艺方案，强化装卸作业调度和劳动管理，提高装卸作业机械化水平。对卸下货物的品名、数量、包装和状态等进行详细检查。

2. 集装箱海上运输装卸搬运

集装箱海上运输装卸搬运，即港口装卸作业，涵盖了装船、过驳以及后方支持性装卸搬运等多个环节。在某些港口，由于码头与大船之间距离较远，可能会使用小船进行"过驳"操作，这大大增加了装卸的复杂性。货物通常需要经过多次装卸和搬运，才能实现从船到陆地的顺利过渡。

根据不同的装卸搬运机械和机械作业方法，港口装卸作业可分为两种操作方式。

（1）"吊上吊下"。它是利用起重机本身所具备的动力和起重设备来完成工作的一种方法。"吊上吊下"的方法是利用各种起重设备从货物的上部进行吊装，依赖起吊装置的垂直方向来完成装卸工作，并在吊车的操作范围或旋转范围内完成搬运或依赖搬运车进行小规模搬运。因为吊起和放下是一种垂直的动作，所以这种装卸方式被归类为垂直装卸，如图4-7所示。

图4-7 "吊上吊下"方式

（2）"滚上滚下"。这种方式适用于码头前沿较宽和水深较浅的情况。"滚上滚下"是一种在港口广泛应用的水平装卸技术，它充分利用了叉车、半挂车等运输工具的便捷性。在装载阶段，这些车辆直接将货物运送到船舶的装载区，然后通过"滚上"的方式，将车辆连同货物一同驶入船舱。待船舶抵达目的地后，车辆再次通过"滚下"的方式，驶出船舱，完成货物的卸载。在使用叉车进行"滚上滚下"的卸货操作后，叉车需要立即离开船只。由于"滚上滚下"（图4-8）的方式可以使集装箱快速移动到指定地点，因此得到了广泛的应用。当使用半挂车、平车或汽

图4-8　"滚上滚下"方式

车时，拖车会将其拖到船上，然后拖车离开船只，载货车和货物会一同被运送到预定的目的地。采用"滚上滚下"的方式需要特定的船只，而对于码头的要求也各不相同，这种特定的船只被称作"滚装船"。

二、装卸搬运作业的组织

（一）车辆装卸作业停歇时间概述

1. 车辆装卸作业停歇时间的含义

车辆装卸作业停歇时间是指车辆完成货物装卸后至再次出发前所占用的时间。

2. 车辆装卸作业停歇时间的组成

车辆装卸作业停歇时间主要由以下几个部分组成：

（1）车辆抵达指定作业地点后，等待装卸作业开始的时间。这段时间长短受到作业地点装卸能力、待装卸车辆数量以及组织管理水平等多重因素的影响。在这段时间内，车辆虽然处于作业现场，但并未进行实际的装卸作业，因此被归类为非生产性作业时间。

① 当装卸能力达到或超过需要进行装卸作业的车辆的工作量时，通常不应该出现车辆等待装卸的时间。只有当车辆的到达很不均衡，并且在特定时间段内车辆过度集中时，才可能导致某一时间段内装卸能力小于所需进行装卸车辆数，进而产生车辆等待的情况。

② 当装卸能力无法满足当前需要进行装卸的车辆数的工作量，且达到一定的临界点时，车辆等待装卸的时间将显著延长，可能造成装卸现场秩序混乱，甚至引发交通堵塞，致使装卸作业无法进行。

（2）在车辆进行货物装卸的前后阶段，完成调车和摘挂任务的时间。它受到多方面因素的共同影响，包括装卸场地和设施的设计是否合理、布局是否科学，装卸作业线的配置和长度是否适宜，以及车辆运行组织方式是否优化和进出口通道的完善程度

等。为了保障装卸作业的顺利进行，必须基于这些影响因素和实际情况，对调车和摘挂任务进行合理安排。采用系统工程方法进行规划和布局，能够更有效地提升装卸效率，确保物流作业顺畅进行。

（3）直接卸货的作业时间。采用高效的现代装卸方法和组织方式直接装卸货物，可以确保货物的装卸品质、提高装卸效率并降低装卸环节的总成本。在一定条件下，提高装卸设备利用率可以节省大量人力、物力。减少装卸作业所需的时间，通常也会减少车辆在装卸货物过程中的停歇时间。因此，在配置和使用现代化的装卸工具时，必须确保它们与货物的特性、形态以及运输车辆和承载工具等保持一致和协同。

（4）处理与运输相关的商务活动的作业时间。它是基于承托双方在业务上的合作、沟通以及作业的复杂度来决定的，与整个装卸组织的工作流程设计也密切相关。在进行必要的商务手续办理时，可以选择并行作业方法，即在车辆装卸过程中同时完成。为使所有人员都能及时了解情况，应尽量利用计算机或联网的在线综合信息系统进行处理。

（二）装卸作业的基本要求

在物流运作中，为确保高品质与高效益，装卸作业必须遵循以下六个核心要求：

1. 减少不必要的装卸环节

从物流整体流程来看，装卸作业本身并不能增加货物的实际价值或使用价值，反而可能增加货物的损坏风险及物流成本。因此，降低物流总成本并提升效率，关键在于精简不必要的装卸环节。这要求我们深入分析和评估物流过程中的每一个装卸环节，取消或合并那些重复或可省略的装卸作业，从而确保物流流程的高效顺畅。

2. 提高装卸作业的连续性

为了保持物流作业高效运作，需提高装卸作业的连续性，即各个工序之间必须紧密衔接。对于必要的换装作业，应优先采用直接换装的方式，以减少中间环节和等待时间，确保货物在装卸过程中能够快速、准确地完成转移。

3. 相对集中装卸地点

当装卸地点相对集中时，更容易采用机械化的操作方法，提升装卸效率。在处理货物的堆放区，应将相似货物的作业集中在一起进行，这样可以更方便进行机械化和自动化的装卸作业。

4. 力求装卸设备、设施工艺等标准化、系列化和通用化

在装卸作业的整个流程中，工艺、装备、设施及其效率必须与组织管理工作保持紧密的一致性和协调性。为了确保这一目标的实现，我们需要实施装卸作业的标准化工作，将各个环节整合成一个有机整体，并确立相应的规范和制度。具体来说，装卸作业中的工艺、装备、设施、货物单元或包装、运载工具、集装工具以及信息处理等，都需要实现标准化、系列化和通用化。这些措施不仅是提升装卸作业效率的关键，也

是实现装卸作业机械化和自动化的重要基础条件。通过标准化和系列化，能够确保各个环节之间顺畅衔接，提高整体作业效率；通过通用化，则能够减少不必要的资源浪费，降低物流成本。

5. 提高货物的集装化或散装化作业水平

为了更好地装卸，应尽可能将成件货物集中装在托盘、集装箱、货捆、货架和网袋等不同的货物单元中；尽量使用散装化方法处理各类粉状货物，并将其直接装载到特定的车辆、船只或仓库中；对于不适宜大规模处理的粉状货物，可使用专用的托盘箱或集装箱来容纳。这一举措不仅能显著提升货物在物流过程中的可搬运性和可运输性，还能为利用机械设备进行快速、准确的装卸作业提供便利，从而大幅提升物流操作的效率和效果。

6. 做好装卸现场的组织工作

为确保装卸工作有序进行，需要对作业场地、进出口通道、作业线长度以及人与机器的配置等关键部分进行合理的布局设计。同时，应根据生产需要对原有的装卸设施及设备加以调整与改进，并及时更新完善。为确保装卸工作的安全和顺利进行，需要做好装卸现场的组织工作，避免因组织管理失误导致的现场拥挤、堵塞和混乱。

（三）装卸组织工作

1. 制定科学合理的装卸工艺方案

装卸作业是一个复杂的整体过程，涵盖了货物、设备设施、劳动力、作业方法及信息工作等多个核心要素。在制定装卸工艺方案时，需从技术经济的角度出发，充分考虑各种装卸作业条件，以及企业内部各部门间的协同与配合。为了确保方案的高效性和实用性，需要以物流系统的视角为指引，深入分析装卸作业相关的作业定额，同时结合组织装卸工作的具体需求，对工艺方案进行全面评估，发现其优缺点，从而进行优化和完善。

2. 强化装卸作业调度指挥工作

（1）当装卸调度员进行组织调度时，必须全面考量多个影响因素。影响因素具体包括货物的特性、装卸设备的性能与数量、车辆的预计到达时间、装卸点的处理能力，以及装卸工人的专业技能和体力状况等。

（2）在装卸任务繁重、劳动力资源充足且货物条件允许的情况下，可采用集中出车、一次性接送装卸工人的策略。这种策略能够显著提高装卸效率，减少等待时间，从而优化整体物流流程。

（3）对于作业点分布较为分散的区域，可对装卸作业区进行合理划分。通过加强调度工作，降低装卸工人在运输和调度方面的需求，使他们能够更加专注于实际的装卸任务，从而提升整体的工作效率和满意度。

3. 优化装卸劳动管理

为了优化装卸劳动管理并提升装卸效率，我们需要制定各种装卸作业的时间定额。

这些时间定额必须基于合理的标准来设定，并根据实际情况的变化进行调整和完善。

（1）装卸作业时间定额。它是指在一定的装卸技术组织条件下，对不同种类单位质量的货物进行装卸所需的作业时间。

（2）一定的装卸技术组织条件。它包括装卸车辆的种类和数量、装卸设备的性能、采用的装卸方法、装卸工人的技术水平及作业经验，以及作业环境的整体状况等。

4. 提高现代通信系统应用水平

移动通信或固定通信系统的应用水平，对装卸作业的组织工作产生了显著影响。根据相关技术条件的实际应用，应建立车辆到达预测系统，可根据车辆的到达时间、车号、货物名称和收发单位等信息，提前准备装卸工具和人力，确保车辆到达后能够迅速完成装卸工作。

5. 提高装卸机械化水平

在提高装卸机械化水平的同时，也需要完善现代通信技术，这是有效组织装卸工作和优化物流操作的关键技术组织基础。在提升装卸质量、效率和成本控制方面，要从物流系统的整体设计和组织入手。这意味着车辆、装卸工具、仓库以及所有移动和固定设备的设计都需经过精心规划，确保它们既符合专业标准，又能协同工作，共同促进物流作业高效运行。

第三节　装卸搬运合理化

在物流服务的全流程中，虽然专门的装卸搬运服务需求并不多见，但装卸搬运这一环节却是不断重复且频繁发生的。相较于其他物流活动，装卸搬运出现的频率更高，而且每次操作都会占用大量的时间和人力，对货物在物流过程中的质量保障也起着重要作用。

装卸搬运合理化

一、不合理装卸搬运的表现

1. 过多的装卸次数

频繁的装卸操作无疑会增加经济损失。在整个物流过程中，货物损失主要集中在装卸环节。如果不重视装卸工作，在一定时间内将会出现货物大量积压和破损现象，这不仅造成资源浪费，也影响企业正常生产经营活动的开展。另外，装卸次数过多会严重影响整体物流效率，成为降低物流速度的重要因素。

2. 过多的包装装卸

过于庞大和沉重的包装会导致大量劳动力消耗。在装载和卸载过程中，不断在包装上耗费劳动力，但这种消耗又不是绝对必要的，就会被视为无效劳动。

3. 无效物资的装卸

无效的物资装卸会导致劳动的重复消耗。在物流流程中，有些货物可能混杂着一些实际使用价值不高或对消费者来说并不合适的残留物。在多次装卸作业中，这些无用物资持续消耗人力资源，从而导致装卸工作的无效。

二、装卸搬运合理化的途径

1. 减少装卸搬运的次数

在现代运输中，装卸搬运已成为影响整个生产过程效率提高和运输成本降低的重要因素。尽管装卸搬运活动本身并不直接增加货物的价值或使用价值，但它确实提高了货物受损的风险，并相应增加了物流成本。因此，对于物流企业而言，首先应从装卸搬运的功能性角度进行深入探讨，全面评估每个作业环节的必要性，并努力消除或整合重复、无效或不必要的装卸搬运作业，采取一系列措施来减少装卸搬运的次数和环节。例如，通过优化车辆调度，实现车辆直接过境而无须更换装备；在大型发货点建立专用运输通道；推广门到门的集装箱联运模式等。这些方法都能有效减少装卸搬运次数，降低货物受损风险。

其次，优化移动距离（或时间）是一个关键目标。因为货物的移动距离直接关系到搬运的工作量和工作效率。为此，物流企业在规划货位布局、车辆停放位置以及出入库作业流程时，必须充分考虑如何最小化货物的移动距离（或时间）。这一原则有助于提升整体物流效率，减少不必要的搬运成本，确保物流运作更加高效、顺畅。

最后，对于那些必须执行的装卸和搬运任务，物流公司应确保流程的连续性，作业路线应尽可能短或为直线，避免任何不必要的迂回和交叉，并应采用流水线的方式来组织装卸和搬运工作。装卸搬运的工作流程应当被尽量简化，避免在操作过程中移动船只或调整车辆。在保证运输安全的前提下，可以采取多种方法来缩短作业时间。对于那些需要进行换装操作的货物，应直接进行换装，这样可以减少装卸的次数并简化整个装卸流程。

2. 合理选择装卸搬运方式

为了确保效率和安全，必须精心选择搬运方式，根据货物的种类、特性以及重量，来精准地确定最佳的搬运策略。在装卸环节，通常有三种作业方式。第一种是"分处理"，即按照标准的包装规范，对每一件货物进行细致、独立的装卸操作，确保每一件货物都得到妥善的对待；第二种是"散装梳理"，这是指对粉状物品不进行小包装，而是直接按照原样进行装载和卸载。前两种方式都需要大量的人工和机械设备来完成工作，效率较低，且不能连续地进行。第三种是"单元组合处理"，这意味着货物是按照托盘和集装箱这两个单位来进行组装和卸载的。它的主要优势在于：所需的操作单位较大，且工作效率较高；便于对生产过程进行控制和管理，有利于建立自动化程度高的系统。它有助于增强物流的"活跃性"，确保操作单位的大小统一，并容易达到标准化；在装卸过程中不会直接接触到货物，从而可以确保货物的安全。

3. 集中作业和集装单元化

（1）集中作业。对货物进行恰当的集中，使作业量达到一定规模，不仅提升了物流效率，也为装卸搬运作业的机械化和自动化奠定了坚实的基础。通过这种方法，能够有效利用资源，提升作业效率，确保物流运作更加顺畅和高效。在货场的内部环境中，对于同类型的货物，应该尽可能进行集中作业，并建立相应的专业合作区、专用的码头区或专用的装卸生产线。同时也要考虑到不同种类的车辆之间的合理衔接问题，以达到降低运输成本和缩短运行时间的目的。

（2）集装单元化。集装单元化是现代物流管理中的一项重要技术。集装单元在物流运输的各个环节中都保持着稳定的形状和结构。通过集装单元化，可以实现货物储运单元与装卸搬运机械之间的标准化对接。这种标准化对接极大降低了人工搬运的劳动强度，促进了物流作业的机械化与自动化。

（3）成件货物的集装化处理，以及粮食、盐、糖、水泥、化肥和化工原料等粉状货物的散装化处理，构成了装卸搬运工作的两个主要发展趋势。因此，成件货物应尽量整合成不同的货物单元进行装卸搬运，以提高装卸搬运过程中货物的安全性；为了提升装卸搬运的效率，各类粉状货物最好使用散装专用的车辆、船只或仓库。

4. 实现装卸搬运作业的省力节能与高效"活化"

为确保作业高效进行，需强调作业场地的优化。具体来说，作业场地必须坚固稳定、平坦宽敞，以最大限度减少人力消耗和能源消耗，提升装卸搬运效率；在确保作业需求得到满足的情况下，货物的净重与货物单元的毛重比例要接近 $1:1$，这样可以减少不必要的劳动；为实现劳动力资源的有效节约，应尽量采用水平装卸搬运和滚动装卸搬运。

在物流管理中，提高货物在装卸搬运过程中的灵活性是一项基础且关键的要求。这一过程被专业地称为"活化"，即通过优化作业流程，使得某一环节的活性指数相较于前一环节有所提升，从而使货物更加便于装卸和搬运。因此，物流公司在规划装卸搬运工艺时，应着重考虑如何逐步提高货物的活性指数，即实现货物的"活化"，以提高整个物流作业的效率与顺畅性。

在搬运静态物料的过程中，必须考虑到搬运活动所需的人工劳动。相对地说，所需的劳动力越少，工作效率就越高，但这也意味着相应的投资成本会增加。因此，在生产过程中，应尽量使各种不同性质的物料都能保持较好的活性。例如，对于散落在地面上的物料，需要经历集中、搬起、升起和运走这四个步骤，其中涉及的人工工作量是最大的，其活性水平也是最低的，活性指数被设定为 0。可根据各工序的总劳动量，计算出每个环节的活性指数，并据此对生产过程进行控制，以达到提高劳动生产率的目的。活性指数确定的原则详见表4-1。

表4-1　活性指数确定的原则

物品状态	作业说明	作业种类				还需要的作业数目	已不需要的作业数目	装卸搬运活性指数
		集中	搬起	升起	运走			
散放在地上	集中，搬起，升起，运走	要	要	要	要	4	0	0
集装在箱中	搬起，升起，运走（已集中）	否	要	要	要	3	1	1
托盘上	升起，运走（已搬走）	否	否	要	要	2	2	2
车中	运走（不用升起）	否	否	否	要	1	3	3
运动着的输送机	保持运动	否	否	否	否	0	4	4

5. 兼顾协调，实现标准化作业

为了确保装卸搬运系统的整体效能最大化，必须确保装卸搬运作业的各个工序和工步之间，以及装卸、搬运、运输等环节和系统内部各个要素之间，实现高度的相互协调和统一。这种协调和统一不仅体现在技术层面，还需要在管理、规划和执行过程中保持高度的协同性。它强调了前后工序的紧密联系和相互依赖，通过精准规划和有序执行，确保货物在装卸搬运过程中顺畅流转，从而充分发挥装卸搬运系统的整体功能。

在确保各方面协调的同时，也要遵循通用的标准化原则。装卸搬运标准化是指在物流流程中，为确保高效、安全和一致性，为装卸搬运的工艺、操作方式、使用的设备、设施以及货物单元等方面，制定并发布的一系列统一标准。这些标准不仅提升了物流作业的专业性和规范性，还使得装卸搬运过程更加流畅和高效，在推动装卸搬运工作合理化方面发挥着至关重要的作用。

6. 巧装满载，在保障作业安全的同时，提高作业效率和效益

装载量的多少直接影响到运输能力的发挥。装载操作通常作为运输和储存活动的初始步骤。如果运载工具超载或装载量不足，不仅影响运输能力，而且会造成车辆损坏甚至发生重大安全事故。充分发挥运载工具的满载和库容能力是提高运输和存储效率与效益的关键因素之一，尤其是在运输量超过运力和储量超出库容的情况下，这一点尤为重要。因此，在进行货物的装卸和搬运过程中，物流公司需要根据货物的重量、

尺寸、形态、物理和化学特性以及其可能的去向，最大限度地利用运输工具和存储容量，以提升运输和存储的效率和效益。在完成装载任务后，无论是运输还是储存，为了确保运输和储存的安全性，在装载过程中必须采用适当的方法来确保货物的稳定性，以避免在运输和储存过程中受到各种外界力量的破坏。

在物流管理中，运输工具、集装工具、仓库地面以及货架等资源的满载利用是提升运营效率的关键。然而，在追求高效利用的同时，必须严格确保这些资源的承载能力符合特定的安全限值，以保障物流作业的安全性和可靠性。这种平衡不仅体现了物流管理的专业性，也确保了物流作业的顺利开展。

7. 创建复合型终端

复合型物流终端通过集成建设多种装卸设备，实现了不同运输方式（如水运、铁路、公路）的终端装卸场所的集中化。在这种模式下，水运码头、铁路站台、公路汽车站等得以统一规划，使得装卸搬运机械能够合理配置，不同运输方式之间得以无缝衔接，大大提高了物流运作的效率和便捷性。这不仅体现了物流管理的专业性，也为物流行业的持续发展注入了新的活力。

◖ 复习与思考题 ▮▮▶

1. 简述装卸搬运活动的特点。

2. 如何做到装卸搬运合理化？

3. 不合理的装卸搬运有哪些？

4. 阐述装卸搬运遵循的原则。

第五章　仓储保管

教学目标

通过本章的学习，学生应能掌握仓储的概念及作用，熟悉仓库的分类和库存的类型及优化控制的方法，了解仓储合理化的实现方法。

仓储保管概述

案例导入

英迈公司的仓储管理

2000 年，英迈公司全部库房只丢了一根电缆；半年一次的盘库，由公证部门作为第三方机构检验，前后统计结果只差几分线；仓储损坏率为 0.3%，运作成本不到营业总额的 1%……这些都发生在全国拥有 15 个仓储中心，每天库存货品上千种，价值可达 5 亿元的英迈公司身上。英迈公司是如何做到的呢？通过参观英迈公司在上海的储运中心，可以发现英迈公司运作部具有强烈的成本意识和服务意识。

一、几个数字

一毛二分三。英迈公司库存中所有的货品在摆放时，货品标签一律向外，而且没有一个倒置，这是在进货时就按操作规范统一摆放的，目的是方便出货和清点库存时查询。如果货品标签向内，由一个熟练的库房管理人员操作，将其恢复至标签向外，需要 8 分钟，这 8 分钟的人工成本就是一毛二分三。

3 千克。英迈公司的每一个仓库中都有一本重达 3 千克的行为规范指导书，细到怎样检查销售单、装货、包装、存档，每一步骤在系统上的页面是怎样的等，在这本指导书上都有流程图及文字说明，任何受过基础教育的员工都可以从该行为规范指导书中查询和了解操作流程与操作规范，并遵照执行。在英迈公司的仓库中，只要有动作就有规范。

5 分钟。统计和打印出英迈公司在全国各个仓库的劳动力生产指标，包括人均收货多少钱，人均收货多少行（即多少单，其中人均每小时收到或发出多少行订单是仓储系统评估的一个重要指标），只需要 5 分钟。在 IMPULSE 系统中，随时可调出劳动力生产指标统计信息。

10 厘米。仓库空间是经过精确设计和科学规划的，甚至货架之间的过道也是经过精确计算的，为了尽量增大库存使用面积，只给货运叉车留出了 10 厘米的空间。叉车司机驾驶必须稳而又稳，因此英迈公司的叉车司机都要经过此方面的专业培训。

20 分钟。在日常操作中，仓库员工从接到订单到完成取货，规定时间为 20 分钟。因此，仓库对每一个货位都标注了货号标志，并输入 IMPULSE 系统中。IMPULSE 系统会将发货产品自动生成产品货号，货号与仓库中的货位一一对应，所以仓库员工在发货时就像邮递员寻找邮递对象的门牌号码一样方便快捷。

1 个月。英迈公司的库房是根据中国市场的现状和需求而建设的，能支持现有的经销模式并做好随时扩张的准备。每个地区的仓库经理都要求能够在 1 个月之内完成一个新增仓库的考察、配置与实施。

二、几件小事

英迈公司库房中的很多记事本都是用已打印一次的纸张装订而成的。

所有货物进出库房都必须严格按照流程进行，每个环节的责任人都必须明确，违反操作流程的，即使有总经理的签字也不可以。

货架上的货品号码标识用的都是磁条，采用的原因同样是节约成本。以往采用的是打印标识纸条，但因为进仓货品经常变化，占据货位的情况也不断改变，用纸条标识灵活性差，而且打印成本也很高，采用磁条后问题得到了根本性解决。

英迈公司要求与其合作的所有货运公司必须在运输车辆的箱壁上安装薄木板，以避免因板壁不平而使运输货品的包装受损。

在英迈公司的物流运作中，厂商的包装和特制胶带都不可再次使用，否则视为侵害客户权益。因为包装和胶带代表着公司自身知识产权，这是法律问题。如有装卸损坏，必须运回原厂出钱请厂商再次包装。而如果是由英迈公司自己包装的散件产品，全部统一采用印有其指定的国内代理（怡通公司）标识的胶带进行包装，以分清责任。

三、仅仅及格

提起英迈公司，在分销渠道中都知道其最大优势是运作成本低，而这一优势又往往被归因于其采用了先进的 IMPULSE 系统。但从以上描述中已可看出，英迈公司运作优势的获得并非看似那样简单，而是对每一个操作细节不断改进，日积月累而成。从所有的操作流程看，成本概念和以客户需求为中心的服务观念贯穿始终，这才是英迈公司竞争的核心所在。英迈中国的系统能力和后勤服务能力在英迈国际的评估系统中仅被打了 62 分，刚刚及格。据介绍，在美国专业物流市场中，英迈国际能拿到 70～80 分。

作为对市场销售的后勤支持部门，英迈公司运作部认为，真正的物流应是一个集中运作体系，一个公司能否围绕新的业务，通过一个订单把后勤部门全部调动起来，这是一个核心问题。产生的覆盖面不见得是公司物流能力的覆盖面，物流能力覆盖面的衡量标准是应该经得起公司业务模式的转换，换了一种产品仍然能覆盖到原有的区域。解决这个问题的关键是建立一整套物流运作流程和规范体系，这也正是大多数国内 IT 企业所欠缺的物流服务观念。

思考：

英迈公司是从哪些方面来加强仓储管理的？英迈公司仓储管理的目标是什么？

第一节　仓储保管概述

一、仓储的概念

在物流领域中，"仓"是专业的术语，指的是仓库，是专门用于存放和保管物品的建筑或场所。无论是房屋建筑、巨型存储容器、自然形成的洞穴，还是其他特定设计的地点，其核心功能都是为物品提供安全的存放环境，保护物品免受损坏或遗失。"储"则更多地体现了物品存储和管理的动态过

仓储的概念和分类

程，它表示将物品妥善保存起来，以备后续使用或配送。所谓"仓储"是指使用仓库来存储和保存那些尚未立即使用的物品的活动。在日常生活中，"仓储"一词通常被用来指存放在库房里用于存储或临时使用的货物。简而言之，仓储是指在特定地点进行物品存储的活动。

在整个物流体系中，仓储与运输环节相对应，仓储的主要目标是改变"物"的时间状况，从而缩小产需间的时间差距。

仓储是随着物资存储的出现而诞生的，也是随着生产力进步而不断发展的。它是商品流通过程中的一个关键环节，同时也是物流活动的一个重要支柱。在当今社会分工日益细化、专业化生产不断深化的背景下，保障社会再生产的顺畅进行，依赖于对物资的精准储备。这种储备旨在满足社会在特定时间段内的生产和消费需求，确保生产流程不间断进行。从物流专业的视角来看，储备的本质在于维系物资产品生产流程的连续性，同时，物资的储存本身也为产品增添了附加值。此外，仓储活动具有鲜明的二重性：它既是物质性的，体现在对物资的物理存储和管理上，确保物资的安全、完整和可用性；同时它又是非物质性的，体现在仓储活动对信息的处理和传递上，通过信息化系统实现对仓储的实时监控和管理，提高仓储的透明度和可控性。仓储不仅包括静态物品的存储，还涵盖了动态物品的存取、储存和控制过程；仓储具有时间上

的连续性、空间上的区域性及物质形态上的多样性；仓储活动发生在仓库等特定场所；仓储具有与其他行业不同的特点。仓储的目标可以是生产所需的物资，也可以是日常生活所需的物资，但它们必须是有形的动产。

综上所述，结合中华人民共和国国家标准《物流术语》（GB/T 18354—2021）的定义，仓储是指"利用仓库及相关设施设备进行物品的入库、储存、出库的活动"。仓储通过仓库或特定的场所对有形物品进行保管、控制等管理，使物品获得更好的效用。

二、仓储的意义、作用与功能

（一）仓储的意义

商品的存储行为受到商品生产和消费之间潜在冲突的推动。从这个意义上讲，商品存储行为就是商品生产者与消费者之间矛盾关系的一种体现。当商品从制造阶段过渡到消费阶段时，它们通常都会经历一个存储的过程。在这个时期里，商品的价值被储存在一定的位置上。商品的生产与消费在时间、地理位置、种类以及数量上都有所不同，使得商品的储存需要用不同的方式来完成。正因为商品生产和商品消费在时间和空间上的不同步，仓储活动发挥了重要的作用。

1. 搞好仓储活动是社会再生产顺利进行的必要条件

仓储管理作为企业经营管理工作的重要组成部分，其任务就是通过合理规划与组织使物流能够高效运转。显然，仓储活动的关键性主要来自生产与消费在空间、时间、种类和数量等多个维度上的矛盾。这种矛盾必然导致商品流转过程中的各种问题。特别是在社会化大规模生产的背景下，随着专业化水平的不断提升和社会分工的日益细化，这些矛盾将随着生产活动的不断发展而进一步加剧。这就需要建立一个高效有序的仓储体系，以便能够及时满足不同类型企业对商品的需求，同时保证各行业间商品流动的顺畅性，提高整个社会的物流效率。应当精心策划复杂的仓储流程，拓展各部门、各生产单位间的产品交流的深度与广度，在流通中持续整合商品种类，对商品数量进行集中和分散，并在地理和时间上进行合理的安排。这就要求企业必须建立以市场为导向的商品流通体系，实现商品流转速度快、效率高和流通费用低。为了克服生产者与消费者在地理上的隔离，以及解决商品的生产和消费时间不同步的问题，需要通过激活流通和优化仓储活动，充分发挥仓储活动在连接生产和消费之间的桥梁和纽带作用。仓储活动主要从以下几个方面确保社会再生产活动的顺利进行。

（1）克服生产与消费在地理上的分离。在我国古代社会，由于生产力水平较低，人们的生活基本上还是以自给自足为基础的自然经济。在一个完全自给自足的自然经济结构里，生产者同时也是其产品的消费者，这些产品也仅供他们自身和家庭使用。在现代物流的视角下，商品的生产目的已远远超出了满足单一消费者需求的范畴，它们更多的是为了满足广泛市场中其他消费者的购买意愿。随着交易领域的持续扩张，生产和消费之间的地理空间距离也在不断增加，这实际上是由社会生产活动的自然演进和内在规律所驱动的。这种现象不仅体现了物流在连接生产与消费中的关键作用，也要求物流行业不断提高效率和精准度，以应对日益增长的空间距离所带来的挑战。

（2）衔接生产与消费时间上的背离。在商品的生产与消费之间，存在一段特定的时间间隔，这一时间间隔主要用于连接生产和消费，确保商品能够在适当的时间点被送达消费者手中。在大部分场合中，制造的产品不可能立刻全部销售出去，这就要求做好商品的存储工作。有些商品是按照地区或国家的需要而生产的，但也不能长期储存，因为它们会随季节变化。有些商品是根据季节进行生产的，并且它们全年都在被消费，这些商品是由企业根据市场需求随时购买或库存起来的。有些商品的生产和消费并不是季节性的，它们更像是季节性的生产和消费。有些商品要么是根据季节进行生产和消费的，要么是全年持续生产和消费的。这段时间称为商品流通时间，简称商品流转期或销售周期。无论在哪种情境中，从产品制造到最后的使用，都会经历一段时间的间隔。由于这段时间内的市场需求量较小，所以就造成了商品在流通环节上的暂时停留。商品在流通阶段的短暂停滞，最终促成了商品仓储体系的建立。在这一阶段里，商品仓储也会对市场上的商品质量产生影响。商品仓储不仅是商品流通的基本条件，而且为了保证商品流通过程能够持续进行，商品仓储活动是绝对必要的。在这一阶段内，商品的储存时间会随着时间不断延长而增加。为了让商品更符合消费者的预期，许多商品在正式推向市场前，都要经历仔细地挑选、合并、分装以及组合等多个环节。这种情况可能会导致在这一时间段内有一定数量的商品被保留，并有可能被转换为商品储存。

（3）调节生产与消费之间的冲突。在物流领域，随着专业化生产模式的深化，各工厂专注于生产相对特定的产品种类，这导致单一工厂的产品线变得更为狭窄。然而，随着消费者对产品多样性和选择性的需求日益增加，对生产提出了更高的要求。生产的集中化使得规模效益凸显，但同时产品种类的丰富性受到一定限制。在供应链中，为了满足消费者对多样化产品的需求，商品仓储环节变得至关重要。仓储不仅是一个简单的连接生产与消费的桥梁，还是一个复杂的组织过程，涉及对产品种类和数量的持续优化与调整。通过对多家企业的产品组合和数量分散，商品仓储活动确保了全国各地的零售店能够向广大消费者提供品种丰富、规格齐全的商品。仓储在物流领域中扮演着至关重要的角色，对于促进生产稳定增长和精准满足市场需求具有不可替代的作用，是构建科学流通体系的关键环节。

2. 搞好仓储活动是确保物资保持其原始价值和合理利用的重要手段

任何物资，从其生产到消费的整个过程中，都可能因为其固有的特性、所处的环境以及各种自然、社会、经济和技术因素，使得使用价值在数量和质量上有所下降。如果不采取适当的措施，物资的使用价值将不可避免地受到损害。为此，必须制定严格的规章制度，严格执行操作规程，并根据实际情况采取适当措施加以维护保养。必须采用科学的管理方法，强化物资的维护，并确保仓储活动顺利进行，以维护那些暂时处于停滞状态的物资的实际价值。在物资存储的过程中，应努力确保物资合理流动，提高物资的流通速度，重视物资的合理配置和供应，持续优化工作流程，确保有限的物资能够充分发挥其最大价值。

3. 搞好仓储活动是提升效率、优化成本结构的有效途径

它不仅加速了资金周转，还显著节约了流通费用，进一步降低了物流成本，从而提高了经济效益。在社会再生产的链条中，仓储活动是物质产品流转过程中不可或缺的一环，对保障国民经济各部门、各行业生产经营活动的顺畅进行具有深远影响。通过精细化的仓储管理，不仅可以减少物资在存储过程中的损耗，降低劳动力消耗，还能提升物资流通效率和资金周转速度，从而在物流领域中实现成本优化与效益最大化。这不仅有助于降低成本，还能开辟新的利润增长点。

4. 物资仓储活动是物资供销管理工作的重要组成

从物资供销管理的总体流程来看，它包括供需预测、计划分配、市场采购、订单对接、货运组织、存储、维护保养、配送发料、材料管理、销售发运、货款结算以及用户服务等关键环节。在这众多环节中，仓储是整个供应链体系中最重要也是最具代表性的一个环节，其工作质量直接关系着企业能否实现高效运作和可持续发展。与众多其他环节相比，仓储过程消耗了大量的人员、物资和资金，并受到自然和社会各种因素的显著影响。因此，如何提高物资管理水平就显得尤为重要。物资管理涵盖了经济学、管理学的基本原理，以及物理、化学、机械、建筑和气象等跨学科知识，确保了物流过程的专业性和精准性。

（二）仓储的作用

1. 仓储是物流的主要功能之一

在物流领域，运输部门肩负着调整空间状况的职责；而仓储部门则负责调整"物"的时间状况。因此，在整个物流体系中，运输与仓储被视为两大主要功能，它们共同构成了物流的两大基石，而配送则是物流的另一大基石。通常情况下，仓库不仅是存储货物的场所，也是配送的主要平台。

2. 仓储是社会物质生产的必要条件之一

在社会再生产的各个环节以及这些环节之间，仓储作为"物"的停滞状态，是连接上一阶段活动与下一阶段活动的关键因素。例如，在制造流程中，前一个生产步骤与后一个生产步骤之间存在一定的时间差。为了保证生产流程的连续性，前一个生产环节中的各个零件需要达到特定的生产规模，这样才能经济合理地分配给接下来的生产环节。为确保生产流程的连续性，接下来的生产环节也应确保有充足的半成品储备。因此，无论是哪一个生产环节，仓储都是确保生产顺利进行的关键因素。

3. 仓储有能力创造"时间效用"

时间效用的含义是：同种物品由于使用时间不同，其效用或使用价值也会有所不同。当物品处于其最佳使用时段时，其实际使用价值可以达到最优状态，进而极大地

提高产出与投入的比例。通过有效的仓储管理，可以确保物品在最佳时间内发挥其最大效用，从而最大化物品的潜在价值，达到时间的最佳分配。

（1）仓储是"第三利润源"的重要源泉之一。在整个物流体系中，由于仓储的特性，它具有一个逆作用，即可能会降低物流系统的效率或使其运行状况变差。因此，仓储已经成为降低产品成本、提高经济效益的重要途径。在整个生产过程中，如果原材料、半成品和成品库存过多，企业可能会遭遇资金流转的问题，这不仅会提高生产的总成本，还可能增加经营风险。其实仓储本身就是一把双刃剑。考虑到仓储所带来的一系列潜在风险，一些经济学家和企业家明确指出，仓储中的"库存积压"实际上已成为企业发展的主要隐患。这与仓储建设、仓库管理以及仓库员工薪资福利等费用支出的增加有关。

（2）货物的存储不仅直接涉及资金的占用，带来利息的损失，更关键的是，若这部分资金被合理投资于其他有潜力的项目，其可能带来的额外收益即机会成本，将是更为显著的损失。因此，妥善管理货物的存储与资金运用，对于减少潜在的经济损失至关重要。

（3）陈旧损坏与跌价损失。在库存存储过程中，货物可能面临多种风险，包括物理磨损、化学腐蚀、生物侵害以及机械损伤。这些潜在的损害因素，若未得到妥善管理，可能在极端情况下导致货物失去原有的经济价值和实际应用价值，进而形成陈旧损坏与跌价损失。此外，由于存货是持续生成的，如果错过了最佳的销售时机，存货的售价就可能会受到市场影响而下跌，从而造成不可避免的跌价损失。因此，有效的库存管理和风险控制策略对于降低这些损失至关重要。

（4）保险费支出。在这一过程中，保险费的支出也随之增加，并且这种状况正在不断加剧。在过去几年里，为了共同分担各种风险，我国已经启动了对储存货物缴纳保险费的方案。在一些特定的国家和地区，保险费的支出已达到相当高的比例。因此，通过科学管理减少保险费支出至关重要。

（5）进货、验货、保管、发货、搬运等工作所花费的费用等。其中，仓库和运输环节的费用占总成本的比重最大。上面提到的各种费用开销都是影响企业经济回报的因素。因此，一些经济学者和企业家将仓库里的存货视为"巨大的威胁"，这也是可以理解的。

在物流行业的"第三利润源"探索中，仓储环节占据了举足轻重的地位。这主要归功于仓储在物流链中的逆向优化效应，即通过精细化的仓储管理来推动整体物流效率的提升和成本的降低。对于任何企业而言，仓储的停滞都会对其经营利润产生负面影响。然而，许多企业的经营活动都离不开仓储的支持。如果一个企业能够有效地管理其库存成本，那么它就有可能显著地降低物流成本。对于大多数企业来说，它们只需拥有一些小型仓库即可。此外，现代化的大规模生产并不要求每一个企业都建立自己的仓库，其仓库业务可采取多种高效合作的方式开展，如委托给经验丰富的第三方物流公司进行管理，或在供应链紧密协作的框架下，由供应商直接负责库存管理。这些合作模式的广泛应用，不仅凸显了仓储在现代物流体系中的核心地位，也强化了其在发掘"第三利润源"方面的重要作用。

（三）仓储的功能

1. 存储功能

在现代物流体系中，随着生产高度专业化和大规模生产成为常态，劳动生产率大幅提升，产量也呈现巨大增长。然而，由于产品种类繁多且市场消费具有时效性，大部分产品无法立即被消费者购买。因此，仓储环节作为其至关重要的组成部分，有效避免了生产过程中的瓶颈，保障了生产的连续性和稳定性，从而确保产品能够顺畅地流向市场。此外，在生产流程中，妥善存储原材料和半成品有助于避免由于库存不足导致的生产中断。在销售流程中，存储，特别是季节性存储，为公司的市场推广提供了宝贵的机会。因此，储存在整个市场营销活动中起着非常重要的作用，为特定商品的需求波动提供了有效的缓冲和强大的支持。这种策略不仅体现了物流管理的专业性，还确保了商品在市场上的稳定供应，从而满足了消费者的需求。

2. 保管功能

生产的物品，在真正投入使用之前，必须确保其价值不会受到损害，否则可能会被废弃。在生产和流通过程中，不同种类的材料经常要存放到一起。它们需要在存储过程中得到妥善的保护和管理，以避免因损坏而失去其价值，这一职责应当由仓储部门来执行。例如，鉴于水泥在潮湿环境下容易形成块状，会减少其实际应用价值，因此在储藏时，选择合适的储藏位置并实施恰当的保养是至关重要的。

3. 加工功能

在存储过程中，保管人会根据存货人或客户的具体需求，对保管物的外观、形态、成分和尺寸等进行适当的加工处理，以实现仓储物功能的预期变化。加工是为了保持储藏物原有状态而实施的作业活动，是一种特殊的管理方式和技术方法，也可以说是保管手段。加工过程主要涵盖以下几个方面：

（1）为确保产品安全，特别是针对保鲜和保质要求较高的食品，如水产品、肉类和蛋类，可以采取冷冻、防腐或保鲜技术进行处理。同样，对于金属材料，通过喷漆或涂抹防锈油等手段来预防锈蚀，确保其在存储和运输过程中的品质。

（2）满足多样化的市场需求，提供精细化的加工服务。例如，对钢材卷板进行精确的伸展和剪切处理，使其符合特定尺寸；对平板玻璃进行切片加工，以适应不同用途；对木材进行改造，转化为方形材料和板材等，以适应不同的建筑和家具需求。

（3）为了让消费者使用更为便捷，可以直接将木材加工成各种型材，消费者无须额外处理即可直接使用；可以将水泥加工成混凝土混合料，消费者只需简单搅拌即可使用，大大提高了施工效率。

（4）为了更高效地加工产品，可以配合其他材料，减少边缘余料，从而降低原材料和加工成本。

（5）为了实现不同运输方式的高效衔接并使物流加工流程更加优化，可以采取特定的方法。以散装水泥为例，中转仓库不仅负责其装袋的流通加工，还承担着将大规模散装转变为小规模散装的任务，这正是仓储加工的独特优势。

（6）在配送过程中，确保流通与加工的顺畅至关重要。为了满足客户对物品供应的精确需求，包括数量和构成，仓储部门会对配送物品进行多元化的加工处理。例如，将沙子、水泥、石子、水等材料按照预定的比例混合，并直接转移到水泥搅拌车的可旋转罐中。在配送途中，这些材料会被搅拌成混凝土。当车辆抵达施工现场时，混凝土已准备就绪，可直接用于施工作业。

4. 整合功能

在进行仓储活动时，整合功能被认为是一个关键的经济功能，可以有效地降低运输成本，并且减少由于重复搬运而产生的浪费。仓储部门通过将多家生产公司提供的各类产品或原料整合为一个统一单位，从而方便进行一次性的运输操作，从而达到最经济的运输费用，同时也能减少由多家供应商为同一客户提供货物所造成的交通拥堵和不便。为了充分利用仓储的整合功能，所有制造公司都应将仓库视为货物的存储场所，或者作为其产品的分类与组装工具。

5. 分类与转运功能

分类是指将来自制造商的组合订单进行分类或划分为单独的订单，并为制造商指定的客户提供合适的运输服务。转运是指将分散的单个订单按照一定规律集中起来并转移到目的地，将来自多家制造商的整车货物运送过来，并在收到货物之后，根据客户的需求进行分类；如果只有一个标签，则根据其数量把所有货物分批次运到每个制造厂家。在没有标签的情况下，应根据地理位置进行分类，然后将货物直接装载到运输车上，并在装满后运送到指定的零售店。这样可以使所有顾客都能享受到不同种类、规格和数量的商品服务，不仅能提高顾客满意度，还能增加企业效益。与此同时，由于货物无须在仓库中存储，大大降低了运输成本，并充分利用了仓库的装卸功能。

6. 交易功能

仓储场所不仅是商品存储的基地，也是现货交易的核心场所。当存货人需要转让库存商品时，购买者可以直接前往仓库进行实地查验，甚至取样化验，以确保商品质量。双方可以在仓库内直接完成商品的转让和交割，这种交易方式极大地提高了物流效率和交易便捷性。在我国众多的批发交易市场中，许多场所都融合了商品存储和交易两大功能。这些仓储场所不仅为交易双方提供了便利的交易条件，还通过其高效的物流运作和专业的服务，逐渐发展成为具有广泛影响力的交易市场。近年来，阁楼式仓储商店在我国蓬勃发展，成为仓储与商业紧密结合的典范。这种仓储模式不仅充分发挥了仓储的功能，还通过商业化的运作，为消费者提供了更多元化、更便捷的购物体验。

在大宗商品交易中，确保货物的存在与品质对于购买方而言至关重要。在此情境下，购买方可以直接访问仓库进行实地查验，以确保货物与合同条款相符。仓库保管人出具的货物仓单，不仅是交易过程中的重要凭证，也为购买方提供了强有力的信用保障。此外，货物仓单本身还具备融资潜力，可作为质押工具使用，进一步提升了其在物流及金融领域中的价值。

第二节　仓库、库存及其控制方法

一、仓库

（一）仓库的定义与分类

仓库是用于保管和存储各类物品的专门建筑和场所，以库房及其配套设施、设备作为物质基础，主要负责商品、货物和物资的接收、整理、储存、看管以及分发。

根据不同的分类方法，仓库可以分为不同类型：

（1）按使用对象的不同，可分为自备仓库（企业或个人自用的仓库）、营业仓库（专门用于商业运营的仓库）和公共仓库（面向公众提供服务的仓库）。

（2）按所属职能的不同，可分为生产仓库（直接与生产环节相关的仓库）和流通仓库（主要服务于商品流通环节的仓库）。

（3）按结构和构造的不同，可分为平房仓库（单层建筑）、楼房仓库（多层建筑）、高层货架仓库（采用高层货架系统）、罐式仓库（用于储存液体或气体）等。

（4）按技术处理方式及保管方式的不同，可分为普通仓库（一般存储条件）、冷藏仓库（低温存储）、恒温仓库（维持恒定温度）、露天仓库（露天存放）、水上仓库（水上浮动存储）、危险品仓库（存储危险化学品的专用仓库）、散装仓库（用于存储散装物品）、地下仓库（位于地下的仓库）等。

（5）特种仓库包括移动仓库和保税仓库等。

（二）仓库功能

1. 储存和保管功能

仓库作为物流系统中的重要组成部分，具备特定的物理空间，专门用于储存各类货物。为了确保货物的完好性和安全性，仓库会根据储存货物的独特性质配置相应的专业设备。例如，对于挥发性和易溶解性的货物，仓库会特别设置通风设施，以有效调节仓库内的空气流通，防止空气中易挥发性物质含量过高而引发爆炸或燃烧，从而确保货物安全储存。

2. 调节供需平衡功能

持有适量库存是调节供需平衡的有效手段。在现代化生产中，产品种类繁多且各具特点，其生产方式也呈现出多样化趋势。例如，季节性产品的生产就面临需求不均衡的挑战。此时，库存便成为调节供需平衡的重要工具，通过合理的库存管理，可以确保在需求高峰期有足够的库存供应，而在需求低谷期则能避免库存积压，从而实现供需的平稳对接。

3. 货物集散功能

根据特定的货物运输订单和物流路线，可以将多个类别的货物整合在一起，从仓库的功能区域开始运输。这种方式有助于提高物流效率并降低物流的成本。

4. 货物质量基本检查功能

仓库的功能区域为货物的日常检查提供了必要的场地和设备，可对货物的外观、数量进行检查和盘点，以确保供应链中所有参与者的权益得到保障。

5. 货物增值服务的功能

仓库的功能区域提供了必要的场地和设施，可对存储的物品进行特殊处理，如贴上标签、更换包装等，以更好地满足客户的需求。某些机械部件的组装也能在功能区的仓库里完成，可为制造业带来更加高效的物流服务。

6. 货品的逆向物流功能

仓库的功能区域为客户提供商品的退换服务。如果客户对所提供的商品感到不满并希望退货，必须在仓库里完成退货的相关检查。若退回的货物存在质量问题，需采取专业措施，可在功能区的专用仓库内对这部分货物进行单独隔离存储，以确保不影响其他货物的质量和安全。若经过检查确认退回的货物并无质量问题，需按照正常流程将其存放在常规的存储区域。

（三）仓库功能区类型划分

1. 仓储配送型仓库功能区

仓储配送型仓库功能区是一个综合性强的物流服务区域，集成了从货物入库、存储、分拣、理配货到最终配送的完整流程。这个区域不仅能确保货物的安全静态存储，还能通过高效的分拣、流通加工和理配货等动态作业，迅速响应客户需求，实现快速出货。

2. 电商快件分拨型仓库功能区

电商快件分拨型仓库功能区致力于提供全面的一站式闭环物流服务，主要处理小件电商快件的集中整合与精细拆分，以满足多样化的批量配送需求。该区域还承载着暂存、精准分拣、高效装卸搬运等核心物流功能，确保每一件电商快件都能得到快速而准确的配送，给消费者带来优质的物流体验。

3. 仓储型仓库功能区

仓储型仓库功能区专为大型生产企业设计，主要用于货物的长期、稳定存储。该功能区储存的物资种类丰富，包括原材料、成品和关键零部件等，这些物资通常具有较长的库存周期和较大的存储需求。该功能区卓越的存储能力，确保了生产企业能够随时、按需地获取所需物资，从而保障了生产线的连续性和高效性。这种专业化的仓储服务不仅提高了物流效率，也为企业带来了更稳定的运营环境。

4. 中转型仓库功能区

中转型仓库功能区在物流网络中扮演着至关重要的角色，其核心职责是确保货物在不同运输方式间的高效转运。无论是公铁联运、铁水联运等跨运输模式的无缝衔接，还是同一运输方式下物流主线与支线间的顺畅流转，中转型仓库功能区都发挥着至关重要的作用。该功能区的主要功能包括货物的暂存、高效搬运装卸，从而确保整个物流流程的顺畅和高效。这种专业化的中转服务不仅提高了物流效率，还为物流网络的稳定运行提供了坚实保障。

二、库存

（一）库存的概念

库存指的是那些正处于储藏状态的物品，这些物品是因未来的特定目的而被闲置或处于非生产状态。

在生产制造的企业里，库存通常包括原材料、成品、备件、低值易耗品和其他在制品；在零售商店里，库存主要是指用于销售和储存的物品；在商业流通的企业里，库存涵盖了用于销售的商品和用于管理的低值易耗品。

库存实际上是一种未被充分发掘的潜在资源，它在生产和经营活动中并不直接产生价值，反而可能因为占用企业资金，导致额外的成本负担，进而影响企业的整体运营效率。库存作为一项重要的管理内容，在现代经济发展和市场竞争中发挥着越来越大的作用，企业对它进行科学、合理的控制，有利于提高经济效益，增强竞争力。然而，在真实的生产和商业操作中，库存的存在是不可避免的，有时它甚至是至关重要的。

库存管理的核心思想是在确保库存需求得到满足的前提下，保持适当的库存水平。在企业生产经营活动中，库存是非常重要的组成部分，它是企业为保证正常生产而储备一定数量的原材料或成品的一种方式，也就是在企业内部形成的各种资源和物资集合。在企业的整体资产结构里，存货资产一般占据 20％～40％的份额。库存的周转速度与企业的资金周转速度和生产效率密切相关，库存是企业流动资产中占用最多的一项。如果不恰当地管理库存，可能会积压大量资金，这不仅会阻碍资金的正常流动，而且过多的库存还可能增加市场风险，从而对企业的运营产生负面影响。此外，在激烈竞争的商业环境下，库存周转时间过长也不利于企业利润目标的实现。因此，高效的库存管理变得至关重要，不仅可以减少不必要的存货，还可以提高库存的周转速度。

（二）库存的类型

1. 按库存的作用划分

（1）周转库存。周转库存是指那些为了满足日常生产和商业运营需求而被储存起来的物品。企业的周转存货与其购买的数量有直接的联系。为了减少物流或生产的成本，企业需要进行批量的采购、运输和生产。这种需求导致了周期性的周转库存的形成，而这种库存会随着每日的消耗而逐渐减少。当库存降至某一水平时，企业需要及时补充库存，以避免生产中断或缺货。

（2）安全库存。安全库存是指为了避免如供货延误或库存消耗过快等不稳定情况而设立的额外库存。安全库存是一种特殊类型的库存。库存的安全性与库存的安全系数或者库存提供的服务质量密切相关。从经济效益的视角出发，应该确保安全系数维持在一个合适的范围内。

（3）调节库存。调节库存是物流管理中一项至关重要的策略，旨在通过合理设置库存量来平衡需求与供应、生产速率与供应能力，以及缓解不同生产阶段产出不均衡的问题。这种策略有助于确保物流运作的顺畅，提高供应链的响应速度。

（4）在途库存。在途库存是指在运输过程中或位于两个相邻工作场所或组织之间的存货。这部分库存的数量通常基于运输所需时间和该时间段内的平均需求来估算。有效的在途库存管理可以确保供应链的连续性，并降低因库存不足或过剩而导致的风险。

2. 按生产过程划分

（1）原材料库存。原材料库存是指那些已经被企业购买但还未被投入生产流程中的存货。

（2）在制品库存。在制品库存是指那些已经进行了部分加工但还未达到完成状态的半成品库存。

（3）产成品库存。产成品库存是指已经完成生产并处于等待发货阶段的存货。

3. 按用户库存需求特性划分

（1）独立需求库存。当用户对某类库存物品的需求是自发性的，不受其他库存类型影响时，称为独立需求库存。例如，消耗品、维修部件和最终产品的存货都属于这一范畴。这些库存的消耗或需求通常具有随机性和不确定性，因此管理时需要更多的灵活性和预测能力。

（2）相关需求库存。与独立需求库存相反，相关需求库存指的是与其他产品或服务的需求紧密相关的库存。这种相关性使得企业能够基于已知的需求来预测和计划相关库存的需求。例如，当最终产品的需求确定后，与该产品生产相关的零部件和原材料的需求也会随之明确。这种关联使得企业可以通过物料清单（BOM）和生产计划来准确预测和安排相关库存的采购、生产和存储。

在库存管理中，企业可以通过物料需求计划（MRP）来精确地控制和管理库存。MRP基于生产计划和物料清单，计算并预测库存的需求量和时间，确保在正确的时间以正确的数量采购或生产所需的物料。

而对于独立需求库存，由于其需求的不确定性和不可预测性，企业通常采用补充库存的控制策略。这意味着企业会根据历史销售数据、市场趋势和其他相关信息来预测需求，并设定一定的库存水平来应对可能出现的波动。当库存水平下降到预设的安全库存以下时，企业会触发补货操作，以确保库存的充足和稳定。

三、库存控制方法

需求不会随时间改变的确定性存储模型是最基础的存储模型。这种模型适用于任何一种类型的生产系统或销售系统。在这个模型里，某些关键参数，如需求量和提前下单的时机，都是恒定的，并在一个相对较长的时间范围内维持其稳定性。这使得存储问题成为一个简单而又实用的计算问题。虽然通过数学的抽象总结得出的存储模型可能与实际情况并不完全吻合，但深入研究这些模型会使我们对存储问题有更深入的了解，并为存储系统的决策过程提供有益的指导。

（一）经济订货批量的概念

经济订货批量（economic order quantity，EOQ）模型，专注于解决整批间隔进货且不允许缺货的存储问题。其核心理念在于，当某种物资在单位时间内的需求量（D）为常数时，随着时间（T）的推移，该物资的库存量会逐渐下降。当库存量降至零时，即开始新一轮的订货，并假设货物立即到

库存及其控制方法

达，库存量瞬间从零恢复到最高库存量（Q）。随后，这一过程将不断重复，形成循环的存储周期。

由于需求量和预定的订货时间是确定的，企业只需精确控制每次订购的数量或设定合适的进货时间间隔，就能制定高效、经济的存储策略，以满足生产或销售的需求，同时优化库存成本。

根据不同情况下存储空间的大小以及存贮费用与订货成本之间的关系，可得出存储策略。鉴于存储策略是基于最小化存储总成本的经济准则来确定订货数量，因此这种订货数量被称为经济订货批量。

（二）EOQ 模型

1. 模型假设

存储某种物资，不允许缺货，其存储参数为：

T：存储周期或订货周期（年，月，日）；

D：单位时间需求量（件/年，件/月，件/日）；

Q：每次订货批量（件/个）；

d：表示单位时间内的需求量，d 可以是 D 除以一年中的相应时间单位（件/日）；

C_1：存储单位物资单位时间的存储费［元/（件·年），元/（件·月），元/（件·日）］；

C_2：每次订货的订货费（元，万元）。

2. 建立模型

存储量变化状态如图 5-1 所示。

一个存储周期内需要该种物资 $Q=DT$ 个，图 5-1 中存储量斜线上的每一点表示该时刻的库存水平，每一个存储周期存储量的变化形成一个直角三角形，一个存储周期的平均存储量为 $1/2Q$，存储费为 $1/2C_1QT$，订货一次费用为 C_2，因此，在这个存储周期内存储总费用为 $1/2C_1QT+C_2$。

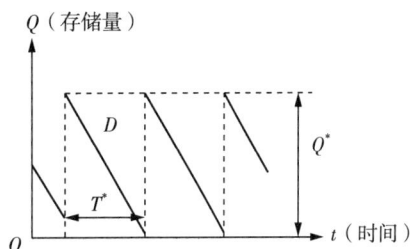

图 5-1 存储量变化状态

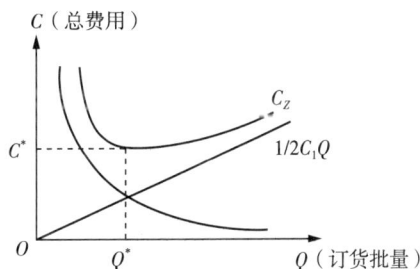

由于订货周期 T 是变量，所以只计算一个周期内的费用是没有意义的，需要计算单位时间的存储总费用 CZ，即

$$CZ=1/2C_1Q+C_2/T$$

将 $T=Q/D$ 代入上式，得

$$CZ=1/2C_1Q+C_2D/Q$$

显然，单位时间的订货费随着订货批量的增大而减小，而单位时间的存储费随着订货批量 Q 的增大而增大，如图 5-2 所示。从图 5-2 可直观看出，在订货费用线和存储费用线相交处，订货费和存储费相等，存储总费用的曲线取得最小值。

图 5-2 存储费用曲线

利用微分求极值的方法，令 $\dfrac{dCZ}{dQ}=\dfrac{1}{2}C_1-\dfrac{C_2D}{Q^2}=0$，即得到经济订货批量 Q^*：

$$Q^*=\sqrt{\dfrac{2C_2D}{C_1}}$$

由经济订货批量公式 $Q^*=T^*D$，可得到经济订货间隔期：

$$T^*=\sqrt{\dfrac{2C_2}{DC_1}}$$

将 Q^* 值代入 $CZ=1/2C_1Q+C_2D/Q$ 式，得到按经济订货批量进货时的最小存储总费用 C^*：

$$C^*=\sqrt{2DC_1C_2}$$

需要说明的是，在确定经济订货批量时，假设订货和进货同时发生，实际上，订货和到货一般有一段时间间隔，为保证供应的连续性，需提前订货。

设提前订货时间为 T，日需要量为 D，则订购点 $S = D \cdot T$。当库存下降到 S 时，即按经济订货批量 Q^* 订货。在提前订货时间内，库存以每天 D 的速度消耗，当库存下降到零时，恰好收到订货，开始一个新的存储周期。

另外，以实物计量单位如件、个表示货物数量时，Q^* 是每次应订购的物资数量，若不是整数，可四舍五入取整。

对于上述确定型存储问题，最常使用的策略就是确定经济订货数量 Q^*，并每隔时间 T^* 订货，使存储量由 S^*（往往以零计算）恢复到最高库存量 $S = Q^* + S$，这种存储策略被称为定量订购制，但因订购周期固定，又被称为定期订购制。

例：某车间需要某种标准件，不允许缺货。按生产计划，年需要量 10000 件，每件价格 1 元，每采购一次的采购费为 25 元，年保管费率为 15%。该标准件可在市场上立即购得，问：应如何组织进货？

解：经济订货批量：

$$Q^* = \sqrt{\frac{2C_2 D}{C_1}} = \sqrt{\frac{2 \times 25 \times 10000}{0.125}} = 2000 \text{（件）}$$

经济订货周期：

$$T^* = \sqrt{\frac{2C_2}{DC_1}} = \sqrt{\frac{2 \times 25}{10000 \times 0.125}} = 0.2 \text{（年）} = 73 \text{（天）}$$

如以 D 表示某种物资的年需用量，V 表示该物资的单价，C_2 为一次订货费，R 表示存储费率（即存储每元物资一年所需的存储费用），则得到经济订货批量的另一种常用形式：

$$Q^* = \sqrt{\frac{2DC_2}{rV}}$$

3. EOQ 模型的敏感性分析

EOQ 模型中所涉及的物资需用量、存储费、订货费等参数，一般根据统计资料并估计计划期的发展趋势而确定，往往与实际情况存在一些误差。需要注意的是，经济订货批量通常不是一个整数。在实际订货过程中，经常需要使用整桶、整吨等特定整数单位。因此，必须研究模型参数的偏差对经济订货批量 Q 的影响，以及这种偏差对存储总费用的影响，以便更深入地了解 EOQ 模型的可靠性和实际应用价值，并对 EOQ 模型进行敏感性分析。

在物资存储过程中，常常会遇到一些附加条件，例如：根据订单数量为物资提供单价折扣；存储物资时存在流动资金使用上限；储存期限有一定限制；存储空间的容量存在约束；多种物资的同时订购比例要求等。这些条件都是在对各种费用和成本进行综合权衡后制定的，旨在最大限度地减少总的存储成本。

第三节　仓储合理化

一、仓储合理化的概念与标志

（一）仓储合理化的概念

要实现仓储的合理化，关键在于明确仓储合理化的标准并充分发挥其功能。然而，过度追求仓储功能的实现可能会导致库存积压过多。因此，合理的仓储管理的实质在于以最

储存合理化

小的成本投入来高效地实现仓储的基本功能。这种管理策略旨在优化库存周转，确保物流运作的顺畅，同时降低企业的运营成本。

（二）仓储合理化的标志

仓储合理化通常包含以下六大关键标志，涵盖了质量、数量、时间、结构、分布和费用等核心要素。

1. 质量标志

实现仓储功能的核心基础在于确保存储物品的高质量。在仓储过程中，无论是时间价值的增加还是经济效益的获取，其本质都是建立在产品高质量的基础之上。因此，在评估仓储合理化的主要标志时，反映使用价值的质量应当被置于首要位置。为了提高企业的经济效益，从仓储环节入手是至关重要的。现代物流系统已经配备了先进的技术和管理手段，旨在维护货物的质量和价值。同时，物流系统也在不断探索全面质量管理问题，通过严格控制物流过程和提高工作质量，确保仓储物品的质量。这一做法不仅有助于提升企业形象，还能增加消费者的信任度，为企业的长远发展奠定基础。

2. 数量标志

在确保仓储功能实现的基础上，仓储数量存在一个合适的范围。

3. 时间标志

在确保仓储功能得以实现的基础上，寻找一个合适的存储时间是与数量密切相关的议题，仓库的储存量越大，其消耗速度就越慢。

4. 结构标志

仓储合理性的评估是基于存储物品的种类、规格和数量的比例关系，特别是高度相关货物之间的比例关系，更能体现仓储的合理性。

5. 分布标志

通过分析不同地区仓储数量的比例关系，不仅可以评估当地的需求和保障水平，还能进一步判断这些因素对整体物流体系的影响。

6. 费用标志

要评估仓储的合理性，必须综合考虑一系列实际成本因素，包括但不限于仓租费、设施维护费、货物保管费、潜在损失费以及资金占用的利息支出等。这种全面的成本分析能够确保企业从经济效益的角度准确评估仓储管理的效率和合理性。

二、仓储合理化的要点

仓储合理化的实施，关键在于一系列策略的有效运用。通过对仓储物品运用 ABC 库存分类管理法进行分析，明确管理重点，实施精准化管理。在此基础上，通过集中化代替分散的小规模仓储，追求经济规模与适度集中库存，利用仓储的规模效益，从而推进仓储的合理化。

1. 适度集中库存作为"零库存"的前提

（1）加速物资周转：通过单元集装存储和快速分拣系统，加速物资的输入输出，实现高效周转。

（2）"先进先出"策略：采用"先进先出"策略，确保物品在库时间不过长，保障物品的新鲜度与品质。

2. 实施"先进先出"策略的方法

（1）贯通式货架系统：优化货物存储结构，便于快速存取。

（2）双仓法仓储：为每种物品预留两个存储位置，轮流存取，确保货物按照"先进先出"策略存储。

（3）计算机存取系统：利用计算机技术，根据货物入库时间实现自动的"先进先出"管理。

（4）优化空间利用：通过合理规划仓储布局，减少不必要的仓储设施投入，提高空间使用效率，降低成本，减少土地占用。

（5）仓储定位系统：利用计算机技术或人工方式，如"四号定位"策略，实现精准定位。

3. 采用高效的监测清点方式

（1）"五化"码：采用以"五"为基础的计数单位，如梅花五、重叠五等，提高手工点数的效率和准确性。

（2）光电识别系统：安装光电识别设备，通过自动扫描货物并显示数量，从而提高清点效率。

（3）计算机监控系统：通过计算机指令进行存取操作，避免人为错误，确保库存管理的准确性。

三、仓储合理化的途径

（1）科学选择仓库的位置，对物品的流通速度和流通成本具有直接影响。在选择仓库位置时，必须考虑：附近的交通状况，建议在中心位置建设，并与各个销售部门形成辐射关系，应遵循物流距离最短的原则；尽可能避免物品在运输过程中出现迂回和逆流现象；大型仓储设施的选址应依据运输车的进出状况，以及附近道路和桥梁的通行能力。

（2）在物流领域，物品存储的数量和种类结构受到多重因素的综合调控。首要因素无疑是社会需求量的变化。当社会需求量呈现增长态势时，为了确保供应链的顺畅和满足市场需求，库存的储备量也需相应增加。另一个关键因素是运输条件。当运输条件优越，例如当运输效率高、时间短时，就可以相应减少仓储的需求，因为物品可以更快速地流通到市场。此外，物流管理水平和技术装备条件也起到不容忽视的作用。比如进货渠道的稳定性、中间环节的优化以及仓库技术操作的现代化等，都会直接或间接地影响物品库存量的合理设定。

（3）为了确保物流运作的高效性，每种物品都需要设定合理的仓储时长，以精准控制其周转周期。这一合理的仓储时长必须综合考虑，过长则会导致资金积压、增加成本，过短则可能影响供应的连续性和稳定性。在确定仓储时长时，应着重参考物品的流通速度和销售频率。同时，运输和验收所需的时间也会直接影响到库存的周转率。此外，还需特别留意某些物品因自身特性和属性所限定的存储期限，以确保其品质和安全。

（4）仓储网络的科学布局是物流管理中至关重要的一环。它涉及不同地区仓储设施的数量和比例配置。通过对仓储网络分布的合理规划，企业能够精准地评估当地仓储容量与需求之间的匹配程度，从而判断需求的满足水平。这种评估不仅有助于企业了解仓储网络的保障能力，还能进一步分析其对整体物流效率和响应速度的潜在影响，为物流系统的优化提供有力支持。仓储网点的布局对仓库的供货范围有直接影响，同时也对生产和流通两个领域产生显著影响。在生产系统中，企业的仓库网点数量相对较少，储存量也比较集中，库存占用的资金相对较少。然而，这就要求送货服务的质量必须达到很高的标准，否则可能会导致生产过程的延误。在流通系统中，批发企业的仓储网点相对集中，因此需要考虑增加相应的储存量，以实现类似"蓄水池"的功能；零售企业仓储设施规模较小，存储空间有限，因此应当加快商品的周转速度；通过实施集中配送的连锁店策略，可以将库存减少至最小状态，甚至达到"零库存"的状态。

复习与思考题 ▪▪▪▶

1. 什么是仓储？

2. 仓储的作用和意义包括哪些内容？

3. 简述库存的分类。

4. 简述库存的控制方法。

5. 仓储合理化的途径有哪些？

第六章 运 输

教学目标

教学目标

通过本章的学习，学生应能掌握运输的基本概念，熟悉现代运输方式及综合运输，了解如何实现运输合理化。

案例导入

丰禾农业：一场冷链的绿色革命

2023年夏天，云南昆明的清晨还带着露水的凉意。丰禾农业的冷链调度员王磊盯着监控大屏上闪烁的GPS信号，监控到十几辆电动冷藏车正从曲靖的蔬菜基地陆续发车。三年前，跑这些路线的还是柴油车，满载着用泡沫箱和冰袋简单包裹的蔬菜，一路颠簸到省外时，往往有近三成烂在了车厢里。

古今说物流：丝绸之路与"一带一路"倡议

改变始于一场"西红柿危机"。2021年，丰禾农业发往广州的一车高原番茄因冷藏车半路故障，32吨货物在高温中全部腐坏。当客户拒收的红色汁液漫过仓库地坪时，总经理林芳意识到：传统的农产品物流模式已经走到尽头。

冷链的"最后一公里"

在楚雄的蓝莓种植基地，农户老张正把刚采摘的果实装进印有二维码的可循环塑料箱。这些箱子带着北斗定位芯片，将在未来12小时内抵达昆明长水机场的冷链中心。两年前，老张的蓝莓还在用报纸包裹、纸箱装运，运输途中挤压腐烂是常事。现在通过丰禾农业的共享周转箱系统，损耗率从35％直降到5％以下。"每个箱子能用三年"，仓库主管李伟敲着箱壁说，"光包装成本就省了四百多万"。

更大的变革发生在干线运输上。2022年底，随着中老铁路冷链专列开通，丰禾农业的蔬菜首次乘火车出国。从昆明到万象，全程32小时的恒温运输比公路快10小时，每吨货物的碳排放却减少了三分之二。列车经过磨憨口岸时，老挝海关人员扫描集装箱上的区块链溯源标签，屏幕立刻显示出这批蔬果的种植地块、农药检测数据和运输温控记录。

电动卡车的阳光之旅

在红河州的盘山公路上，司机杨师傅的新能源冷藏车正爬过最后一个陡坡。车顶的太阳能板在烈日下闪着光，为冷藏机组持续供电。"充满电能跑300公里"，他拍了拍方向盘，"比燃油车安静多了"。这些电动卡车配备了智能温控系统，一旦货厢温度异常，昆明总部的监控中心就会自动报警。去年雨季，正是这套系统及时发现了某辆车的制冷剂泄漏，保住了价值80万元的松茸订单。

变化也在消费端显现。上海盒马鲜生的货架上，贴着"丰禾绿色供应链"标签的云南鲜食玉米总是最先售罄。消费者扫码能看到它从玉溪农田到冷库的全过程，甚至包括运输车辆的碳排放数据。"年轻人愿意为透明买单"，采购总监周颖指着后台数据说，"这类产品复购率比普通农产品高40％"。

未来的试验田

2024年初，丰禾农业在怒江峡谷试点了无人机冷链配送。当载着羊肚菌的无人机越过咆哮的怒江，降落在傈僳族村寨的邮政站点时，76岁的村民阿普第一次吃到了24小时内采摘的野生菌。这个与交通运输部合作的"空中冷链"项目，正在把曾经因物流障碍而烂在山里的珍贵山货，送进一线城市的米其林餐厅。

站在公司新建的碳中和园区里，林芳看着光伏板下整齐排列的电动卡车。五年前那个被烂番茄淹没的仓库，如今变成了年减排1.8万吨的绿色枢纽。她想起上周越南客户发来的邮件——对方要求丰禾农业的荔枝运输全程使用电动冷藏车，并愿意为此多支付15％的运费。这封邮件让她确信：当一条冷链真正贯通田野与餐桌时，它传递的不仅是新鲜，更是一个行业向未来递交的绿色答卷。

第一节　运输概述

一、运输的概念

运输是指利用载运工具，设施设备及人力等运力资源，使货物在较大空间上产生位置移动的活动。其中包括集货、分配、搬运、中转、装入、卸下、分散等一系列操作。运输是物流的主要功能之一，也是物流的基本活动要素。运输主要具有扩大市场、稳定价格、促进社会分工、提高流通效率等作用。运输事业是生产在流通过程中的延续，是国民经济的重要组成部分。

在生产领域，运输活动扮演着至关重要的角色，它直接服务于产品的制造过程，涵盖了从原材料、在制品、半成品到成品的全程物流。

在流通领域，运输活动是生产活动在流通环节的延伸。其核心在于实现物质产品在地理空间上的转移，从生产区域到消费区域，以满足社会的广泛需求。

与居民生活相关的运输，反映了居民日常生活中的运输需求，如零担运输、包裹快递、邮件等。随着国民生活水平的提高和消费习惯的变化，运输需求也日益增长。在经济发达国家，这一服务市场繁荣活跃，孕育出许多知名的物流企业。

从宏观角度来看，运输业是国民经济的基石，是连接经济、政治、文化、技术的重要纽带。运输通道如同国民经济的血脉，其顺畅与否直接关系到国民经济各领域是否正常运转和经济是否繁荣发展。因此，应从物流系统的全局出发，优化运输功能，以促进物流系统整体功能的最大化，实现物流过程的空间效益。

从微观角度来看，运输业满足了物品在空间位置上的需求。物质产品的生产旨在满足社会的多样化需求，而只有经过运输，这些产品才能被送达消费者手中，实现其使用价值。运输活动消除了物质产品在空间位置上的差异，创造了物质产品的空间效用，是物流过程中不可或缺的一环。

二、运输的功能

运输的功能主要表现在物品的转移和储存两个方面。

在物流领域，原材料、零部件、装配件、在制品以及产成品等物品的多样性和重要性不言而喻。不论这些物品在供应链的上游位置如何，或是需要转移至供应链的下游何处，运输环节始终扮演着核心角色。简而言之，运输是物流价值

运输概念及意义

链中不可或缺的一环，确保了物品在各个环节之间顺畅流通。只有当运输使物品在转移过程中实现价值增值时，这种移动才具有真正的意义。

随着运输现代化的飞速发展，货物运输能力得到了显著提升，极大地促进了商品经济，使得产地与市场之间的距离日益缩短。以新疆的哈密瓜、东北大米为例，它们通过高效的运输网络行销全国，同时我国的纺织品、日用品、玩具等也大量进入国际市场。这些实例充分展示了现代化运输在缩短距离、流通商品方面的重要作用。

在运输过程中，企业需要充分利用时间、财务和环境等资源，以确保物品高效、安全地转移。这不仅体现了物流管理的专业性，也是实现物流价值最大化的关键所在。

（1）运输涉及对时间资源的有效利用，这是因为物品一旦进入运输流程，其存取就变得相对困难。这种在途存货是企业供应链管理的一大考量点，特别是在实行准时生产制（JIT）的战略中，快速且及时的运输响应能够显著减少生产所需的库存量，从而优化整体运营效率。

（2）运输之所以需要投入财务资源，是因为运输过程涵盖了多方面的成本。具体包括运输工具的购置、日常维修维护、保险费用，以及路桥通行费、员工工资和日常运营杂费等。同时，行政管理费用也是不可忽视的一部分。更为重要的是，还需要考虑因物品在运输过程中可能发生的损坏或灭失而产生的补偿费用，以确保物流过程的稳定性和可靠性。

（3）在运输过程中，可能会直接或间接地利用环境资源。在直接使用方面，运输过程会消耗大量能源；在间接使用方面，运输业的迅猛发展可能导致交通拥堵、空气质量下降和噪声污染，进一步增加环境治理成本。运输活动的核心目标是在最短时间、最经济费用和最少环境资源消耗条件下，将物资从供应地运送到指定地点。另外，物品运送过程中发生的事故损失以及对物品进行包装、整理时需要支付的包装费用等都应计入运输总成本。与此同时，转移物品的方法必须满足客户在交付执行和装运信息可获取性等方面的需求。

临时存储物品的一种创新方式是利用运输工具作为临时存储设施。在物品流通过程中，当物品需要短期（如一两天）储存，且预计仓储成本（如租金、人工、管理费等）可能超过在运输工具中存储的费用时，选择运输工具进行临时储存会更为经济。特别是在企业存储空间有限的情况下，利用运输工具进行物资存储成为一个可行的选择。例如，将物品先存储在运输设备上，随后通过迂回或间接的运输路线将其运送至目的地。尽管这种迂回路线可能导致转移时间超过直接路线，但在起运地或目的地仓库存储能力受限时，这种策略是完全合理的。本质上，这种运输方式被视为一种可移动的短暂存储工具，而非闲置资源。综合考虑装卸成本、仓容限制以及调整前置时间的能力，虽然使用运输工具储存物品可能带来较高的直接成本，但从整体物流成本或任务完成效率的角度看，这种选择往往具有其合理性。这种灵活的物流管理方式展现了现代物流的专业性和高效性。

三、运输的原理

规模经济和距离经济是指导运输管理与运营的两条基本原理。

1. 规模经济原理

规模经济在物流领域中是一个关键概念。运输的规模经济是指随着运输规模的扩大，每单位重量的运输成本会逐渐降低。例如，整车运输相较于零担运输，每吨货物的成本更低。从运输方式的角度来看，铁路或水路这类运输效率高的交通方式，其每单位重量的成本相较于运输能力较弱的汽车或飞机来说更低。

规模经济之所以存在，是因为当企业将固定费用按照整体货物的重量来分摊时，货物的总重量越大，每单位重量所分摊的成本就会越低。此外，大批量运输往往能享受到价格上的优惠，这将进一步降低每单位货物的运输费用。这种成本效益的考量，是物流规划和运输决策中不可或缺的一环。

2. 距离经济原理

运输的距离经济是指随着运输距离的逐渐增长，每单位距离的运输费用也相应地减少。这主要是由于与货物的提取和交付相关的固定成本，会随着运输距离的扩大而逐渐减少。基于距离经济学的观点，长距离运输的单位距离成本相对较低，而短距离运输的单位距离成本则相对较高。在物流运输中，距离经济遵循递减的原则，这是因为费用会随着距离的扩大而逐渐降低。因此，对于运输成本较高的企业来说，采用长距离运输比采用短距离运输更有优势。

在评估不同的运输决策方案或运营策略时，物流专家会特别强调规模经济原理和距离经济原理的重要性，其目标是优化装运规模并提升运输距离的效率，同时确保满足客户对服务质量和时效性的期望。这样的综合考量能够确保物流运营既经济又高效。

四、运输在物流中的地位

（1）运输在国民经济中扮演着至关重要的角色。随着社会经济和科学技术的不断进步，人们对货物的需求持续增长，对运输方式的要求也日益多样化。运输不仅是生产活动在流通环节的自然延伸，也是连接生产与销售、促进城乡交流的重要纽带。在物流体系中，运输的关键地位不可替代。因此，对物流进行深入分析时，运输环节的问题必须首先加以关注。

（2）在现代物流架构中，运输与仓储构成了其基础与核心。从宏观视角来看，物流系统犹如一个由点与线交织而成的复杂网络。点，即仓储和其他辅助环节；线，则是运输通道，确保物资在网络中自由流动。早期对物流的研究曾简单地将运输等同于物流，尽管这种观点略显片面，但它凸显了运输在物流中的核心地位。

运输在物流全过程中的重要性主要体现在以下两方面：

1. 运输是物资实体流转的核心驱动力

物流，简而言之，就是物资的空间位移。在这个过程中，运输是实现物资从起点到终点位移的关键环节。任何产品从生产到消费，都必然伴随着空间位置的转变。要实现这一转变，就必须依赖不同的运输工具和手段。

物资的空间转移可以选择多种运输方式，而运输方式、工具及其技术水平的高低，直接决定了运输量和物资运输的安全度。运输工具种类繁多，各有特点，这对运输技术的运用提出了特定的要求。在现代运输中，人们不断探索技术潜力，创新运输工具，以提高运输效率和技术水平。同时，合理的运输组织也是关键，它能在一定的技术条件下，帮助选择最优的运输方式、路线和工具。物资运输应充分利用先进的运输技术，并确保组织结构的合理性。

2. 运输影响着物流的其他构成因素

物流的各个组成部分深受运输方式的影响，具体表现在以下几个方面：

（1）包装与运输方式的适配：不同的运输方式会对货物的包装标准提出不同的具

体要求。例如，某些运输方式可能要求货物具有更强的抗冲击性或密封性，以确保货物在运输过程中的安全性和完整性。

（2）装卸与运输工具的匹配：为了高效、安全地进行装卸搬运，需要根据所选择的运输工具类型来规划接收与发运的站台设计，并选用相应的装卸设备。

（3）库存管理与运输系统的协调：运输条件直接影响企业的库存储备规模。高效运作的运输系统通过适当、迅速且稳定的运输方式，能够有效库存水平，从而减少资金占用和降低库存成本。

（4）运输服务对企业物流的推动作用：在组织企业物流时，确保运输服务的便利性和可靠性至关重要。企业的工厂、仓库与供应商和客户之间的地理分布直接决定了物流运输的成本。因此，在选择物流设施的位置时，如确定厂址、仓库和配送中心的位置，运输条件成为企业决策中不可或缺的重要因素。

第二节　现代运输方式及综合运输

一、运输方式

运输方式是指运输业中由于使用不同的运输工具、设备线路，通过不同的组织管理形成的运输形式。在使用动力机械以前，运输方式以人力、畜力、风力、水力的挑、驮、拉、推为主。使用动力机械以后，才出现了以水路运输、铁路运输、公路运输、航空运输和管道运输为主的现代运输方式。

运输分类

现代运输方式还有索道运输、输送带运输等。随着科学技术的进步，还将出现新的运输方式。

（一）水路运输

水路运输是各种运输方式中兴起最早、历史最悠久的运输方式。在古代，人们已经开始使用天然的水路进行各种运输活动。最初，独木舟和排筏是主要的运输工具，但随着时间的推移，木船、帆船和由蒸汽机驱动的船舶相继出现，这标志着水路运输工具进入一个快速发展的阶段。我国在全球范围内是最早发展水路运输的国家之一，在商代，已经出现了帆船；随后，又挖掘了运河，并成功建立了连接长江与珠江两大河流的灵渠；京杭大运河成功地连接了钱塘江、长江、淮河、黄河以及海河这五大水系；在唐代，负责运输丝绸和其他各类货物的船只可以直接抵达波斯湾和红海沿岸，这条路线被誉为"海上丝绸之路"；明代的航海家郑和率领他的船队七次穿越印度洋，先后到达亚洲、非洲的 30 多个国家和地区。我国的水上运输业务增长迅速。随着国际海运贸易的发展，各国之间的贸易量也日益增大，这就要求有与之相适应的海上交通网做支撑。目前，我国已经初步建立了庞大的水上运输网络。在漫长的历史阶段中，我国的水路运输对于经济增长、文化进步以及国际贸易的发展都发挥了至关重要的作用。

1. 水路运输的定义

水路运输主要依赖船舶作为运输工具，港口或港站是其主要的运输基地，而水域（涵盖海洋、河流和湖泊）则是其主要的运输活动领域。至今，水路运输依然是全球众多国家中主要的交通手段之一。水路运输主要负责大规模和长距离的物资运输，它在干线运输中扮演着核心角色。在内陆河流和沿海地区，水路运输经常被视为小型的运输方式，它主要负责补充和连接大量的主干线运输。

2. 水路运输的分类

水路运输主要有以下四种形式：

（1）内河运输是一种专业且高效的物流方式，主要利用船舶在陆地上的江、河、湖、川等天然水道进行货物运输。这种运输方式通常选择中小型船舶作为主力，以适应内河航道的特点。

（2）沿海运输，则是一种在大陆沿岸海域进行的海上运输方式。它依赖于船舶在沿海航道上的航行，实现货物和旅客的快捷运输。这种运输方式主要依赖于中小型船舶的灵活性和适应性，适用于国内沿海地区的货物运输。

（3）近海运输进一步扩展了海上运输的范围。它利用船舶在大陆邻近国家的海上航道进行货物运输，实现跨国界的物流交流。近海运输根据航程的远近，既可以选择中型船舶以应对较长距离的航行，也可以选用小型船舶以适应短途或特定航线的需求。

（4）远洋运输指的是利用船舶进行跨大洋的长距离运输，主要依赖于运输量庞大的大型船舶来完成，适用于全球范围内的货物运输。

3. 水路运输的优点

（1）运能大，可以运输大量货物。

（2）具有很高的通用性。

（3）远洋运输主要负责运输大宗商品，它连接了被大海分割的大陆。远洋运输成为国际贸易发展的关键支撑。

（4）运输成本相对较低，能够以最经济的单位成本实现最大的货物运输量，特别是在运输大宗或散装货物时，使用专门的船舶可以获得更优的技术和经济效益。

（5）平均运输距离长。

4. 水路运输的缺点

（1）受到自然气候和季节变化的影响，导致一年中的运输中断时间相对较长。

（2）运营范围受到了一定的限制，缺乏自然航道将导致运输无法进行。

（3）航行存在较高的风险，安全性相对较低。

（4）运输速度缓慢，响应时间长，导致经营中的风险上升。

（5）搬运和装卸的费用相对较高。

5．水路运输的适用范围

（1）负责大量货物运输，尤其是集装箱的搬运工作。

（2）负责运输原材料、半成品及其他相关货物。

（3）负责执行国际贸易运输任务，包括长距离、大规模的货物运输，以及不需要快速到达外国目的港口的客运和货运。

（二）铁路运输

铁路运输不仅是当代主要的运输手段之一，也是陆地货物运输中的两大核心方式之一。在运输行业中，它的地位日益凸显，影响力也在不断增强。

在全球范围内，铁路运输网络覆盖了236个国家和地区中的144个，凸显了铁路在全球物流体系中不可替代的重要性。

1．铁路运输的定义

铁路运输是在铺设的轨道上，通过机车、车辆等专用设备来运送货物或乘客。这种运输方式在社会经济发展中起到了举足轻重的作用，具有稳定、高效和成本低廉等特点，能够适应各种货物的运输需求。

2．铁路运输的分类

根据货物的特性，铁路运输主要分为三种类型：

（1）整车运输：适用于大宗货物，如矿石、粮食等，需要一整辆或多辆货车进行装载。

（2）零担运输：适用于小批量、多品种的货物，不需要整辆货车装载，可以实现多种货物拼车。

（3）集装箱运输：特别适用于贵重、易损货物，可利用标准化集装箱进行运输。

3．铁路运输的优点

（1）运输能力强，适合大宗货物的长距离运输。

（2）运输成本低，在长途运输中表现尤为出色。

（3）运输稳定，不受天气影响，能够保证运输的连续性。

（4）计划性强，安全性高，能够准时送达。

（5）固定费用占比大，随着运输量的增加，成本效益更加显著。

4．铁路运输的缺点

（1）建设初期投资大，建设周期长。

（2）运输灵活性相对较低，需要依赖固定的轨道。

（3）对于短途运输，操作时间较长。

（4）装载次数较多，可能导致货损率较高。

5. 铁路运输的适用范围

（1）适用于大宗货物的长距离运输。

（2）适用于运费负担能力较弱的价值较低的货物。

（3）特别适合中长距离（300～1000 千米）的货物运输。

（三）公路运输

随着第一次世界大战的结束，汽车产业蓬勃发展，公路网络迅速扩张，公路运输迎来了繁荣期。公路运输不仅在短途运输中占据主导地位，还逐渐渗透到长途运输市场。第二次世界大战后，公路运输进入飞速发展的黄金时期。在欧洲、美国、日本等发达国家和地区，完善的公路网络与汽车产业的结合，使得公路运输成为物流运输的核心力量。

1. 公路运输的定义

公路运输指的是通过汽车、拖拉机、畜力车等多种载运工具在公路上实现货物或人员位移的过程。从物流专业的角度来看，通常关注的是汽车货物运输，特别是在偏远地区和经济欠发达地带，公路运输发挥着不可替代的作用，成为物流运输的主干线。

2. 公路运输的分类

公路运输可根据货物的托运量进行细分：

（1）整车运输：适用于大宗货物，如煤炭、粮食等，一次托运量达到或超过一定标准，或货物性质特殊时，需整车运输。

（2）零担运输：针对小批量、多品种的货物，特别适合商品流通中分散、价值高的货物的运输需求。

（3）集装箱运输：利用标准化集装箱进行运输，提供更安全、高效的物流解决方案。

（4）包车运输：根据客户需求，提供定制化的运输服务，运费灵活计算。

3. 公路运输的优点

（1）灵活性强：可迅速调整路线和运输方案，实现快速响应。

（2）速度快、损耗少：直达运输，减少中转，降低货物损耗。

（3）投资门槛低：相比其他运输方式，公路运输的初始投资较少，易于推广。

（4）公开性和开放性强：公路运输网络广泛，易于接入。

4. 公路运输的缺点

（1）运输能力有限：相比铁路运输、水路运输等，公路运输的运量较小。

（2）单位运量能耗高：长距离运输成本相对较高。

（3）环境污染：汽车尾气排放等易造成环境污染。

（4）安全性挑战：道路状况、驾驶行为等因素可能影响运输安全。

5. 公路运输的适用范围

（1）近距离、中小批量的货物运输。

（2）对时间要求较高的快速配送服务。

（3）独立的、个性化的运输需求。

（4）作为其他运输方式的补充和衔接。

（四）航空运输

航空运输以其卓越的运输效率和可靠性，在物流行业中占据了至关重要的地位。航空运输，简而言之，就是利用飞机或其他航空器进行货物运输和人员往来的方式。航空运输以其高科技性、高速度、高准点率等特点，在长途旅客运输、货物运输及邮件运输等方面发挥着重要作用。特别是在国际货物流通与贸易中，航空运输以其高效便捷的优势，成为主要的运输方式之一。尽管我国航空运输在货运方面的比重相对较小，但随着物流行业的快速发展，航空运输在货运领域的前景将越来越广阔。

1. 航空运输的分类

航空运输方式主要有班机运输、包机运输和集中托运。

（1）班机运输。班机运输是指利用固定航线上定期飞行的航班来进行运输的一种运输方式，适用于大宗货物或旅客的长途集装、散装、包装等作业。得益于航班的固定航线、始发和停靠港口，以及定期的航班，货主能够准确掌握货物的起飞和到达时间，从而确保货物能够安全、迅速地被运送到全球各地并进入市场。班机运输具有运量大、速度快等优点。因此，在航空运输中，班机运输是托运人最为青睐的一种运输方式。

（2）包机运输。包机运输适用于货物量超出常规航班运输能力的情况。包机运输分为全机包机和部分包机两类。全机包机，即航空公司或包机代理公司根据合同规定，将整架飞机租给租机人，用于从一个或多个航空港运输货物至指定目的地。部分包机则是由多家航空货运代理公司或发货人共同租赁一架飞机，或包机公司将飞机舱位分别租给几家货运代理公司，实现货物的部分包机运输。

（3）集中托运。这是一种由航空货运代理公司提供的专业服务，将多批单独发运的货物整合为一整批，统一向航空公司申请托运。这些货物会通过一份航空总运单被集中运送到同一目的地或预定的到达站。到达目的地后，由代理收货的航空货运代理公司负责报关手续，并根据集中托运人签发的航空分运单，将货物分发给各个实际的收货人。集中托运是航空运输中常见且高效的一种运输方式，它简化了货运流程，提高了运输效率。

2. 航空运输的优点

（1）航空运输速度快。现代喷气式飞机时速为 700～800 千米，比海轮快 20～30 倍，比火车快 5～10 倍。速度快是航空运输的最大优势和主要特点，它使得旅客出行时间大大缩短，货主存货减少，保管费用降低。

（2）运输里程最短。由于飞机在大部分情况下都采取两点间的直线飞行方式，不受地面地形或障碍物的影响，因此，对于同一出发地和目的地之间的运输，航空运输能确保最短的飞行距离，从而最大化运输效率。

（3）舒适。喷气式民航飞机通常在约10000米的高空飞行，这一高度避开了低空的气流干扰，保证了飞行的平稳性。同时，宽敞的客舱、低噪声环境，以及机内提供的餐饮服务和视听娱乐设施，都使得航空运输在舒适度方面表现出色。

（4）灵活。飞机在高空中飞行，比火车和汽车或船舶受到线路制约的程度小得多。飞机可按班飞行，也可进行不定期飞行；可以在固定航线上飞行，也可以在非固定航线上飞行。

（5）安全。航空运输对飞机适航性要求极其严格，没有适航证的飞机不允许飞行。尽管飞行中有出现事故的可能性，但按单位客运周转量或单位飞行时间事故率来衡量，航空运输的安全性是很高的。

（6）包装要求低。在航空运输中，包装标准通常相对宽松。空中航行的稳定性和先进的自动着陆系统大大降低了货物损坏的风险，可以使用简单的塑料薄膜来包裹货物。这种包装方式不仅满足航空运输的基本要求，还体现了物流操作的专业性与便捷性。

3.航空运输的缺点

（1）载运能力低，单位运输成本高。飞机的机舱容积和载重能力较小，因此单位运输周转量的能耗较大。另外，机械维护及保养的成本也非常高。

（2）受天气影响较大。由于航空运输对飞行条件有着极高的要求，因此它会在一定程度上受到天气条件的影响。这种影响可能会导致运输的准时性和准点率受到波动。

（3）依赖末端运输。航空运输在一般情况下难以直接实现"门到门"的运输服务，这意味着货物或旅客在到达最终目的地之前，通常需要借助其他运输工具进行转运。这种特性使得航空运输在某些情况下需要与其他运输方式协同合作，以实现全程的无缝衔接。

4.航空运输的适用范围

（1）鲜活易腐等特种货物的运输。

（2）价值高、运费承担能力强的货物。

（3）紧急物资的运输。

（4）邮政运输。

（五）管道运输

管道运输作为物流领域中的一项高效解决方案，专注于通过专门的管道系统长距离输送液体和气体。这种运输方式尤其适用于石油、煤炭及化学产品，可将其从生产源头直接送达市场。在某些特定场景下，管道运输通过气动管技术也能巧妙地利用压缩气体传输固体货物，展现出其灵活性。

尽管相较于水路运输，管道运输石油产品的成本略高，但综合考虑，其整体成本仍低于铁路运输。管道运输的优势显著，包括规模大、连续不断、速度快、经济高效、安全稳定、运行平稳等。同时，它还具有投资少、土地占用少、运营费用低的特性，并能实现高度的自动化管理。这种运输方式的应用范围十分广泛，除了传统的石油和天然气长距离输送外，还涵盖了矿石、煤炭、建筑材料、化学制品及粮食等多种物品的运输。

管道运输能够直接连接生产地与消费地，减少中转环节，从而大幅缩短运输时间，降低总成本，并提升整体运输效率。当前，管道运输行业正朝着更大口径、更高运输能力、更广覆盖面的方向发展，运输物资的种类也从传统的流体物质逐步扩展到非流体物质。

在石油和天然气运输领域，管道运输的优势尤为突出。首先，它确保了运输过程的连续性和稳定性，满足了大规模生产对能源的持续需求。其次，管道运输在地下进行，大大降低了安全风险，被誉为"安全通道"。再次，封闭式的管道系统保证了油品的质量，避免了挥发和污染。最后，从经济角度来看，管道运输具有损耗少、费用低、占地面积小且环保的优点，给物流行业带来了显著的效益。

表 6-1 总结了五大运输方式的优缺点。

表 6-1　五大运输方式的优缺点

方式	优点	缺点	适合运输的货物范围
铁路运输	运量大、速度快、运费较低，连续性好	占地多、造价高、短途运输成本高	大宗的、笨重的，需中长途运输的货物，如粮食、矿石等
公路运输	机动灵活、周转速度快、装卸方便、适应性强	运量小、耗能多、成本高、运费较高	短途、量小的货物
水路运输	运量大、投资少、成本低	速度慢、灵活性和连续性差，受水文和气象等自然条件的影响大	大宗的、笨重的，需中长途运输的货物，如粮食、矿石等
航空运输	速度快、运输效率高	运量小、能耗大、运费高、设备投资大、技术要求严格	急需、贵重、质量小、数量不大的货物
管道运输	连续性强、损耗小、安全性能高、管理方便、运量大	需铺设专门的管道，设备投资大、灵活性差	气体、液体货物，如原油、天然气等

二、道路货物运输车辆的五种分类方式

道路货物运输车辆按照总质量、结构、运输货物种类、动力类型、车辆种类的不同，划分为不同的类型。

（1）按总质量的不同，道路货物运输车辆可分为重型、中型、轻型和微型，如图6-1所示。从微型到重型，主要区别是车辆本身最大设计总质量（GVW）的不同。微卡（总质量≤1.8吨）、轻卡（1.8吨＜总质量≤6吨）、中卡（6吨＜总质量≤14吨）、重卡（总质量＞14吨）。

微卡　　　　　　　　　　　　　轻卡

中卡　　　　　　　　　　　　　重卡

图6-1　总质量区分

（2）按结构的不同，道路货物运输车辆可分为栏板式、厢式、仓栅式、平板式、自卸式、罐式、集装箱运输、低平板、封闭式和特殊结构等不同类型，如图6-2所示。

（3）按运输货物种类的不同，道路货物运输车辆可分为普通货物运输、大型物件运输、危险货物运输、专用货物运输（集装箱运输、冷藏保鲜运输、罐式容器运输、车辆运输）等不同类型。

（4）按汽车动力的不同，道路货物运输车辆可分为汽油、柴油、气体燃料、双燃料、纯电动、混合动力和燃料电池。

（5）按车辆种类的不同，道路货物运输车辆可分为载货汽车、半挂牵引车、牵引车、半挂车、中置轴挂车、刚性杆挂车、牵引杆挂车和半挂牵引拖台等不同类型。

（6）按车厢长度的不同，如4.2米、9.6米、13.5米等，都指的是车厢长度，而

图 6-2 结构区分

不是指《GB/T 1589—2016 汽车、挂车及汽车列车外廓尺寸、轴荷及质量限值》中车长的概念，详见表 6-2。

表 6-2 常见几款车型规格及载重

车辆	尺寸	载重	体积（立方米）	限高
4.2 米低栏车/高栏车/厢式车 蓝牌	长 4.2 米×宽 1.9 米×高 1.9 米	限载 2 吨	15	车货总高 3 米以内
4.2 米低栏车/高栏车/厢式车 黄牌	长 4.2 米×宽 2.1 米×高 2.1 米	限载 4 吨	15	车货总高 3 米以内
5.2 米低栏车/高栏车/厢式车	长 5.2 米×宽 2.1 米×高 2.1 米	限载 5 吨	25	车货总高 3 米以内
6.8 米低栏车/高栏车/厢式车	长 6.8 米×宽 2.4 米×高 2.7 米	限载 10 吨	40	车货总高 4 米以内
7.6 米低栏车/高栏车/厢式车	长 7.6 米×宽 2.4 米×高 2.7 米	限载 12 吨	45	车货总高 4 米以内

车辆	尺寸	载重	体积（立方米）	限高
8.7米低栏车/高栏车/厢式车	长8.7米×宽2.4米×高2.7米	限载15吨	55	车货总高4米以内
9.6米低栏车/高栏车/厢式车　后四	长9.6米×宽2.4米×高2.7米	限载16吨	60	车货总高4米以内
9.6米低栏车/高栏车/厢式车　后八	长9.6米×宽2.4米×高2.7米	限载18吨	60	车货总高4米以内
12米低栏车/高栏车/厢式车	长12米×宽2.4米×高2.5米	限载30吨	70	车货总高4米以内
13米低栏车/高栏车/厢式车	长13米×宽2.4米×高2.5米	限载30吨	75	车货总高4米以内
15米低栏车/高栏车/厢式车	长15米×宽3.0米×高2.7米	限载30吨	100	车货总高4米以内
17.5米低栏车/高栏车/厢式车	长17.5米×宽3.0米×高2.7米	限载30吨	120	车货总高4米以内

三、南昌传化智能公路港主要运输车辆类型

南昌传化智能公路港以快运企业（顺丰快运、顺心捷达）和社区电商企业（"多多买菜"）为主，多为集装箱货车、厢式货车及冷藏车等。

（1）集装箱货车。顺心捷达主要提供零担快运服务，顺丰速运则提供快递、快运等服务，主力车型是集装箱货车。实际上，使用集装箱进行物流运输，已经不局限于公路物流运输，它被广泛应用于各种物流运输中。集装箱货车运输便捷高效，具有流动性，在装卸货物之后，可以随时切换物流的交通工具，进行多式联运，避免了烦琐的二次装卸任务，有效地提高了物流运输效率，而且一定程度上还减轻了货物的磨损和损坏，如图6-3和图6-4所示。

（2）尾板厢式货车。社区电商采取以销订货模式，货物由各个供应商配送至社区电商中心仓。为方便卸货入仓，通常采用尾板厢式货车运输，便于连接高台库，使用手推式液压车（地牛）进行卸货，从而提升卸货效率，如图6-5所示。

（3）冷藏车。"多多买菜"较常采用这类车型。冷藏车一般用来运输冷冻或保鲜的货物的冷藏专用封闭式厢式运输车。社区团购品类主要是蔬菜、肉蛋奶、水产等生鲜产品，在运输和配送方面有严格要求。冷藏车装有制冷装置和隔热车厢。根据不同温度要求，冷藏车又分为冷冻食品车（冷冻车）、蔬菜水果车（鲜货运输车）、奶制品车

图 6-3 集装箱货车（一）

图 6-4 集装箱货车（二）

图 6-5 尾板厢式货车

（奶品运输车），如图 6-6 所示。

（4）城配车。小型厢式货车，穿梭于社区小道上的轻微车型。"多多买菜"较多采用此类车型。社区团购的发展有赖于产品流通中间环节的简化和运输成本的降低，且社区网点多为人员密集区域，通常使用轻卡等轻微厢式车进行配送，如图 6-7 所示。

图 6-6 冷藏车

图 6-7 城配车

第三节 运输合理化

一、不合理运输形式

不合理运输主要有以下几种形式。

1. 空驶

空驶是指车辆在没有货物的情况下行驶,这是最显著的
不合理运输形式。在实际的运输组织操作中,有时确实需要
调度空车,但从管理角度来看,这并不能被视为不合理的运
输形式。由空驶造成的不合理运输主要有以下几种原因。

运输合理化

(1)即使在没有充分运用社会运输系统的前提下,仍然需要依靠自己的车辆来完

成货物的配送和提取，这种情况导致了如单程重车和单程空驶这样的不合理运输形式。

（2）由于工作失误或计划疏忽，货物来源不准确，导致车辆频繁空驶，造成双程空驶的情况。

（3）车辆由于过度使用，不能有效运输回程货物，因此只能选择重车单程和空车单程进行周转。

2. 迂回运输

迂回运输是指一种不必要的运输路径选择，即商品原本可以选择直线或最短的运输路径，但出于某种原因选择了绕行的方式。在物流中，这种绕行的做法被视为一种非优化的运输策略。

3. 过远运输

过远运输意味着在调度物资时，不优先选择距离较近的货源，而是从更远的地区调动资源。这种做法不仅增加了运输的时间和成本，还可能导致物资损坏和资金占用时间延长，是一种典型的资源浪费现象。

4. 对流运输

对流运输，又称相向运输，是指在相同或平行的路线上，对相同或相似的商品进行相向的运输，从而造成运输重叠和资源浪费。这种现象在物流管理中是不被鼓励的。

5. 倒流运输

倒流运输描述了一种逆流而上的物流现象，即商品在到达销售地或中转地后，又被运回原产地或起运地。这种现象不仅涉及不必要的往返运输，还严重浪费了双向的资源，是对流运输的一种特殊形式。

6. 亏吨运输

亏吨运输是指在物流过程中，运输工具的装载量未能达到其标准载重，或未能充分利用其容积，导致运输工具的装载效率低下，是一种资源浪费现象。

7. 重复运输

重复运输是由于组织工作失误，导致商品在运输过程中被多次装卸，进行不必要的运输。这不仅增加了运输成本和时间，还降低了物流的整体效率。

8. 无效运输

无效运输是指由于商品销售不佳、质量低劣或含有大量杂质等原因，导致运输能力的浪费。这种运输行为不仅无效，还可能给企业带来额外的经济负担。

9. 运力选择不当

运力选择不当是指在物流过程中，未能充分发挥各种运输工具的优势，选择了不合理的运输方式。

（1）弃水走陆。在物流规划中，当面临水路和陆路两种运输方式的选择时，有时会出现"弃水走陆"的现象。即在明明可以利用成本较低的水路或水陆联运的情况下，却选择了成本较高的铁路运输或汽车运输。这样的选择无疑限制了水运优势的发挥，增加了物流成本。

（2）火车、大型船舶的过近运输。当运输距离不适合火车或大型船舶的经济行驶里程时，若仍坚持使用这些运输工具，便构成了不合理的过近运输。在这种情况下，火车和大型船舶由于在短途运输中准备、装卸时间长，机动性差，其大运输量的优势难以得到发挥。此外，火车的高速运行可能对环境造成较大污染，且由于装卸时间长，整个运输周期可能更长。与小型运输工具相比，火车和大型船舶的装卸过程更为复杂，成本也更高。

10. 托运方式选择不当

在物流管理中，选择不恰当的托运方式是一个常见的效率瓶颈。这通常意味着货主在权衡各种托运方式的特性时未能作出最佳决策，进而导致运力的不合理利用和成本的额外增加。举例来说，如果货物本适宜整车运输以降低成本和缩短时间，但货主却选择了零担托运；当直达运输能够显著提高效率时，却错误地选择了中转运输，反之亦然。这些选择上的偏差不仅会降低物流的整体效率，还会增加不必要的成本。因此，在物流运作中，选择科学、合理的托运方式，对于优化物流效益、提升竞争力具有至关重要的作用。

二、合理运输的概念

运输的合理化是物流合理化的关键要素之一。现代物流业对运输环节的要求越发严格，旨在构建更为优化的运输体系。合理运输就是依据商品流通规律、交通网络状况、货物的合理流向以及市场供需状况，实现路径最短、环节最少、运力最省、费用最低、时间最快的运输目标。简而言之，就是用最少的资源和时间，运输更多的货物，以获取最大的经济效益。

从宏观角度看，对流运输、迂回运输、重复运输、倒流运输、过近运输以及弃水走陆等，均被视为不合理运输现象。而在微观层面，不合理运输则表现为空驶或不满载行驶、运输方式选择不当、运力配置不合理、运输路线选择失误等。这些不合理现象不仅会导致国民经济在运输环节上的额外消耗，浪费运输能力，还会延长货物在途时间，增加运输成本。

为了避免不合理运输，可以采用以下措施：首先，优化生产力布局，合理配置运输网络，确保物资供应网点的分布合理；其次，准确调拨物资，加强产品的产、运、销之间的协调；再次，选择正确的运输工具，精心组织运输工作，并加强运输管理。通过这些措施，可以有效减少不合理运输现象，提升物流运输的效率和效益。

（一）影响运输合理化的因素

影响运输合理化的因素很多，其中五个核心因素起到了决定性作用，物流业将其称为合理运输"五要素"。

1. 运输距离

货物在空间中移动的总里程，是物流部门在策划货物运输时必须首要考虑的因素。它直接关系到运输效率、成本以及整体物流的优化。因此，精确地评估和管理运输距离对于物流部门而言至关重要。为了最大限度地缩短运输距离，应采用就近生产和销售，以及就近运输的策略。

2. 运输环节

运输过程的复杂性同样是影响运输合理化的关键因素之一。由于运输业务活动涉及装卸、搬运和包装等多个环节，投入了大量的劳动力，可能导致各种技术和经济指标的变动。因此，简化运输过程有助于使运输更为合理。采用组织直达和直拨运输的方式，能够极大地简化运输流程，减少中间环节。

3. 运输工具

随着交通运输技术的持续进步，选择合适的运输工具并合理利用运力变得尤为关键。要根据各种货物的独特性质，选择使用铁路、水路或汽车进行运输，以确定最合适的运输工具。那些应当选择水路运输的，不应选择铁路；而更适合铁路运输的，不应选择汽车。应合理确定各种运输工具的配备数量及其相互关系。各种交通工具都有其独特之处，因此，精心选择并充分利用它们，是确保运输流程合理化的关键因素。

4. 运输时间

在所有的物流过程中，特别是在远距离运输环节，运输所需的时间占据了物流总时间的大多数，因此，减少运输所需的时间对于缩短整体物流时间具有至关重要的意义。如果运输时间过长，不仅会增加企业运输成本，而且不利于产品流通和商品销售。因此，应采取各种方法来加快货物的运输速度，努力缩短货物的等待时间，确保大量货物不会在运输过程中长时间滞留。减少运输所需的时间不仅有助于加快运输设备的周转速度，还能提高运输的效率。

5. 运输费用

在物流成本的构成中，运输费用占据着举足轻重的地位。它不仅是衡量运输活动经济效果的重要指标，也是实现合理运输策略的核心追求之一。通过优化运输方式、降低运输成本，物流部门能够显著提升运输效率，为整个物流链的顺畅运作提供有力支持。物流企业或运输部门的经济核算不仅受到运输费用高低的影响，也会对商品的销售成本产生影响。运输成本是衡量运输是否合理的关键指标，也是评估各种合理措施是否真正有效的重要依据。

上述因素互相制约，因此需要对其进行全面的比较分析，以确定最优的运输解决方案。通常，考虑到合理运输，最关键的两点要求是运输时间较短和运输成本较低。

（二）运输合理化措施

无论是物流企业，还是其他企业，在物流运输的组织实施过程中，都应该采取措施以实现运输合理化的目标。实现运输合理化的目标可采取以下有效措施：

1. 提高车辆实载率

实载率，这一物流领域的专业指标，具有双重含义。首先，它是指单车或单船的实际载重与其运输距离的乘积，即单车或单船的实际运输效率。在规划单车或单船运输时，实载率是评估装载情况的重要依据。其次，实载率代表了特定时间段内车船运输活动的统计数据。这一统计基于实际完成的货物周转量，与车船的总载重吨位和总行驶距离乘积之间的百分比关系。这里需要注意的是，总行驶距离不仅包括货物的实际运输距离，还包括无货物状态下的行驶距离。提高实载率，应更充分地利用运输工具的额定容量，从而减少车船在空驶和不满载状态下的行驶时间。这对于实现物流运输的合理化、提高运输效率具有重要意义。

2. 减少劳动力投入，提高运输能力

在交通领域，大部分的资金都被用于能源的投入和基础设施的建设。当这些设施建设已经稳定下来时，可以通过最大限度地减少能源使用、节省运输费用和降低每单位货物的运输成本，进一步实现运输的合理化。例如，在铁路运输的过程中，如果机车的性能允许，那么可以考虑增加车皮的数量；在水路运输过程中，可采用拖排和拖带的方法；在进行内河的运输活动时，应最大化地使用顶推船队；在公路运输过程中，可采用汽车挂车等方式进行运输。

3. 运输体系社会化

社会化的运输体系有助于充分挖掘运输的大规模生产潜力，实施专业化的分工模式，从而打破了单一家庭独立运营运输体系的传统模式。每个家庭都有自己的运输车辆，但由于规模和能力受限，很难进行自我调整，因此经常出现不合适的运输方式。通过推进运输的社会化进程，可最大限度地发挥运输资源的优势，全面规划各种运输方式，防止出现对流、迂回、空驶和运力选择不当等不合理运输的情况，从而更有效地提高组织和运输的规模效益。

在社会化运输体系中，各种联运方式具有较高的现代化水平，只有当运输体系实现社会化时，这种高级的运输模式才能得到进一步的推动。联运模式充分发挥了多种运输系统的优势，从而提升了运输的效率并使其更加合理。

4. 运输方式的合理分工

在执行中短距离的运输任务时，可采用铁路与公路的分流方案。在这个过程中，公路运输具有很大的优越性。这种运输的合理化主要体现在两个方面：首先，它可以在一定程度上缓解铁路运输的压力，从而增强这一部分的运输能力；其次，它可以充分发挥公路从入口到出口以及中途运输的快速和灵活的优势。一般来说，人们普遍认为公路的经济行驶距离为200～500千米。随着高速公路的不断进步以及新型特种货车的涌现，公路的经济行驶里程有时能够超越1000千米。

5. 分区产销平衡合理运输

分区产销平衡合理运输的核心思想是，在物流组织过程中，确保某一货物的生产区域与特定的消费区域保持相对稳定。在进行货物运输的组织过程中，应根据生产和销售的分布以及交通状况，在确保产销平衡的前提下，遵循近产近销的策略，努力缩小运输的半径，确保货物行驶的里程尽可能短。

6. 直达运输

直达运输是指物品从产地或起运地到目的地，途中无须更换运输工具或在存储地点停滞的一种方式。直达运输能够覆盖商业、仓储以及交通中转等环节，将货物从产地或起运地直接运输到销售地或消费者手中，这样不仅可以节约时间和成本，还能提高运输效率。

7. 组织"四就"直拨运输

直拨运输是一种高效的物流运输策略，特别适用于商业和物资批发企业。它摒弃了传统的先将货物运送到批发站仓库再行分配的模式，而是直接将货物从生产地或到达地分发给下属的基层批发、零售店或用户。这种直接配送的方式显著减少了中间的转运环节，不仅有效缩短了货物的运输时间，而且在很大程度上降低了整体的物流成本，实现了物流效率的大幅提升。在物流运输过程中，"四就"直拨是一种常用的方法，具体操作包括：直接到工厂、直接到车站或码头、直接到仓库以及直接到车辆或船只过载等。"四就"直拨运输与直达运输的主要差异在于：直达运输通常需要更长的距离和更大的运输批量；"四就"直拨运输，通常指的是距离较短且批量较少的运输方式。这两者之间存在着密切的联系。

8. 合装整车运输

合装整车运输主要是为商业和供销等领域的杂货运输而设计的。在组织铁路货物运输的过程中，物流公司由同一发货人负责将各种不同的货物运送到同一个站点或收货方，这些货物通常是零担托运的。在经过精心的组配后，这些货物将通过整车运输的形式被运送到预定的目的地；可以将来自同一方向但不同站点的零散货物统一放入一个车厢内，然后运送到一个合适的车站，之后再进行中转和分运。鉴于合装整车托运与零担托运在运费上有很大的差异，选择合装整车的运输方式可以在一定程度上节约费用和劳动力。合装整车运输主要采用以下四种方法：

（1）零担货物拼整车直达运输；

（2）零担货物拼整车接力直达或中转分运；

（3）整车分卸；

（4）整装零担。

9. 提高车船技术装载量

这是运输合理化的一个重要方面。它旨在最大限度地使用车船的载重能力，同时也最大限度地利用车船的装载容量。其核心操作方法主要包括以下几个方面：

（1）组织轻重配装，指的是将总重量大的货物和总重量小的货物组合在一起，这样不仅可以最大限度地利用车船的装载容量，还可以达到所需的装载重量，从而提高运输工具的效率。

（2）采用解体运输的方式，即对于体积庞大、重量较大、装卸困难且容易因碰撞而损坏的货物，可以将其拆解并装车进行单独包装。

（3）为了提升运输效率，应根据车船货位的堆码需求和不同货物的包装形态，采用多种有效的堆放方式，如多层装载、骑缝装载和紧密装载等。

产品包装的改进与提高装载量密切相关。改进商品包装设计，使其与现代物流运输工具相适应，实行包装设计模数化、单元化和集装化，是提高车船技术装载量的重要前提。

复习与思考题 ◁◁▮▶

1. 什么是运输？

2. 运输有哪些方式？

3. 简述不合理运输的形式。

4. 运输合理化的途径有哪些？

第七章　配　送

教学目标

通过本章的学习，学生应能掌握配送的基本概念、作用和分类，熟悉配送中心的概念、分类和作业流程，了解配送的合理化措施。

案例导入

上海联华生鲜食品加工配送中心的物流配送运作

上海联华生鲜食品加工配送中心是我国目前设备最先进、规模最大的生鲜食品加工配送中心。该中心总投资 6000 万元，建筑面积 35000 平方米，年生产能力 20000 吨，其中肉制品 15000 吨，生鲜盆菜、调理半成品 3000 吨，西式熟食制品 2000 吨，产品结构分为 15 大类约 1200 种生鲜食品。在生产加工的同时，配送中心还承担水果、冷冻品以及南北货的配送任务。连锁经营的利润重点在于物流。物流系统好坏的评判标准主要

古今说物流：十万火急
与现代配送中心

有两点：物流服务水平和物流成本。上海联华生鲜食品加工配送中心是在这两个方面都做得比较好的一个物流系统。生鲜商品按其称重包装属性分类，可分为：定量商品、称重商品和散装商品；按物流类型分类，可分为：储存型、中转型、加工型和直送型；按储存运输属性分类，可分为：常温品、低温品和冷冻品；按商品的用途分类，可分为：原料、辅料、半成品、产成品和通常商品。生鲜商品大部分需要冷藏，所以其物流流转周期必须很短，以达到节约成本的目的。生鲜商品保质期很短，客户对其色泽等要求很高，所以在物流过程中需要快速流转。评判标准通俗地归结起来就是"快"和"准确"，下面分别从几个方面来介绍上海联华生鲜食品加工配送中心的做法。

1. 订单管理流程

门店的采购需求通过联华数据通信平台实时传输至生鲜食品加工配送中心。系统根据门店的要货订单，详细制定商品数量和到货日期。针对不同类型的商品，系统采取不同的处理策略。

储存型商品：系统基于当前有效库存、门店需求、日均配货量和供应商送货周期，自动生成补货建议。采购人员在此基础上进行微调，形成正式的供应商订单。

中转型商品：这类商品无库存，系统直接根据门店需求汇总，按到货日期生成供应商订单。

直送型商品：根据到货日期，系统直接为各门店向直送供应商分配订单，并通过EDI（电子数据交换）系统即时发送。

加工型商品：系统汇总门店需求，按物料清单计算物料需求，并基于当前库存生成原料建议订单。生产计划员根据实际情况调整，传递至采购部生成原料订单。

2. 物流计划优化

门店订单汇总后，物流计划部精心安排第二天的收货、配送和生产任务。

线路规划：根据门店订货量和品种，调整运输线路，确保高效运输。

批次规划：根据总量和车辆人员状况，设定加工和配送批次，实现资源循环利用。

生产计划：根据批次计划制订生产计划，确保加工与配送的协调。

3. 物流运作精细化

生鲜加工涉及组合与分割，两者在物料清单设置、原料计算和成本核算上均有显著差异。在物料清单中，每个产品指定唯一加工车间，区分最终产品、半成品和配送产品。EDI系统精准计算原料耗用量，指导生产领料和投料。加工车间根据调度，协调商品加工，确保满足配送需求。

4. 配送运作高效化

分拣完成的商品被堆放至待发库区，按计划在晚上送达门店。按路线和门店顺序进行装车，并抽样检查。EDI系统同时计算包装物使用清单，供装货人员核对。发车前，EDI系统生成随车商品清单、交接签收单和发货单。商品到达门店后，因数量高度准确，门店只需快速完成交接手续，大大提升了配送效率。

思考：

1. 生鲜商品对物流配送有哪些特殊要求？上海联华生鲜食品加工配送中心是如何做的？

2. 上海联华生鲜食品加工配送中心是如何处理不同类型配送商品的？

第一节　配送的概念、作用及分类

一、配送的概念

（一）配送的出现

20世纪60年代初，配送的初步形态开始浮现。在这一时

配送的概念及分类

期，传统的物流配送方式逐渐转向了备货和送货的综合模式。从形态上看，初期的物流呈现出粗放和单一的特点。在这个阶段，配送的覆盖范围相对较小，而且规模不算庞大，因此配送的主要功能是利用促销策略来实现其预期效果。20世纪60年代中期，欧美等地经济的快速增长导致了货物数量的急速上升和商品市场的竞争加剧，从而使得配送业务得以初步发展。配送作为一种创新的物流策略，是基于仓储行业的变革和进步而发展起来的。传统仓储业曾以货物的储存和保管为核心职责，确保物资被稳定存储，为生产的连续性和日常生活的正常进行提供坚实的物资保障。然而，随着数字互联网时代的快速发展，生产节奏加快，社会分工深化，市场竞争日趋激烈，对仓储业提出了新的挑战。为满足社会流通组织对系统化、一体化、多元化后勤服务的需求，许多仓储企业开始积极调整内部结构，拓宽业务领域，并转变经营策略。传统的老式仓库已逐渐转型为商品流通中心，其功能从单一的"静态储存"转变为灵活的"动态储存"。除了基本的保管和储存服务外，仓储业还增加了加工、分类、挑选和配送等一系列服务，形成了一个完整的物流服务体系。这种转型不仅适应了市场的快速变化，也推动了配送业务的真正形成与发展。

（二）配送的定义

配送，这个源自日语的术语，在物流领域中扮演着核心角色。它涵盖了从物流节点出发，按照客户订单需求进行货物分拣、配货，并最终将货物送达收货人的全过程。这里的"配"涉及货物的细致分拣和精确配货，"送"则涵盖了多样化的送货方式和行为。在日本，配送被视为物流过程中不可或缺的一环，包括输送、送达、验货等，旨在实现货物的高效、准确送达，是商流与物流紧密结合的典范。而美国学者唐纳德·J.鲍尔索克斯在《物流管理：供应链过程的一体化》一书中，将实物配送描述为将制成品交付给顾客的过程，强调了其作为满足顾客时空需求的营销战略中的重要组成。本书将"配送"表述为：根据客户要求，对物品进行分类、拣选、集货、包装、组配等作业，并按时送达指定地点的物流活动。下面介绍一些容易与配送相混淆的概念。

1. 配送与送货

配送并非简单的送货，而是一种从物流节点到用户的特殊配送模式。与一般送货相比，配送由专业流通企业负责，具有中转性质，且更注重按客户需求进行精准运送。

2. 配送与运输

虽然配送包含运输环节，但配送是一个更为综合的活动，涵盖运输、分拣、配货等多个环节。配送中的运输主要是支线运输，即从物流节点到用户的过程，更注重"最后一公里"的配送效率和服务质量。

3. 配送与运送

配送作为物流链条中的关键环节，其核心在于根据客户需求，在靠近用户的地点进行精准的资源调配。这一过程与物流紧密相连，致力于在最佳的时间、方式和成本条件下，将商品安全、快速地送达用户手中，同时提供卓越的客户服务。

与单纯的运送不同，配送不仅包括货物的空间位移，还涵盖了多个关键步骤，如流通加工、整理、拣选、分类、配货以及末端运输等，这些活动相互衔接，形成了一个高效、有序的系统。

从更深层次看，配送是现代物流领域专业化分工的具体体现。它代表了大规模生产和专业分工在流通领域的深化应用，通过专业化的操作和精细化的管理，极大地提升了物流效率和服务质量。当货物被准确无误地送达收货人手中时，配送任务即告完成。但这一切并非随意而为，而是在经济合理的范围内进行的。通过科学的规划和精细的管理，确保每一次配送都能达到最佳的经济效益和社会效益。

二、配送的作用

在整个物流流程中，配送与运输、存储、装卸、流通加工、包装以及物流信息同等重要，它是物流的基础功能之一。配送的主要作用可以概括为以下五个方面。

配送的作用

（1）第二次世界大战后，随着大吨位、高效率运输工具的涌现，铁路、海运、公路等干线运输标准大幅提升，有效实现了长距离、大批量运输的低成本化。然而，干线运输还常需支线运输或小型搬运作为补充，这已成为物流流程中的薄弱环节。由于支线运输和小型搬运的灵活性、适应性要求较高，运力使用不合理和成本高昂的问题日益凸显。可通过引入配送方式，整合支线运输和小型搬运，结合其灵活性和效率优势，从而优化和完善整个运输流程。

（2）通过集中发货，实现经济批量进货，极大地提升了末端物流的经济效益。将各类商品的用户集中起来，一次性发货替代多次小批量发货，显著提高了经济效益。

（3）企业通过集中库存制度，特别是实施准时配送策略后，可以依赖配送中心的精准配送，无须维持大量库存。生产型企业只需保持有限的安全储备，减轻了库存负担，优化了财务健康状况。集中库存不仅减少了库存总量，还提高了调整能力和社会经济回报。因此，推行集中库存制度在我国具有重要意义，能够充分发挥规模经济优势，降低单位存货成本。

（4）通过简化流程，为用户提供更为便捷的配送选择。用户只需向单一地点下单或联系进货单位，即可订购原本需要多次访问多个地点的商品。这种变化减轻了用户的工作负担，降低了用户的成本，只需一个专门的配送单位接货，替代了传统的高频接货方式。

（5）通过配送模式，配送中心的储备量远超其他企业，降低了每家企业面临的中断供应和生产影响的风险，从而有效避免了用户的库存短缺问题。

三、配送的分类

(一) 按配送商品的种类和数量分类

1. 单一品种大批量配送

当生产企业对某一特定物资的需求数量大而品种少时，适合采用这种配送方式。通过整车大吨位车辆进行运输，无须与其他物资混合，使得配送过程更加高效。在选择配送中心及车辆时，会依据实际需求量来定制方案，确保配送的精准与高效。由于配送的物资种类单一且数量庞大，可相对简化配送中心的组织和管理，从而降低成本。

2. 多品种小批量配送

为满足用户多样化需求，配送中心提供多品种、少批量、多批次的配送服务。这种模式要求配送中心具备高水平的设备和作业能力，同时需要制订严谨的配送计划，使各作业环节紧密协调。通过这种方式，配送中心可以确保用户所需的各种物资都能被及时、准确地送达，体现出物流管理的专业与高效。

3. 成套配送

针对生产企业的具体需求，配送中心提供成套配送服务。按照生产节奏，配送中心定期将完整的零部件送达生产企业，确保生产线顺畅运行。在这种模式下，配送中心不仅负责物资的供应，还协助生产企业进行库存管理，有助于生产企业实现零库存目标，降低运营成本，提升生产效率。

(二) 按配送时间及数量分类

1. 定时配送

按照规定的时间及间隔进行配送，这种配送方式称为定时配送。定时配送的具体时间由配送的供应方和需求方通过协议确定。在协议中，预先确定每次配送的种类和数量，并按照计划进行配送；在进行配送前，也可以通过约定的联系方式（如电话、传真、计算机网络等）告知配送的种类和数量。定时配送作为一种服务模式，时间是固定的，因此用户可以根据自己的商业状况，在最合适的时间进货，同时也更方便分配货物接收的人力和设备等资源。对配送企业来说，这种服务模式不仅便于制订工作计划，还有助于实现多用户的联合配送，从而降低成本，同时也便于车辆的规划使用和路线的规划。然而，采用这样的配送服务模式，当配送的物品种类和数量发生较大变动时，配货和车辆的配装变得更为困难，这可能导致配送运力的配置变得更为复杂。

2. 定量配送

定量配送是指根据事先双方协议规定的批次进行配送。这种配送方式数量固定但具体的配送时间并不明确，只是被限定在一个特定的时间段内。它是目前我国主要采用的一种配送模式。这种配送模式的优势在于，每次的配送品种和数量都是固定的，这使得备货过程变得相对简单，无须频繁调整配货备货的数量，可直接根据托盘、集装箱和车辆的装载能力来确定配送的数量。这种模式充分利用了托盘和集装箱等集装化工具，不仅提高了配送效率，还显著降低了成本。鉴于其时间上的灵活性，可以根据各客户的具体需求，将所需物品进行合理整合，实现整车配送。这样既提高了车辆的装载率和使用效率，又确保了物品的高效流转。对于用户而言，每一次的货物接收都是处理等量的货物，有助于用户更好地准备所需的人力和设备资源。

3. 定时定量配送

定时定量配送作为物流领域一种高精确度的服务模式，指的是按照预先设定的配送时间和确定的配送数量来执行配送任务。它结合了定时配送和定量配送两者的优势，确保货物能够准时、准量地送达目的地，满足客户的精确需求。采用这种模式需要配送企业具有很高的服务水平，且组织实施的难度较大，因此通常仅为固定客户提供这种服务。

4. 定时定路线配送

定时定路线配送是一种专业且高效的物流服务模式。在这种模式下，配送车辆沿着固定的运行路线行进，并根据预设的时间表准确地在每个站点进行配送。这种配送模式确保了配送的准时性和效率，是物流行业中的一种重要服务模式。用户可以在指定的地点和时间按收货物，并根据这些路线和时间提出配送需求。这种模式可以帮助配送企业更好地规划车辆和驾驶员的配置，允许他们按顺序对多个用户进行联合配送，从而避免了每次都需要决定货物的配装、配送路线和配车计划等复杂问题，使得配送管理更为简便，且成本相对较低。同时，这种模式由于采取了固定线路行驶，不需要经常调整，从而使车辆利用率较高。在那些配送用户众多的区域，它可以避免因复杂的配送需求导致的配送计划、组织、配货和车辆安排的困难。

5. 即时配送

即时配送是物流行业中一种快速响应用户突发配送需求的服务模式。它针对用户临时提出的时间和数量要求，即刻启动配送流程。通过这种服务模式，用户能够大幅度减少安全库存，甚至实现零库存管理，依赖实时配送来保障供应链的连续性和稳定性。即时配送不仅满足了用户的短期、紧急需求，还成为解决企业供应中断问题的有力工具，显著增强了供应链的韧性和可靠性。即时配送充分展示了配送企业快速响应、高效执行的能力，是企业实力和专业水平的直接体现。虽然即时配送的成本相对较高，对配送企业的运营标准和配送速度、时间控制有着更为严格的要求，但它在确保整体配送流程高效、合理方面起着至关重要的作用。特别是在追求零库存和实时配送的现代物流管理中，即时配送的实施显得尤为关键，它能够有效满足用户需求，提升供应链整体效能。

（三）按配送的组织形式分类

1. 销售配送

销售配送是指配送企业作为销售导向的实体，或者作为销售策略的一部分，以促进销售、提高市场竞争力为目的而开展的配送服务。这类配送服务的目标和用户通常都是不稳定的。配送的对象和用户是基于他们在市场中的份额来确定的，而配送的经营效果也受到市场状况的影响。无论是各种商店的配送服务还是电子商务网站的配送，通常都被归类为销售配送。采用该配送方式进行销售，是一种能够增加销售量、提高市场份额并获取更多销售利润的关键策略。由于销售配送是在提供送货服务的基础上进行的，因此也赢得了用户的喜爱。

2. 供应配送

供应配送是一种专注于满足企业内部物资供应需求的物流模式。在这种模式下，企业或企业集团通过建立专门的配送中心，实施集中采购，以获取大量的货物。随后，通过高效的分拣和配送流程，将这些货物精准地分发给旗下的各个企业。这种配送模式不仅确保了供应链的稳定性，还显著提升了供应的效率和能力，同时有效地降低了整体的供应成本，是企业实现物流优化、提升竞争力的关键环节。

3. 销售-供应一体化配送

销售-供应一体化配送是一种创新的配送策略，它让销售企业在稳定销售给用户固定产品的同时，扮演用户的供应者角色。销售方既是销售者，又是用户的供应代理人。这种模式不仅保障了用户和销售渠道的稳定性，促进了销售方的持续发展，还增加了销售量。对于用户而言，这种稳定的供应减少了自身组织供应所需的人力、物力和财力投入。销售方通过有效管理进货渠道，提升商品供应的可靠性，促使一些用户选择减少供应链环节，转而依赖销售方作为他们的供应代理。这种配送策略对销售方而言，确保了稳定的客户和销售渠道，为其持续增长和稳定发展提供了有力支持。销售-供应一体化配送在配送业务中占据重要地位，通过构建稳定的供需关系、采用先进的计划和技术策略，确保了流通渠道的顺畅和稳定。

4. 代存代供配送

代存代供配送是一种灵活的物流服务模式，客户将货物交由配送企业代为存储、供应、订购和配送。在整个过程中，商品的所有权始终属于客户，配送企业作为客户的代理进行服务，负责商品在物理位置上的转移。这种模式下，配送企业通过提供代存和代供服务获取利润，但不涉及商品销售的经营权限。

（四）按配送的运作方式分类

1. 集中配送

集中配送是指由专门负责配送任务的配送中心对多个用户提供配送服务。由于配送中心具有庞大的规模和高度的专业性，因此能够与多个用户建立稳定的配送合作关系。由于集中配送的种类繁多且数量庞大，其经济效果相当显著。

2. 共同配送

共同配送也被称为协同配送，是指在同一地域内，众多企业在物流运输过程中相互协作、联合操作，共同完成理货、配货和送货等任务的一种配送模式。这种配送模式通常存在两种场景：一是中小规模生产企业之间通过分工合作来实施共同配送；二是几个中小规模的配送中心联合进行统一配送。

3. 分散配送

分散配送是一种由商业零售网点负责，针对少量、零散或临时需求的商品进行配送的业务模式。该配送模式特别适用于近距离、种类繁多且批量较少的商品。

第二节　配送中心及其分类

一、配送中心的概念

1. 《物流术语》(GB/T 18354—2021) 的定义

《物流术语》(GB/T 18354—2021) 中对配送中心的定义：具有完善的配送基础设施和信息网络，可便捷地连接对外交通运输网络，配送及中转功能齐全，集聚辐射范围大，存储、吞吐能力强，向下游配送中心提供专业化统一配送服务的场所。

2. 日本《市场用语词典》定义

配送中心是一种物流节点，它不以储藏仓库的这种单一的形式出现，而是发挥配送职能的流通仓库，也称作基地、据点或流通中心。降低运输成本，减少销售机会的损失，为此建立设施、设备并开展经营、管理工作。

二、配送中心的功能

配送中心作为物流网络中的核心枢纽，专注于统筹组织销售或供应活动的配送，并承担实际的货物配送任务。为确保配送的高效性，配送中心不仅有效整合零星集货和批量进货等资源，还负责对货物进行细致的分类、精确的配置等关键环节操作。因此，配送中心兼具集货与分货的功能，确保

配送中心概述

整个物流流程的顺畅与高效，这些功能依赖于合理而科学的配载。为了提供更高效和更优质的配送服务，配送中心通常还具备相当强大的流通和加工能力。另外，配送中心也负责确保货物在配备完毕后被直接送达客户，这与分货中心只负责分货而不负责送达的做法有着显著的区别。

显然，集货中心、分货中心和加工中心各自的功能相对专一，而配送中心则具备

更为全面和综合的功能。配送中心实际上是集货、分货和加工功能的高度集成，它代表了更高级别的物流配送和运营水平，确保货物能够更高效、更精准地流通到目的地。

三、配送中心的种类

（一）按配送中心承担的流通职能划分

1. 供应配送中心

供应配送中心是专为特定企业或企业群提供稳定供应服务的物流节点。这些用户通常是企业级客户，数量有限但合作关系稳定，其需求量和需求时间相对明确且稳定。因此，供应配送中心的库存商品种类相对单一，采购渠道也较为稳定。这种特性使得配送中心能够运用高效的分拣配送流程，优化整体运营效率，确保供应的稳定性和高效性。

2. 销售配送中心

销售配送中心是以销售为导向的物流中心，其主要功能是支持销售活动，确保商品能够快速、准确地送达消费者手中。这类配送中心有两种主要形式：一种是由生产厂家设立的，直接将产品配送给最终消费者；另一种由流通企业建立，旨在扩大其销售网络。销售配送中心的用户群体通常广泛且多变，每个用户的需求量较小，属于消费者型用户。因此，销售配送中心难以像供应配送中心那样实施严格的计划配送，而是需要更灵活地应对市场变化和消费者需求。

（二）按配送领域的广泛程度划分

1. 城市配送中心

城市配送中心作为专业的物流机构，专注于为城市及其周边地区提供高效的配送服务。由于城市区域通常位于汽车运输的经济里程范围内，城市配送中心能够直接将商品送达终端用户，确保物流流程的高效与顺畅。这类配送中心通常与零售业务紧密结合，具备快速响应和灵活配送的能力，能够满足多类型、小批量和多用户配送的需求。

2. 区域配送中心

区域配送中心是物流网络的核心节点，具备强大的辐射能力和充足的库存储备。区域配送中心能够为跨省（州）乃至全国范围内的用户提供高效配送服务。在物流体系中，区域配送中心发挥着至关重要的作用，确保货物能够被快速、准确地送达目的地。区域配送中心的配送规模庞大，服务对象众多，且配送数量巨大。区域配送中心通常服务于下级城市配送中心和大型商业公司，确保物流网络顺畅运作。

需要注意的是，区域配送中心的辐射范围是有限的。如果地域范围过于广阔，可能需要建立中间物流中心来衔接城市配送中心，进行分层次的分销和配送，以确保物流网络的全面覆盖和高效运作。

（三）按配送中心的内部特性划分

1. 储存型配送中心

这类配送中心拥有出色的存储能力。在买方市场环境中，企业为满足销售需求在销售成品时需以大量的库存作为支撑，同时其配送中心要具备出色的存储能力；在卖方市场环境中，企业在确保原材料和零部件的稳定供应时，通常需要构建充足的库存体系。这种供应链和配送模式不仅具备强大的储存能力，还能够灵活应对各种需求波动。特别是在面对大范围的配送需求时，配送中心往往需要拥有大量库存，或选择采用以储存为主的配送策略，以确保供应链的高效运转和稳定供应。

2. 流通型配送中心

这类配送中心几乎不具备长时间存储的能力，主要通过临时存储或随时进出的方式进行货物的配送和送达。

这类专业的配送中心通常遵循高效的操作流程：货物以大批量形式进入，随后通过特定的批量进行零散的配送。为实现这一过程，配送中心配备了大型的分货机。当货物进入配送中心时，它们会迅速通过分货机的传送带，根据目的地被精确分发到各个用户的货位或直接装载到配送车辆上。这种流程设计确保了配送中心内货物的停滞时间极短，从而提高了整体物流效率。

3. 加工配送中心

这类配送中心展现了高度的物流处理能力。它们不仅负责配送，而且根据客户或市场的特定需求，对物品进行必要的加工处理，确保最终配送的产品能够精准满足市场需求。这种加工配送的方式，使得配送中心在物流链中扮演着更为灵活和多元的角色。

在这种配送中心内，常见的加工活动包括分装、包装、初级加工、集中下料、产品组装等。

（四）按服务对象划分

1. 面向最终消费者的配送中心

在商物分离的交易模式下，顾客可以在商店内挑选商品并下单购买。随后，配送中心会迅速响应，将商品直接送达消费者手中，为消费者提供便捷、高效的购物体验。

2. 面向制造企业的配送中心

为满足制造企业的生产需求，这类配送中心会根据企业的生产计划，精准地将所需的原材料或零部件送达企业仓库或生产现场。它们不仅大幅减轻了企业的物流负担，还为企业实现零库存经营提供了有力的物流支持。

3. 面向零售商的配送中心

针对零售商的订单需求，这类配送中心会确保商品齐全，并准时送达零售商的店铺。无论是为连锁店还是百货商店提供服务，这类配送中心都能确保商品的高效流通和及时补货，满足零售商的多样化需求。

（五）按社会化程度划分

1. 企业配送中心

企业配送中心是专为满足企业内部运营需求而设立的物流设施。其主要功能包括企业内部物资的集中管理、配送和调度，确保企业运营的高效性和顺畅性。

2. 公共配送中心

公共配送中心是一个多功能、高效率的物流服务平台，为货主企业或物流企业提供商品配送、物流设施等相关服务。用户可以通过租赁方式使用配送中心的设施和资源，享受高效、专业的物流服务。这种服务模式不仅提高了物流资源的利用率，还为企业提供了灵活、便捷的物流解决方案。

四、配送中心的作业流程

配送中心通过备货、储存、分拣、配货、装车、运送等一系列环节，最终完成众多的配送任务。

（1）订单处理是指配送中心在接收用户的订单信息、核实库存、制定各类票据后，根据订单的具体要求，完成相应的配送任务。

（2）备货配送所需的前期准备和基本操作。备货流程涵盖了从筹集货物、下订单、采购、集货、进货到相关的质量审查、结算和交接等各个环节。配送服务的一大显著优势在于，它能基于多个用户的个性化需求，进行大规模的库存准备，确保配送的精准性和高效性。在配送流程中，备货作为决定配送成功与否的初始关键步骤，其成本控制尤为关键。过高的备货成本将直接降低配送的效益，因此，在配送中心运营中，合理控制备货成本，确保库存的灵活性和经济性，是实现高效配送的重要一环。

（3）储存配送中的两种形态：

① 储备：配送储备是确保配送业务稳定运作的资源保障，它基于预测的业务需求，储备数量大且结构完整。根据货物来源和到货状态，配送中心精心规划周转储备和保险储备的结构与数量。为满足储备需求，配送中心有时会在附近设立专门的仓库。

② 暂存：暂存是在配送任务执行过程中，配送中心根据分拣和配货标准，在货物整理区域进行的短暂存储。由于暂存数量主要影响工作便利性，而非整体储存效益，因此数量控制相对灵活。此外，分拣配货后的货物暂存可用于调整配货与送货节奏，具体时长因情况而异。

（4）分拣和配货是配送流程中不可或缺的功能，对配送的成功起着决定性作用。它们可以完善送货流程，支持送货准备，是配送企业在竞争中提升经济效益的关键。因此，分拣和配货是送货业务向更高层次发展的必然需求，也是提升配送中心配送系统性能的核心因素。

（5）当单一用户的配送量不足以装满车辆时，配装就显得尤为重要。配装涉及将各种货物按一定规则分配给各个客户或组合起来，形成一个整体，并分摊运输费用。与传统的送货方式相比，配装能显著提升送货质量并降低成本，是配送系统中具有现代特色的关键组成部分，也是现代配送与传统送货方式的主要区别。

（6）配送运输是运输过程的末端和支线部分，与传统运输方式有显著差异。它以短距离、小规模和高频次为特点，通常使用汽车等小型交通工具。与干线运输的固定路线不同，配送运输需要面对复杂的城市交通和用户分布，如何选择最优路线、确保配装与路线的有效组合等，都是配送运输面临的挑战。

五、配送中心的运作与管理

（一）配送中心的运作

尽管配送中心具备商品的存储能力，但它无法满足市场上所有的商品需求，这可能导致所需商品与配送中心提供的商品之间产生冲突。如果市场上的商品种类决定了存储的商品种类，这不仅会增加配送中心的运营成本，还可能导致商品积压或损失，从而降低配送中心的盈利能力。然而，如果削减商品种类的储备，这将导致消费者在选择商品时缺乏更多的选择空间，从而影响商品的市场销售。因此，优化配送中心的内部运营至关重要。

配送中心能够获取商品的进货、销售、存储等多种信息，并据此计算出商品的最大和最小库存量。然而，这并不能确保商品库存量始终处于最佳状态。鉴于市场的不断变化，商品的销售量和需求量也在持续波动，配送中心过度扩大商品的存储量以适应这些变化，将大幅增加存储成本。而如果过于谨慎地减少商品的存储量，就可能无法满足配送业务的需求，导致商品缺货。

（二）配送中心的送货时间控制

在合适的时机把商品送到零售店是配送中心操作标准的核心。如果送货延误，商品可能会缺货，从而对销售产生不良影响；提前送货可能会导致经营场地的存货增加，占据库存或堆积店铺，从而影响店铺的整体容量。如果运送力度不够，交通状况不好，就会影响商品是否及时到位；实施紧急送货策略可能会导致商品的运输费用增加；如果集中组织送货活动，可能会导致某些商品的销售中断。总的来说，商品的到货时间，商店的可用销售存量，配送中心的车辆配置、人员配置以及道路交通情况等因素都可能对商品送达用户的时间产生影响，进而对商品的销售和盈利产生影响。因此，必须严格控制配送中心的配送时间。

（三）配送中心的功能配置

配送中心致力于降低成本并增加经济回报。其运营在很大程度上以盈利为核心目标。作为物流网络的核心节点，配送中心承载着商品的储存、加工、包装等多元化功能。为了高效实现这些功能，必须投入充足的人力、物力和财力，并进行周密的组织和规划。然而，由于这些功能之间的衔接和协调极为复杂，一旦某一环节出现问题，将不可避免地波及整个配送中心的运营流程，进而对其经济效益产生不利影响。因此，必须确保每个环节都能顺畅运作，以维持配送中心的高效和稳定。

（四）配送中心的管理

1. 信息自动化管理

根据在物流活动中所起的不同作用，物流信息可分为五类。

（1）接收订货的信息。这是一切物流活动的基本信息。

（2）库存信息。将其与订货信息进行比较，以便做出采购决策。

（3）采购指示信息。商品库存量不足时，应根据采购指示信息安排采购。

（4）发货信息。为做好发货准备工作，必须根据发货信息将商品转移到搬运地点，以便发货。

（5）物流管理信息。物流管理部门为了能有效管理物流活动，必须收集各种表单，以及管理物流成本、仓库和车辆等物流设施、设备运转率等资料。

为了满足全方位的信息需求，配送中心管理信息系统应当构建为五个相辅相成的子系统：

① 销售管理系统：专注于订单处理，当采用配送销售模式时，该系统还集成了客户管理、销售数据分析与预测、销售价格调整以及应收账款和退货处理等功能，为销售环节提供全面支持。

② 采购管理系统：此系统接收进货与验收指令，并管理与供应商的所有相关工作。它涵盖供应商管理、采购决策、库存监控、采购价格调整及应付账款管理等功能，确保采购流程的高效与准确。

③ 仓库管理系统：负责内外部信息的整合与传达，并执行上级系统的各项指令。该系统涉及存储、进出货、设备管理、分拣、流通加工、出货配送、货物追踪以及运输调度计划等多个关键方面，确保仓库运营流畅与高效。

④ 财务会计系统：该系统专注于财务处理，对销售管理系统和采购管理系统产生的应付与应收账款进行会计核算，并对配送中心的整体业务和资金状况进行平衡、计算与分析，确保财务数据的准确与透明。

⑤ 辅助决策系统：作为配送中心决策的重要工具，该系统不仅收集内部各系统的业务信息，还积极获取外部数据。结合这些内外信息，编写各类分析报告和建议报告，为配送中心的战略决策提供坚实的数据支撑。

2. 商品分拣自动化管理

配送中心提供的商品种类繁多，客户多且分布范围广泛，同时还坚持拆零配送和限时送达的原则。在这样的背景下，商品的分类任务成为配送中心最繁重的任务之一。为了优化商品分拣的效率，配送中心借鉴了邮局在信件自动分拣方面的经验，并相应地配置了自动化分拣管理系统。

自动化分拣管理系统一般包括：

（1）输入系统。这是商品进入分拣流程的第一步。通过皮带或辊道输送机，商品被高效、稳定地传送到分拣系统中，为后续的精确处理做准备。

（2）分拣信号设定装置。这一装置是分拣系统的"眼睛"和"大脑"。它采用先进的激光扫描技术，快速、准确地读取物流条形码上的信息。这些信息至关重要，可以告诉系统这些商品应该送往哪里，以及它们的具体接收者是谁。这样，分拣系统就能根据这些信息，将商品准确无误地送达目的地。

（3）分拣传输装置。这一装置能够自动将混杂的物品分配到预定的分拣道口上。

（4）分拣装置。这一装置负责将分类后的商品送至分拣口。

如果配送中心想要实现自动分拣管理的目标，那么提升物品的条形码化率和进行标准化包装是不可或缺的。

3. 商品存储立体化管理

商品存储立体化是指使用高层货架来储存货物，并通过巷道堆垛起重机进行货物的存取。通过周围的装卸运输设备，仓库能够自动完成出入库的操作，因此也被称为"高层货架仓库"。这种仓库具有普通仓库无法比拟的优势，例如：节省空间和劳力，其单位面积的存储量是普通仓库的4～7倍；为了提升仓库的管理质量，需要减少货物的损耗、调整库存的构成、减少库存量、缩短库存的时间，并在此过程中节省资金。商品存储立体化非常适合无人操作，尤其是在低温、有毒或黑暗的特殊存储环境中，可以确保人员和物品的安全。

第三节 配送合理化

一、不合理配送的表现形式

（一）资源筹措不当

配送的本质在于通过集中大规模的资源，利用其规模效应来降低成本，确保配送资源的筹措成本低于用户自行筹措的成本，从而在市场上获得竞争优势。然而，若不能有效整合多个用户的需求，实现资源的批量筹集，而仅局限于为一两个用户代购代筹，则不仅无法降低资源筹措成本，反而会增加用户的负担，因为用户需要额外支付配送企业代筹代办的费用。此外，资源筹措的不当还可能体现在配送量预测的不准确、资源筹集量的失衡，以及与资源供应方缺乏长期稳定的合作关系等方面。

（二）库存决策不合理

在配送过程中，配送企业应当充分利用集中库存的优势，即集中库存总量低于各用户分散库存总量的特点，以节约社会资源，减轻用户的库存负担。这意味着在进行库存决策时，配送企业应当考虑如何通过科学的库存管理策略，如优化库存结构、合理设置库存量等，来实现资源的有效利用和成本的降低。因此，为了实现低库存的目标，配送企业必须依赖科学的管理方法，否则可能仅仅是做到库存的转移，而没有真正解决库存减少的核心难题。配送企业在库存决策上的不合理性也体现在存储量的不足和无法满足随机需求等方面。

（三）价格不合理

如果配送的价格普遍超过了用户自行采购的总成本，从而损害了用户的利益，那么就构成了一种不合逻辑的现象。设定过低的价格会导致配送企业陷入无利润或亏损的境地，这种做法是不合适的。

（四）配送与直达的决策不合理

尽管配送环节的增加在表面上似乎增加了成本，但实际上，这种环节的增加能有效降低用户的平均库存水平，从而抵消因环节增加带来的额外支出，并实现额外的效益提升。然而，当需求量达到一定规模时，用户可能会选择直接通过社会物流系统实现批量进货的均衡配送。在这种情况下，选择经过配送中心中转而非直接送货至用户的方式可能显得不够经济合理。

（五）送货中的不合理运输

在对比配送与用户自提的成本时，对于用户特别是多家小用户而言，集中配装一车同时送达多家用户，相较于每家用户单独自提，更能有效节省运输费用。如果未能充分利用这一优势，特别是在车辆无法满载（如即时配送频繁或需求过多时）的情况下，仍采取一户一送的方式，显然是不合理的。

（六）经营理念不合理

在执行配送过程中，存在大量的经营理念不合理问题，这不仅限制了配送的潜在优势，还对配送的公众形象造成了损害。这是在进行配送活动时，需要特别关注的问题。比如：配送公司通过使用配送工具，将资金转移到用户身上；在库存量过大的情况下，强制要求用户进行货物接收；当资源变得紧张时，将用户的委托资源转移以获取利润。

二、配送合理化

（一）配送合理化的标志

1. 库存标志

在物流领域，库存状况是衡量配送效率的重要标尺。具体来说，库存状况可以从以下两方面来评估：

配送合理化

一个是库存总量。在配送体系内，库存通过将分布在各个用户手中的商品汇集到配送中心，实现集中管理。配送实施前，每个用户需要将各自仓库或商店中的商品取出储存并妥善保管。而在配送实施后，理想情况下，配送中心的库存量与所有用户配送后剩余库存量的总和，应低于配送前所有用户的总库存量。

另一个是库存周转。由于配送中心的协调作用，能够以较低的库存量维持较高的供应水平，其库存周转效率通常高于单个企业独自运营时的水平。

2. 资金标志

从资金角度来看，实施配送策略有助于降低资金占用率，提高资金利用效率。

在资金总量方面，随着库存减少和供应模式转变，用于资源筹集的流动资金总量将显著减少。

在资金周转方面，由于配送策略优化了资金使用节奏，提高了资金利用效率，相同数量的资金能够在更短的时间内满足供应需求。因此，资金周转速度成为评估配送是否合埋的重要指标之一。

资金的管理方式也发生了变化：从分散的资金管理转变为集中的资金管理，这反映了资金管理能力的提升。一旦实施配送制度，资金的管理方式必须从分散模式转变为集中模式。

3. 成本和效益标志

在评估配送是否合理时，总效益、宏观效益、微观效益以及资源筹集的成本都被视为关键指标。针对各种不同的配送模式，评价的焦点也各不相同。例如，配送企业和用户都是各自独立运营的、以盈利为核心目标的企业。因此，不仅需要关注配送活动的整体效益，还需要关注其对社会整体和两家企业在微观层面上的效益影响。当配送活动由用户集团自主策划并主导时，其重心往往落在保障运输能力和服务品质上。因此，在衡量配送效益时，应聚焦于三个核心层面：首先是总体效益，这是对整个配送活动全局性效果的考量；其次是宏观效益，它反映了配送活动对整个社会经济体系的影响；最后是用户集团企业的微观效益，这直接关联到用户集团内部的运营效率和成本控制。相比之下，对于配送企业自身的微观效益，在此情境下则无须给予过多关注。这样的评估方式既体现了物流的专业性，也确保了语言的流畅易懂。

对于配送企业来说，只要满足了客户的需求，也就是确定了投入，那么公司的利润就能体现配送的合理性。

对于用户企业来说，在确保或提升供应水平的同时，降低供应成本是配送合理化的重要体现。

4. 保证供应标志

在配送过程中，配送企业应提升对客户供应保障的能力。这种保障能力可以通过以下几种方法来评估。

（1）缺货次数：必须减少配送过程中的缺货次数。

（2）配送企业集中库存量：与配送前的单一企业相比，配送企业集中了每个用户的库存量，保证供应能力更为强大。

在用户遭遇紧急状况时，即时配送作为一种供应保障手段，其能力和速度必须超过用户自行进货的能力和速度，这样配送才是合理的。

确保供应能力不应超出实际需求，否则配送也不合理。

5. 社会运力节约标志

当前，末端运输常因运力分配不均而导致浪费。配送被认为是解决此问题的关键。合理的运力使用不仅依赖于科学的运力规划，还需确保整个配送系统流程的优化，并与社会运输系统形成有效衔接。对于配送中心而言，首要任务是优化运力规划，具体体现为：社会车辆数量减少但运输效率提升；客户数量增多但需求趋向均衡；车辆空驶率降低；家庭自运减少，社会化运输方式增多。

6. 用户企业资源节约标志

配送的核心价值在于为用户提供高效、便捷的配送服务。因此，实施配送制度后，应减少库存量、仓库面积及管理人员数量，同时降低订购、接收和供应等环节的人力和物力投入。

7. 物流效率提升标志

物流效率提升体现在以下几个方面：物流成本降低、损失减少、速度加快、方式达到最优配置、干线运输和末端运输高效衔接、中转次数减少，以及采用先进的管理策略和技术手段。

（二）配送合理化措施

1. 实施专业化配送

通过专业的设备、设施和流程，降低配送复杂度，提升配送效率，实现配送合理化。

2. 加工与配送相结合

结合加工与配送，使加工目标更明确，与客户需求更贴近，减少盲目操作，实现配送合理化。

3. 推行共同配送

通过企业间合作，实现最短距离、最低成本的配送，提高配送效率。

4. 送取结合策略

配送企业应与客户建立紧密的合作关系，既是供应商，又是仓储商和代销商。在送货的同时回收客户产品，减轻制造商库存压力，最大化利用运力，实现配送的合理化。

5. 引入准时配送系统

准时配送是确保配送合理化的关键。它能使用户安心进行低库存或零库存操作，合理分配接货资源，提高工作效率，确保供应能力。

6. 实施即时配送

即时配送虽然成本较高，但在应对紧急供应短缺、增强供应保障能力方面至关重要。它体现了配送企业的快速响应能力，是配送企业实力的重要体现，对确保整体配送流程合理化具有关键作用。同时，即时配送对于满足用户需求、实现零库存和实时配送策略具有重要影响。

（三）配送路线的选择

1. 配送路线目标的确定

在确定配送目标时，配送企业应根据配送的具体需求、配送中心的能力和实际情况来决策，而因为目标的差异，选择的方式也变得更为丰富和多样。

（1）首要目标是实现利润最大化，即追求利润的最高数值。

（2）实际上，追求成本最低是以效益为导向的另一种体现。

（3）注重配送效率，以路程最短为目标。

（4）配送的准确性至关重要，是配送中心的核心服务标准。

（5）追求运力利用的最合理化和劳动消耗的最小化。

2. 配送路线约束条件的明确

（1）必须确保满足所有收货方对货物种类、尺寸和数量的需求。

（2）必须严格遵守收货人对货物到达时间的要求。

（3）整个配送过程必须在规定时间内完成。

（4）每条配送路线上的货物数量必须严格控制在车辆的容量和载重上限之内。

（5）所有配送活动都必须在配送中心当前运输能力允许的范围内进行。

3. 配送路线的优化策略

随着配送复杂性的增加，配送企业可以采用数学技术和计算机解决方案来优化配送路线。目前，节约法（也称为节约里程法）是确定最优配送方案的一种成熟方法。这种方法基于配送中心的配送能力（包括车辆数量和载重能力）以及配送中心与各用户之间的实际距离，旨在制定一个车辆运输距离最短的配送策略。在运用节约法时，不仅要确保配送的距离最短，还要满足以下条件：

（1）方案必须能够满足所有客户的需求。

（2）确保每辆车在装载过程中不超过其载重能力。

（3）每辆车在一天内的总行驶时长或距离都必须控制在设定的最大限制内。

（4）确保能够满足客户对货物到达时间的要求。

实际上，配送路线的优化是一个运用最优化理论和方法的过程，如线性规划的单纯形法、非线性规划和动态规划等。可以通过建立相应的数学模型，并利用计算机进行求解，最终得出最优的配送方案。

复习与思考题 ▮▮▮▶

1. 运输就是物流吗？试说明现代物流与运输的区别。

2. 试比较几种运输方式各自的特点。

3. 配送中心的作用和地位如何？

4. 何谓配送合理化？其主要措施有哪些？

5. 说明配送中心的主要运作流程。

第八章　流通加工

教学目标

通过本章的学习，学生应能掌握流通加工的定义，熟悉流通加工的特点和作用，了解流通加工的功能及合理化。

案例导入

来自厄瓜多尔的玫瑰花

南美洲厄瓜多尔中部火山地区常年气候温暖，雨水充足，虽然山高林密，地势险要，但却是玫瑰花和其他珍贵花卉的盛产之地。美国迈阿密州的布里恩花卉物流公司向北美各大城市配送的玫瑰花，就是在这个地区的三家大型农场定点采购的。

厄瓜多尔中部科托帕希（Ctopaxi）地区，新的一天又开始了。昨夜一场大雨过后，空气格外清新，Rose 走向农场，

古今说物流：粮食流通加工的进化史

准备开始一天的劳作。玫瑰花含苞待放，露珠在枝叶上微微颤抖，不禁惹人怜爱，然而它们实在是太娇嫩了，经不起日晒雨淋。所以 Rose 将园中的玫瑰花枝剪下来之后立即用盒子包装起来。为了防止花枝受到挤压，这些盒子都非常结实，装满鲜花后即使站一个人上去也不会变形，而且这种良好的包装避免了运输过程中的重复包装。每次 Rose 都将 50 枝玫瑰花包成一盒，然后将盒子装入 2 ℃的冷藏集装箱内。在农场，所有人都在这么做。等集装箱装满之后，玫瑰花就被送到厄瓜多尔首都基多国际机场，再从这里被连夜送往美国迈阿密国际机场。

美国迈阿密国际机场：布里恩花卉物流公司发明了一种环保集装箱，其保温时间可持续 96 小时，且能储存在宽体飞机底部的货舱内。通过这种环保集装箱，玫瑰花可以整晚安静地存放在飞机底部货舱。第二天凌晨，满载新鲜玫瑰花的货机徐徐降落在迈阿密国际机场。在此等候的工作人员将鲜花迅速从飞机舱口运至温控仓库。早晨，海关、检疫所和动植物检验所的工作人员对鲜花进行例行检查。之后，花卉被转运到

集装箱卡车或国内航空班机上，直接运达美国各地配送站、超市和大卖场，再通过它们将鲜花送往北美各大城市街道上的花店、小贩和快递公司等处，最终到达消费者手中。整个过程是快速衔接的，在时间上不能有任何差错。这样，北美地区的人们就能够欣赏到来自南美洲厄瓜多尔最美丽的玫瑰花了。

当然，并不是所有的玫瑰花都能够如此顺利地送达人们手中。在玫瑰花从不远千里的厄瓜多尔农场来到北美各大城市的过程中，任何一个环节发生意外或处理不当都有可能导致玫瑰花香消玉殒。比如说，飞机晚点、脱班或飞机货舱容量不足，或者冷藏集装箱的温控设备失灵等都会影响玫瑰花的品质。此外，还有一些人为因素，例如，有些货主为了降低运费，不采用具有温控设备的运输工具来运送玫瑰花等。

总而言之，鲜花物流的标准是非常苛刻的。因为鲜花十分容易枯萎甚至腐烂，导致鲜花一文不值。因此，布里恩花卉物流公司必须将新鲜花卉在运输途中可能遇到的各种障碍和意外风险都降到最低点。为此，布里恩花卉物流公司加盟了由美国赫尔曼国际货运代理公司主持成立的迈阿密赫尔曼保鲜物流集团，从事花卉的进出口运输工作。同时，与联邦快递（FedEx）和优比速（UPS）签订了一体化快递服务合同，把鲜花直接运送到美国各地。

思考：

1. 归纳鲜花物流的特点。

2. 鲜花物流中包括哪些流通加工操作？

第一节 流通加工概述

一、流通加工的定义

流通加工是指在物流流通过程中根据顾客需求对产品进行的一种简单的加工作业活动。不同于传统的生产加工，它并不改变物资的本质形态或性质，而是着重于改变物资在流通中的空间状态和时间状态。这种结合流通与加工的新型物流功能，通过优化产品形态，起到了流通"桥梁和纽带"的关键作用。随着经济增长和消费者需求的多样化，流通加工在物流中心或仓库经营中变得越来越普遍，特别是在日本、美国等物流发达国家。

二、流通加工产生的原因

（一）现代生产方式的影响

随着生产规模的不断扩大和专业化程度的提高，生产活动越来越集中于少数大型、高效的生产基地。这种生产方式

流通加工概述

虽然降低了生产成本，但也导致了生产与消费在空间、时间和产品功能上的分离。流通加工作为弥补这种分离的有效手段，通过简单的加工活动，使产品更适应市场需求，促进了生产与消费的紧密衔接。

（二）消费者个性化需求的推动

现代消费者越来越追求个性化，使得产品的标准化与消费者的需求之间存在明显矛盾。流通加工的出现，为满足个性化需求提供了可能。它可以在产品流通的过程中，根据消费者的具体需求进行简单的加工处理，使产品更加符合个性化要求。

（三）流通作用观念的转变

随着流通环节的复杂化，人们开始认识到流通不仅是产品价值和使用价值的转移过程，也是可以主动创造价值的过程。流通加工作为这一观念转变的产物，通过在流通环节中进行加工活动，为产品增加了新的价值，使流通过程更加具有"生产性"特点。

（四）效益观念的树立

流通加工作为一种高效益的加工方式，通过较小的投资就能实现效益的显著提升。在资源日益紧张、成本不断上升的背景下，流通加工以其高效益的特点受到广泛关注，并得到快速发展。

三、流通加工与生产加工的区别

（一）加工对象的差异

流通加工主要处理的是已进入流通领域的商品，这些商品已具备商品属性，这与多环节生产加工中的某一环节有着明显的区别。流通加工聚焦于商品本身，而生产加工则侧重于原材料、零部件或半成品。

（二）加工程度的不同

流通加工通常偏向于简单加工，而非复杂的生产流程。复杂的商品加工任务应当在专门的生产加工过程中完成。在生产加工过程中，大部分加工工作已经完成，而流通加工则作为补充和辅助手段。

（三）加工目的的不同

生产加工的核心在于创造价值和使用价值；流通加工则侧重于增加商品的实际使用价值，在不大幅度改变商品本身的前提下，增加其附加值。

（四）加工责任的差异

流通加工是物流链条中不可或缺的一环，通常由专业的流通加工业务人员组织。他们基于市场需求和物流效率，规划并安排流通加工活动。从组织层面来看，流通加工主要由专业的商业或物资流通企业负责执行，以确保货物在流通过程中的增值和效率提升。相比之下，生产加工主要由生产企业承担，专注于产品的制造和生产。这样的分工使得物流流程更加专业化，确保了各个环节的高效协同。

（五）加工目标的多样性

虽然商品生产的最终目的是交换和消费，但流通加工的目标不仅限于此。它有时是为了满足消费或再生产的需求，为商品流通创造有利条件。加工和生产加工的区别详见表 8-1。

表 8-1　流通加工和生产加工的区别

对比维度	流通加工	生产加工
加工对象	针对已进入流通领域的最终商品	作用于原材料、零部件或半成品
加工程度	以简单物理加工为主	涉及复杂的化学/物理工艺，需专业技术设备
价值创造	通过完善使用价值提升附加价值	创造产品核心价值与基础使用价值
加工单位	由物流企业或经销商操作	由制造企业完成
环节定位	发生在仓储/运输等流通环节	处于产品制造阶段

四、流通加工的特点

（一）处理对象

流通加工聚焦于流通中的商品，这些商品已具备市场属性。与生产加工不同，流通加工直接作用于商品本身，而非原材料、零部件或半成品。

（二）加工层次

流通加工侧重于简单的加工操作，旨在辅助和补充生产加工过程。它并非要取代生产加工，而是作为生产加工的重要补充，确保商品在流通中能更好地满足市场需求。

（三）价值提升

生产加工追求的是创造和增加商品的使用价值，而流通加工则着重通过优化商品状态、提升其实用性和附加值，进一步满足消费者的需求。

（四）责任主体

流通加工的组织者通常是专业的流通业务从业者。在流通企业的主导下，流通加工得以顺利进行，确保了商品在流通过程中得到妥善处理。

（五）加工目的

生产加工的核心目的是满足交换和消费的需求，而流通加工则是在此基础上，进一步强调为消费（或再生产）服务。同时，流通加工有时也以满足流通需求为目标，创造更有利于商品流通的条件。正是这种独特的加工目的，使得流通加工在物流体系中扮演着不可或缺的角色。

五、流通加工的作用

(一) 增加收益

在产品流通的过程中，对产品的某些功能进行简单的加工可以促进产品的销售，从而给企业带来更多的经济效益。流通加工的一个核心功能是确保商品能更有效地满足消费者的各种需求，从而进一步激发他们的购买意愿。例如，在沿海地区，一些来自内地的成品，如时尚服装、洋娃娃玩具、轻工纺织品和工艺美术品等，经过简单的加工，不仅改变了产品的外观设计，还使得其售价提升超过 20%。显然，流通加工有潜力作为一种手段来增加产品的附加价值。

(二) 方便客户

对于客户而言，流通加工可以给他们带来诸多的便捷。以钢板裁剪为例，由薄板厂制造的薄板，每卷重 60 吨，无论是运输、吊装还是储存都非常便捷，但当这些薄板被运送到金属公司并销售给客户时，就可能出现问题。某些客户购买的钢板长度仅为几米，而不是整卷钢板。在这种情况下，金属公司会通过运用专业的切板机设备，将钢板精确地裁剪成符合终端用户特定需求的形状和尺寸。这样一来，用户购买后便能直接投入使用，无须再进行二次加工，大大提高了效率。以集中下料为例，这是一种关键的物流加工方式。通过这一方式，可以将生产企业直接运输过来的整批材料，按照客户的具体需求，进行精确的分割和打包。这不仅确保了材料的规格、尺寸和包装都符合客户的要求，还提升了物流的效率和灵活性。

(三) 降低成本

对于用量较少或仅有短期需求的客户来说，他们往往难以自行配备和运作高效率的初级加工设备。这时，专业的流通加工技术就能发挥重要作用。流通加工技术不仅确保了加工效率，还能满足客户对特定材料和产品的个性化需求，从而为客户提供更便捷、高效的物流解决方案。这类客户可以避免在初级加工过程中对机械设备的投资和人力的消耗，进而有效地降低了生产成本。当前，物流领域正迎来初级加工技术的飞速发展。这些技术涵盖了多个方面，如冷拉钢筋和异形零件的精密冲制，将水泥转化为易于使用的生混凝土，将原木或板材精细加工成门窗框架，以及净菜加工等。对于生产型企业而言，采用流通加工方式能够实现生产的标准化和规模化，不仅减少了包装和运输的费用，还降低了生产成本并提高了经济效益。

(四) 提高物资利用率

通过流通加工，可实现废物再生，物资的充分利用和综合利用，使得物资利用率大大提高。例如，通过集中裁剪，可以更合理地选择和使用优质材料，同时也能更高效地利用原材料，大大提高原材料的利用率。在北京、济南等城市，曾经对平板玻璃进行了集中裁剪和开片供应，从而将玻璃的利用率从 60% 提升到了 85%～95%。显然，流通加工在提升物资利用率方面起到了极为重要的作用。除此之外，将木屑加工成木板或对边角废料进行改造等流通加工，能实现废物的再生再利用，从另一个角度提升物资的利用率。

（五）提高设备利用率

通过设立集中的加工点来实施流通加工，利用高效率、前沿技术以及大量专业化的加工工具和设备，不仅显著提升了设备的使用效能，还显著提高了加工品质。这一举措最终带来了双重利好，即加工成本的降低和原材料成本的节约，从而进一步优化了物流流程的成本效益。比如，在对钢板进行切割的过程中，通常会选择气割法，以确保有足够的加工余量。这种方法不仅导致出材率低，还因为热加工过程可能会改变钢材的微观结构，从而降低了加工质量。在集中处理的情况下，可以使用高效的切割工具，这在一定程度上弥补了上述不足。

（六）发挥输送最高效率

在流通加工环节，实物流通被划分为两个主要阶段：第一阶段是从制造企业向流通加工的过渡，该阶段的运输距离较长，因此可以选择使用船舶、火车等大型运输工具；第二阶段，即从流通加工到最终消费环节，这段配送距离显著缩短。为了确保小批量、多规格、多用户产品的快速、准确送达，主要依靠汽车、摩托车等高效、灵活的小型配送车辆。这种方式提高了运输效率，降低了运输成本，并最大限度地发挥了各种运输方式的优势。

第二节　流通加工的类型和方式

一、流通加工的类型

根据不同的目的，流通加工可以分为以下 10 种类型。

（一）满足产品多样性需求

面对市场的多元化需求，生产部门在追求高效、大规模生产的同时，常常发现其产品难以完全满足客户的个性化期

流通加工类型和方式

望。为了更好地匹配客户需求，确保高效生产，流通加工部门采用多种方式对产品进行改进和加工，例如钢材的拉伸、剪切，平板玻璃的定制开片，以及木材的多样化加工（如枕木、板材、方材等）。

（二）优化生产状态

为了使商品更符合下游生产需求，流通加工将商品转化为可直接使用的生产状态。例如：钢材的定尺、定型处理，木材的型材加工，以及水泥的混凝土混合料制备等。

这些处理使商品能够更高效地进入生产流程。

（三）商品保护

在物流过程中，流通加工采用各种手段来维护商品的使用价值，延长其使用寿命，并防止商品在运输、储存、装卸等环节造成损失。这些手段包括稳固、改装、保鲜、冷冻、涂油等，特别适用于水产品、肉品、蛋品等易腐商品的储存，以及丝、麻、棉等纺织品的防虫、防霉处理。

（四）弥补生产加工的不足

由于技术、设备或其他因素的限制，很多产品在生产过程中只能达到一定的加工水平，无法完全满足最终的使用要求。流通加工则对产品进行进一步加工，从而满足最终的使用需求。例如，木材在产地可能只进行了初步加工，而后续的切割、裁剪等工作则在流通加工中完成。

（五）促进销售

流通加工不仅关注产品的生产和使用，还关注产品的销售环节。通过改变包装、分装、组装等方式，流通加工使产品更适合销售。例如，将红酒从橡木桶中分装到玻璃瓶，并贴上销售标签；将蔬菜和肉类清洗、切割后包装成适合销售的小份。

（六）提升加工效率

针对单一企业加工效率不足的问题，流通加工采用集中处理方式，通过专业化的设备和工具，可以提高加工效率。这种方式不仅降低了成本，还提高了产品的质量和一致性。

（七）优化物流效率

对于某些形态特殊、易损的商品，流通加工通过改变其形态或结构，使其更适合运输和储存。这有助于减少物流过程中造成的损失和浪费，提高物流效率。例如，将木材研磨成木屑，可以提高运输工具的装载效率；将自行车在消费区域进行装配和加工，可以减少运输过程中的损坏和丢失。

（八）运输方式衔接

在物流网络中，流通加工在干线运输与支线运输的交汇节点上扮演着至关重要的角色。通过专业的技术手段，它改变了商品的形态或结构，使其更加适应不同的运输方式，从而有效地解决了大批量、低成本、长距离的干线运输和多品种、小批量、多频次的末端运输，与集货运输之间的衔接难题。以散装水泥为例，中转仓库通过流通加工的方式，将散装水泥装入袋中，这样的加工处理既满足了水泥厂大规模运输的需求，也适应了工地小规模装运的实际情况。这种灵活的物流处理方式，不仅提高了物流效率，还降低了运输成本，体现了物流领域的专业性和高效性。

（九）生产-流通一体化

流通加工作为生产和流通的桥梁，通过生产企业和流通企业的联合或者相互渗透，实现了生产和流通的有机结合。这种生产-流通一体化的模式有助于优化资源配置，提高整体效率，推动产品和产业结构的优化。

（十）流通加工与配送

流通加工是配送中心完成配送任务的重要手段之一。通过流通加工，配送中心可以将商品转化为更适合销售和使用的状态，如混凝土搅拌车将沙子、水泥等材料在运输途中混合均匀。这种流通加工方式有助于提高配送效率和服务质量，以满足客户需求。

二、流通加工的经济效益

流通加工的经济效益，简单来说，就是投入的劳动与产出的价值之间的对比。在特定的加工领域，流通加工的劳动投入与效益产出之间呈现显著的对比关系。

（一）流通加工的直接经济效益

1. 高效加工，提升劳动生产率

流通加工采用集中化模式，其加工效率即劳动生产率大大超过分散加工。对于需求量小、需临时处理的小微企业，若缺乏流通加工的支持，仅依赖自身加工，则在技术、熟练度方面难以满足需求。即使是大型企业的加工活动，在劳动生产率上也难以与流通加工相提并论。例如，建筑企业的玻璃开片加工，通常在特定工地为特定工程进行，而流通企业的开片加工则能满足多个工地的需求，既提高了加工效率，又提升了劳动生产率。

2. 原材料利用率的提升

通过集中流通加工与下料，企业能更高效地使用优质材料，通过小材料合理套裁，显著提升原材料的使用效率。相比分散下料，集中下料能节省高达 17.4% 的原材料，这足以体现其显著的经济效益。

3. 加工设备利用率大幅提高

在分散加工环境中，设备利用率常因生产周期和节奏的限制而不稳定。但在流通加工中，加工面向全社会，加工数量和对象范围大幅扩大，使设备潜能得以充分发挥，从而极大提高了设备利用率。

（二）流通加工的间接经济效益

流通加工的间接经济效益体现在以下几个方面。

（1）缩短生产时间，促进创新。流通加工作为物流领域的一项重要服务，为众多生产者显著缩短了生产周期，使他们能够将更多精力专注于创新性和增值性的生产活动。这一服务不仅提升了物流效率，也助力了生产者的创新与发展。

（2）降低社会加工成本。专业的流通加工部门以高效且专业的加工设备，为众多生产部门或消费部门提供一体化服务，这不仅体现了物流的专业性和高效性，也有助于在全社会范围内降低加工成本，实现资源的优化配置和成本的有效控制。

（3）促进生产分工与专业化。流通加工在生产分工与专业化中起到中介作用，帮助生产部门进行辅助加工，提高劳动生产率。

（4）高效利用资源，提升经济收益。流通加工在加工过程中能够更集中、高效地利用人力资源和物力资源，相较于生产部门，其加工方式更能提升经济收益。

（5）流通加工子系统的形成。在物流流程中，流通加工旨在简化销售流程、提供用户便利、确保运输合理性及提升物流效率。流通加工展现出了其独特的价值，即使是规模较大的企业加工活动在与其进行比较时，劳动生产率也显得相对较低。

三、流通加工的技术与方法

（一）水泥的熟料输送并在使用地磨制成水泥的流通加工

在水泥的长距离调配场景中，一种高效的物流方式是先将成品水泥转化为熟料半成品，然后在当地的流通加工中心（又称粉碎工厂）进行粉碎。基于当地的资源状况和需求，结合各种材料和添加剂，生产出适合当地消费者的不同种类和标号的水泥。这种方式在水泥流通加工领域被广泛应用，且在全球范围内占有一定的市场份额。

相较于传统的粉末状水泥，长距离运输熟料的方式，具有多重显著优势。

（1）降低运费，节省运力。在运输过程中，超过30%的运力被用于运输矿渣和其他添加剂。在工业基础稳固但工业废料较多的地区，利用熟料加工可就地取材，降低混合材料的运输成本，显著减轻铁路运输压力。

（2）灵活满足需求，减少资源浪费。根据当地的实际需求，通过添加混合材料可以大量生产低标号水泥，满足市场需求。这种方式能够避免施工部门因缺少现场混合设备而不得不选择高标号水泥造成的浪费现象。

（3）高效、经济的运输方式。选择熟料流通加工，可以利用现有装卸设备和普通车辆进行运输，不仅技术经济效果更佳，还符合实际国情，实现了大批量、高效率的运输。

（4）降低水泥损失，保障品质。未经磨细的熟料具有较强的抗潮湿稳定性，可有效减少在运输过程中的受潮损失。相较于粉状水泥，颗粒状熟料更不易流失，保证了水泥的品质。

（5）加强产需衔接，提升用户体验。采用长途运输熟料的方法，可以建立水泥厂与熟料破碎工厂之间的固定直达通道，提高物流服务的经济性和效率。用户无须离开本地，即可从当地熟料粉碎工厂直接订购水泥，极大地方便了产需关系的建立。

（二）集中搅拌供应商品混凝土

在物流领域，为了提升效率并减少现场操作，已不再依赖传统的粉状水泥现场搅拌方式，而采用一种更为先进的集中搅拌模式。具体做法是将粉状水泥运至专门的集中搅拌站（又称预拌混凝土工厂），在那里将其搅拌成高质量的商品混凝土，然后直接供应给各个建筑工地或小型构件制造厂。这种方法作为水泥流通加工的重要一环，因其技术上和经济上的优越性，备受工业化国家的青睐。

集中搅拌混凝土的优势主要体现在以下几个方面：

（1）大规模集中处理，提升效率与品质。通过集中搅拌，能够将小规模、分散的水泥应用转化为大规模、集中化的高效生产。可通过现代科技手段，组织现代化的生产流程，从而显著提高生产效率并改善混凝土品质。集中搅拌能实现精确的计量和最优化的生产工艺选择，同时广泛利用外加剂和掺合料，以满足不同工程对混凝土特性的需求。此外，集中搅拌还能有效保证骨料品质，从而在减少水泥用量、提升混凝土品质和提高生产效率等方面带来显著优势。例如，集中搅拌每立方米混凝土的水泥用量通常能减少 20～30 千克。

（2）降低成本，促进环保。与分散搅拌相比，集中搅拌设备在吨位、设备投资、管理成本、人力和电力消耗等方面都能显著降低成本。此外，由于生产规模的扩大，可以更有效地回收和利用废水，避免分散搅拌点排放的洗机废水对环境的污染。同时，固定不动的搅拌设备也减少了因频繁拆建导致的设备损伤，延长了设备使用寿命。

（3）优化物流流程，简化施工管理。通过集中搅拌混凝土，能够优化物流流程，实现更高效、更合理的资源配置。在集中搅拌站与水泥厂（或水泥库）之间，建立稳定的供应网络，这一网络相比分散使用水泥时的众多渠道来说更为精简，从而显著提高了水泥的散装运输效率。此外，在集中搅拌站内增设熟料研磨设备，实现了熟料粉碎与生混凝土拌制的无缝对接，进一步简化了物流流程，提升了生产效率。

（三）钢板剪板及下料加工

热轧钢板、钢带以及热轧厚钢板等板材，其交货长度为 7～12 米，部分甚至能以成卷形式交付。面对这样的板材，大型和中型企业因需求量大，通常会配置专用的剪板和下料设备，以满足生产需求。但对于使用量较小的中小型企业而言，独立安装这些设备可能会导致设备闲置、人力浪费，且难以跟上技术发展的步伐。

为了解决这些挑战，钢板的剪板及下料加工服务应运而生。剪板加工主要依赖于在固定位置安装的剪板机，而下料加工则利用多种切割设备，将大型钢板切割成小块或毛坯，降低销售门槛，给用户带来便利。以北京市大兴区的剪板工厂为例，该工厂专门对进口卷板进行剪板处理，然后销售小型钢板，这种服务模式正是流通加工的一种典型应用。钢板剪板和下料加工的专业化服务具有诸多优势：

（1）加工方式灵活，能够保留钢材的原始晶相结构，保持钢材的高品质，为后续加工奠定了良好基础。

（2）高精度的加工技术不仅减少了废料和边角料，还降低了后续机械加工中的切削量，提高了加工效率，减少了资源消耗。

（3）加工服务保证了批量生产和生产的连续性，使生产企业可以专注于技术研发和设备升级，提高工作效率，降低生产成本。

（4）用户通过这一服务，可以简化生产环节，提高整体生产水平。此外，除了钢板，该服务还涵盖圆钢、型钢、线材的集中下料以及线材的冷拉加工等，旨在为用户提供全方位的加工解决方案。

（四）木材的流通加工

1. 木屑压缩输送：高效利用木材存储空间

在木材的流通加工中，磨制木屑并压缩输送是一项高效的流通加工技术。木材作为轻质材料，在运输过程中容易占用大量空间，导致运输效率低下。为了解决这一问题，可以在林木产地将原木磨成木屑，然后利用压缩技术将其制成容重大、形状规则的压缩木屑块。这样不仅能提高运输效率，还能降低运输成本。

2. 集中开木下料：提高木材使用效率

在木材的流通加工环节中，集中开木下料是另一项重要的策略。在专门的加工地点，利用高效的锯切设备将原木切割成各种尺寸的锯材。同时，对于产生的碎木和碎片，通过集中处理，将其制成各种规格的板材。此外，还可以根据用户需求进行打孔、凿孔等基础加工操作。相较于传统的用户直接加工原木，这种集中下料的方式不仅能简化加工过程、减少加工场地和设备的投入，还能显著减少资源浪费。通过实施集中下料的策略并提供标准化的原料，可以将原木的使用效率提升至约95%，出材率增加到约72%，为木材行业带来显著的经济效益。

（五）煤炭的流通加工

除矸加工是一项旨在提升煤炭纯净度的物流加工技术。在实际操作中，由于煤炭中天然含有一定量的矸石，且这些矸石也具有一定的热值，因此在保证经济效益的前提下，煤块中混入适量的矸石是行业内的常见做法。然而在某些情况下，煤块中的矸石是不被允许混入的。煤炭除矸加工旨在提升煤炭品质，去除其中的矸石、泥土等杂质，进而增强煤炭的市场竞争力。

（六）生鲜食品的流通加工

1. 冷冻加工

为保持生鲜食品的新鲜度，同时便于搬运和装卸，可采用低温冷冻加工技术。这种技术同样适用于液态商品和药物等需要保鲜的物品。

2. 分选加工

由于农副产品的多样性，利用人工或机械分选方法，可以对各类瓜果、粮食，以及棉毛等原材料进行筛选，以满足不同规格需求。

3. 精制加工

在产地或销售地设置专门的加工点，对农、牧、副、渔产品进行精细处理，如去除产品的多余部分、切割、清洗和分装等。这不仅方便消费者购买，还能实现废弃产品的全面再利用。例如，在鱼类加工中，内脏可制成药品或饲料，鳞片可用于制造高品质黏合剂，而头部和尾部则可转化为色粉等产品；蔬菜残余物也能转化为饲料和肥料。

4. 分装加工

分装加工是针对生鲜食品的零售需求，在销售区域进行产品包装再设计。将出厂时的大包装或集装运输的产品，按照预定的零售起点，转换为更适合销售的小型包装或散装小包装，并将运输包装转变为销售包装。这种灵活的包装转换方式，我们称之为分装加工，旨在提高产品运输效率的同时，满足零售市场的需求。

（七）机械产品及零配件的流通加工

1. 组装加工

多年来，自行车和机电设备的储存和运输一直面临巨大的困难，其中一个主要原因是难以进行有效的包装。例如，采用防护包装不仅成本高昂，而且在运输和装载方面存在困难，导致装载效率低下和流通损失严重。然而，这类货物都有一个相似之处，那就是它们的组装过程相对简单，对装配技术的要求并不严格，并且组装完成后无须进行烦琐的检查和调整。为了解决存储和运输的难题，可以选择将半成品（或部件）以高容量的形式包装并出厂，然后在消费地进行拆箱和组装。这种组装过程通常由流通部门负责，组装完成后立即开始销售。这种方式可以有效减少运输环节，提高物流速度，从而节约大量的资金和人力。这一流通处理方法近年来在我国得到了广泛应用。

2. 石棉橡胶板的展开成型加工

石棉橡胶板作为机械、热力和化工设备中不可或缺的密封材料，单张厚度约 3 毫米，尺寸甚至可达 4 米。然而，在储存和运输环节中，这种材料易因折角等受损，特别是在单张购买时，受损风险尤为明显。此外，考虑到垫塞圈的规格较为统一，难以适应不同尺寸的套裁，这在一定程度上降低了其使用效率。为解决这一问题，相关部门推出石棉橡胶板的开张成型加工服务。这一服务基于用户的具体垫塞圈尺寸需求进行定制，不仅简化了用户的存储和使用流程，还允许用户根据需要进行套裁。这种定制化的加工方式不仅提高了垫塞圈的使用效率，还显著减少了边角余料的浪费，进而降低了生产成本。此类流通加工套裁通常在用户的使用区域进行，由专业的流通加工部门负责组织和实施，确保了加工过程的高效性和准确性。

第三节　流通加工合理化

一、流通加工不合理的主要表现

流通加工合理化，即是对流通加工环节进行最优配置的过程，它涉及流通加工位置的选择、加工方式、加工效果以及技术设备的选择等。流通加工合理化旨在避免不合逻辑的流通加工方式，追求整体的最优状态。以下是四种常见的流通加工不合理的表现形式。

流通加工合理化

（一）加工地点布局不当

流通加工地点的布局直接影响流通加工的效率。在理想状态下，加工地点应靠近需求区域，以便充分利用干线运输和多品种末端配送的物流优势。若在生产区域设置加工地，不仅会引发从产地到需求地的多品种、小规模产品的长途运输，还增加了近距离的运输、存储和装卸等物流操作。因此，将加工环节安排在产出地，合理的选择是在进入社会物流前完成。若将加工环节置于物流的末端，即消费地，不仅不能解决物流问题，反而会增加中转环节，产生不必要的成本。因此，在有限的区域内选择最佳的加工位置，需要对物流、生产、运输等要素进行有效整合和配置，以实现成本降低和提高效率的目标。

（二）加工方式选择失策

在选择流通加工方式时，需要综合考虑加工目标、工艺、技术以及加工深度等多个维度，确保其与生产加工之间有明确的界限。错误的分工将导致流通加工不合理，比如将原本属于生产流程的任务错误地交给流通加工，或者将流通加工的任务误置于生产流程中。需要明确的是，流通加工是对生产流程的有效补充，而非替代。对于技术要求高或能在生产流程中轻松完成的加工任务，应避免在流通环节进行加工，因为不恰当的加工方式可能会引发生产利益的冲突，进而影响整体物流效率和效益。

（三）加工效果有限

部分流通加工环节过于简化，对生产和消费的影响微乎其微。有时，由于流通加工的盲目性，产品的品种、规格和包装等问题仍未解决，反而增加了作业环节，这也是流通加工不合理的重要表现。

（四）加工成本高昂

流通加工在物流领域中具有显著优势，其高投入产出比使得资源得到了有效利用。然而，若加工成本过高，则会降低投入产出比，难以实现以较低投入获得较高使用价值的目标，从而对整体经济效益产生负面影响。因此，在进行流通加工时，应精确控制成本，确保其在可承受范围内，以实现物流运作的经济性和高效性。

二、流通加工合理化的措施

要实现流通加工的合理化，可以采取以下措施。

（1）加工与配送的整合：将流通加工任务直接融入配送站点中，可使加工成为配送流程中的一环。这种整合不仅是根据配送需求进行加工，还涵盖了分货、拣货和配货等关键步骤。加工后的产品可直接进入配货流程，从而省去了单独的加工环节，实现了加工与配送的无缝衔接。这种策略在煤炭、水泥等产品的流通中已展现出显著优势，成为优化流通加工方式的关键。

（2）加工与配套服务的融合：通过"配套"策略，将相关使用物品整合成完整的供应单元，如便利食品的组合。虽然生产企业各自负责部分产品的生产，但某些配套服务无法仅由单一企业完成。因此，在物流环节中实施适当的流通加工，能够强化物流配套工作，加强供应链中供应与需求之间的桥梁作用。

（3）加工与运输的优化：流通加工在连接主线运输与支线运输中起到关键作用，推动了运输方式的合理化。在运输转换的节点上，通过流通加工技术，不是采用传统的直接转换方式，而是根据运输需求进行适当加工，从而提高了运输及转运的效率和水平。

（4）加工与商流的协同：流通加工不仅能提升配送质量，还能有效促进销售活动，实现商流的合理化。通过加工与配送的紧密结合，以及流通加工手段的应用，实现加工与商业流程的自然融合。例如，通过调整包装以提高购买便捷性，或进行组装加工以解决用户组装和调试的难题，都是推动商业流通的有效方式。

（5）加工与资源节约的并行：对于流通加工合理化，资源节约是一个核心考量因素。这包括能源、设备、人力等资源的节约。流通加工合理化的关键在于其能给企业和社会带来双重效益，并确保达到最佳效果。

◖ **复习与思考题 ▮▮▮▶**

1. 流通加工产生的原因是什么？
2. 流通加工与生产加工有哪些区别？
3. 举例说明流通加工的形式。
4. 简述流通加工的作用。
5. 简述流通加工的合理化措施。

第九章　物流信息

✏️ **教学目标**

通过本章的学习，学生应能掌握信息与物流信息的基本概念及特点，熟悉条码技术、射频识别（RFID）技术、全球定位系统（GPS）、地理信息系统（GIS）的特征和应用，了解物流信息、物流信息技术、物流信息系统的基本内容。

古今说物流：
趣谈古信息传递与
今物流信息技术

🖼️ **案例导入**

打造智慧物流系统，物流货运公司跨越速运效率提高

当前，新一代数字技术正在加快赋能物流产业的变革性发展。跨越速运集团有限公司（简称"跨越速运"）也紧抓机遇，坚持用科技改变物流，斥巨资耗时多年研发"铸剑系统"，在将技术与业务完美结合，提高物流效率的同时，也为企业发展注入活力。

铸剑系统被誉为跨越速运的智慧大脑和"核武器"。"动态路由"和"以车代场"是铸剑系统中最重要的两大核心业务场景。其中，"动态路由"是由跨越速运提出的一种路径优化的解决方案，能够最大化地满足客户的实际运输需求。比如，当某客户在跨越速运下了一个时效单后，在 AI 大数据的分析下，系统就会根据客户特性、成本、天气、路况及目的地等多个信息维度生成 130 多种预备方案。如果有 N 个用户，就意味着有 $N \times 130$ 多种方案，系统可以从 $N \times 130$ 多种方案中为客户寻找到最优的解决方案，从而极大提升物流效率。

"以车代场"通过采用全网厢式货车取派，对人、车、货、场进行合理调度，减少了传统物流的多层流转环节，为货物运输节省了时间；中转装卸的减少也降低了货损率，节约了场地及人工资源。

依托"铸剑系统"，跨越速运加速发展产品业务，在数字经济时代领跑行业。目前，跨越速运不仅拥有科技系统，还配备 20 架全货机，2.8 万台运输车辆，并采购进口沃尔沃重卡车头，性能稳定，运输安全，为客户提供了更高效、更优质、更满意的货物寄递体验。

第一节　信息与物流信息

一、信息的内涵

（1）信息是指能够反映事物内涵的知识、资料、情报、图像、数据、文件、语言、声音等，是事物的内容、形式及其发展变化的反映。

（2）管理信息系统对信息的定义：信息是一种已经被加工为特定形式的数据（数据是指尚未根据特定目标作出各种评价的事实，常常被理解为原始资料或事实记录）。

二、物流信息

（一）物流信息的概念

物流信息是在物流活动的动态推进过程中所产生的核心信息。它不仅是物流的作业内容、运作形式、执行流程以及演进变迁的精确映射，还是物流活动的真实状况与独特属性的直接体现。这些信息包括消息、情报、文件、资料和数据

物流信息概述、
作用及分类

等，都是由物流活动本身催生的，并以其特有的方式被人们所接收和理解。这些信息的整合和应用，对于提升物流管理的专业化水平和操作效率具有关键作用。

狭义的物流信息是指与运输、装卸、搬运、保管、包装、流通加工等物流基本活动相关的信息，对运输管理、库存管理、订单管理等物流活动具有支持和保障作用。广义的物流信息不仅包括与物流活动有关的信息，还包括与其他流通活动相关的信息（商品交易信息、市场信息）。

《物流术语》（GB/T 18354—2021）对物流信息的定义：反映物流各种活动内容的知识、资料、图像、数据、文件的总称。

（二）物流信息的特点

（1）数量大、分布广。

（2）动态性强、更新快。

（3）种类多。

（4）具有不一致性（由于物流信息是在物流活动过程中形成的，信息的产生、加工在时间和地点上不一致，采集周期和衡量尺度也不一致，应用方式也不相同）。

（三）物流信息的作用

（1）沟通联系（物流信息在物流活动的各个环节之间搭建了一座沟通的桥梁，确保各个环节之间的顺畅联系与协作）。

（2）引导和协调（物流信息及其反馈对于物流运作的变动和物流布局的优化起着重要的引导作用。同时，它能协调物资结构，确保供需之间的平衡；协调物流资源的配置，促进物流系统的整合和高效利用）。

（3）管理控制（物流信息的应用使得传统的手工作业逐渐被电子信息化作业所取代，实现了对物流运行、服务质量和成本等的高效管理与控制）。

（4）减少物流管理层次（通过实时掌握物流系统中的各种信息，可以更精准地控制库存，减少物流管理层次，提升物流服务水平和响应速度）。

（5）辅助决策分析（在制定决策方案时，物流信息扮演着重要角色，为决策者提供有力的数据支持）。

（6）支持战略计划（物流战略的形成是对物流信息深入提炼和开发的结果，物流信息为战略计划的制订提供了有力支持）。

（7）价值增值（物流信息本身具有增值作用，是影响物流运作效率和效果的重要信息，可以为物流企业创造更多价值）。

（四）物流信息的分类

1. 按物流信息沟通联络的方式分

（1）口头信息。口头信息是指通过面对面的口头交谈而进行传递的信息。其特点：可直接而迅速地传播，与其他传播方式相比速度较快，但易产生信息失真。

（2）书面信息。书面信息是指为了保证物流信息的客观性，便于重复说明和反复检查，而用书面文字进行描述的　种信息类型。其特点是传播速度相对较慢，但信息准确性高且客观。

2. 按物流信息的来源分

（1）内部信息。内部信息是指在物流系统内部流通的各类信息的总称。这些信息是物流系统内部协调人力、财力和物力等资源的关键依据。通过内部信息的有效传递和应用，物流系统能够实现资源的优化配置，提高整体的运作效率。

（2）外部信息。外部信息是指物流系统与外界环境之间交流的各类信息的总称。通过及时捕捉和分析外部信息，物流系统能更好地适应外部环境的变化，增强可持续发展能力。

3. 按物流信息的稳定性分

（1）固定信息（相对稳定），包括以下几种信息。

物流生产标准信息：主要聚焦于物流生产过程中的各项指标和定额，是确保物流生产流程标准化、规范化的重要依据。

物流计划信息：在物流活动中，与计划执行和完成各类物流任务紧密相关的信息，涵盖了物流任务的目标、时间表和资源分配等关键因素，是物流计划执行的重要参考。

物流查询信息：指在一段时间内相对稳定、变动较少的信息，通常用于物流系统的查询和参考，例如查询物流节点的位置信息、固定路线的运输时间等。

（2）流动信息。在物流系统中，流动信息是指那些经常处于动态变化之中的信息。这类信息反映了物流活动的实时状态、进展及可能出现的变动，对于实时监控物流过程、及时调整物流策略至关重要。

4. 按物流信息的不同作用分

（1）计划信息。这类信息代表着尚未实现但已设定为目标，是物流活动的前瞻性指导。

（2）控制及作业信息。在物流运作的每一刻，都会产生这类信息。控制及作业信息实时更新，快速反应物流的动态变化，为物流操作提供即时指导。

（3）统计信息。物流活动结束后，通过对整个流程的综合回顾，得到这类信息。统计信息虽然反映了一段时间内的物流动态变化，但一旦生成便具有稳定性，是对物流成效的总结性记录。

（4）支持信息。这是一类多元化的信息，涵盖了文化、科技、产品、法律、教育及民俗等多个方面。支持信息为物流计划、业务和操作提供背景和基础，从整体上推动物流水平的提升。

5. 按物流信息的加工程度分

（1）原始信息。这类信息是物流活动的第一手资料，未经任何处理。原始信息作为信息处理的起点，提供了最原始、最真实的数据，确保了后续信息加工的可靠性。

（2）加工信息。通过对原始信息的深入处理，可以得到加工信息。这类信息经过提取、简化和整合，减少了原始信息的冗余，提炼出了其内在规律，为物流操作提供了更为精练和实用的指导。

第二节　物流信息技术及物流信息系统

一、物流信息技术

（一）条码技术

条码技术，作为物流管理中的核心技术，是源自计算机应用的自动识别方法。这种技术通过专门设计的扫描设备，实现了数据的快速、精确和可靠收集，极大地提升了数据输入和收集的效率。条形码由一系列有序排列的条空和对应字符组成，其主要作用在于传递特定信息。在物流领域，条码技术通过光电扫描设备识别条形码，从而实现了信息的自动

物流信息技术及
物流信息系统概述

读取与识别。这种自动化识别技术不仅提高了数据输入的准确性，还加快了数据处理速度，为物流管理的自动化和智能化提供了有力支持。条码技术在 POS 系统、电子数

据交换（EDI）、电子商务以及供应链管理等领域发挥着关键作用，是推动物流管理现代化的重要工具。它涵盖了条码的编码规则、标记符号的构建、高效的识别技术以及计算机管理方法，是计算机管理和电子数据交互中不可或缺的前端数据采集技术。通过条码技术，可以更加高效、准确地采集和处理物流信息，实现物流管理的优化和升级。

1. 条码的起源与发展

（1）世界上最早的条码标记。早在 20 世纪 20 年代，美国发明家约翰·克莫德（John Kermode）曾试图通过在信封上标注信息来达到信件自动分类的目的，这些标记的内容正是收件人的住址。他所构思的解决方案极为简洁：一个"条"代表数字"1"，两个"条"则代表数字"2"，以此类推。这种由约翰·克莫德发明的条形码标记是条码技术的雏形。

（2）早期条码符号的产生。20 世纪 40 年代，两位杰出的美国工程师——乔·伍德兰德（Joe Woodland）和伯尼·西尔沃（Berny Silver），致力于研发一种创新的技术，即利用条码来精确标识和扫描识别食品项目。经过不懈的努力，他们终于在 1949 年成功获得了这项技术的美国专利权，给现代物流领域带来了革命性变革。这款专利条码被命名为"公牛眼"条码，其设计与圆心靶子有着惊人的相似性。这种条码的工作原理与后续发展的条码符号非常相似，但由于当时的商品经济尚未充分发展，并且在生产工艺上也未能达到制造这种条码的水平，因此其在实际应用中受到了很大的限制。

（3）商品条码应用系统。1973 年，美国统一代码委员会（UCC）推出了商品通用条码（UPC）的应用系统，并在同一年开始实施 UPC 码标准。食品和杂货行业将 UPC 码视为该领域的标准商品标志，并在北美等地持续使用至今。

（4）物品编码系统的产生。1977 年，欧洲物品编码协会（EAN）推出了与 UPC 兼容的 EAN 码。随着时间的推移，EAN 组织不断发展壮大，其影响力逐渐扩展至全球。2002 年，EAN 组织更名为国际物品编码组织（GSI），进一步彰显了其在全球物流领域的重要地位。

（5）中国物品编码中心。我国在 1988 年正式建立了中国物品编码中心（ANCC），并在 1991 年成为国际物品编码协会的一员。目前，我国的条码系统主要遵循 EAN 系列的标准。

条码技术作为自动识别技术的核心成员，依托计算机、光电和通信技术的飞速发展，为信息的自动识别和高效输入提供了强有力的技术支持。它集合了多项高新技术，包括条码、磁条、智能卡、光字符识别等，并通过系统集成、语音和视觉识别等手段，实现了跨领域的信息整合。在实际应用中，条码技术凭借其高效、准确、便捷的特点，在多个领域大放异彩。它不仅在商业和工业领域得到了广泛应用，如商品管理、生产线自动化等，还深入交通运输、邮电通信、物资仓储、医疗卫生、安全检查等多个国民经济的重要部门。此外，条码技术还渗透到了人们的日常生活中，如餐饮旅游、票证管理，甚至是军事装备和工程项目管理等方面，已成为推动社会进步和提高生活质量的重要工具。

（6）中国二维码之父。不掏钱包、不刷卡，手机"嘀"一下就能实现"瞬间支付"，这种场景在十几年前几乎让人难以想象，现如今却随处可见。快捷移动支付开启"码上生活"时代，在一个二维码的方寸之间，在一个"嘀"声的形成中，蕴藏着支付习惯的颠覆性变革。

位于济南市高新区山东产业技术研究院（简称"山东产研院"）内的派盟智能支付产业研究院，正是这一变革的参与者与引领者。2020年，山东产研院引进北京派盟互通科技有限公司（简称"派盟"），成立派盟智能支付产业研究院，立足于移动支付的模式升级与创新，建立支付营销新生态，打造智能支付领域新优势。北京派盟互通科技有限公司董事长兼CEO（首席执行官）王越，被称为"中国二维码之父"。

王越表示，把二维码技术做到国家级标准，整个团队用了三年时间；把二维码技术应用到市场环境中，却用了10年。10年后，中国进入互联网时代，让二维码具备了市场应用的条件，也研发出"金融"安全级的动态二维码技术。

历经多年的创新与探索，王越和他的团队围绕消费数字化升级、数字人民币及海外发展，在智慧化应用方面自主研发了一系列智能支付终端、SaaS解决方案和IoT平台。根据不同业态，为零售银行提供数字化转型的基础设施，并为小微商户、农村农户等数字化经营管理赋能，让数字技术普惠代表经济活力的中小微商户，从而促进实体经济与数字经济的融合发展。

2. 条码的概念

条码由一系列精心排列的"条"和"空"以及相应的字符所组成，用于承载和传达特定的信息。简单来说，这些"条"就是条码中颜色较深、反射率较低的部分，而"空"则是颜色较浅、反射率较高的部分。这样的设计使得条码能够通过扫描设备快速读取并解码出其中的信息，为物流管理提供了极大的便利。

1）条码的特点。与其他识别技术相比，条码技术具有以下特点：

① 采集速度快。

② 采集的信息量大。

③ 信息准确。

④ 灵活、实用。

⑤ 自由度大。

⑥ 设备结构简单、成本低。

2）条码的分类：

（1）按码制分类。目前，国际上常用的条码码制有以下几种：

① UPC码。UPC码是美国商业领域广泛采用的商品识别码，由0～9的12位连续

数字组成，本身具有固定长度。UPC 码分为 UPC - A 和 UPC - E 两种类型，主要用于商品的快速识别和管理，极大提升了物流过程中的商品追踪效率。

② EAN 码。欧洲物品编码协会基于 UPC 码标准推出了 EAN 码，确保了与 UPC 码的兼容性，并采用了统一的符号体系。EAN 码同样具有固定长度的连续数字编码，包含 EAN - 13 和 EAN - 8 两种类型，已成为全球范围内商品标识和识别的标准，为国际物流的发展提供了极大的便利。

③ 交叉 25 码。交叉 25 码以其长度可变和连续自校验的特性，在物流领域中展现出强大的追踪功能。它常用于包装、运输和国际航空机票的编号系统，确保物流信息的准确性和可追溯性。

④ 39 码。39 码作为一种长度可变的离散型自校验字母码制，广泛应用于工业生产和图书管理等领域，为这些领域提供了高效、准确的识别和管理方案，使得物流过程中的信息管理更加便捷和高效。

⑤ 库德巴码（Code Bar）。库德巴码是一种长度可变的离散型数字码制，具备自校验功能。在仓库、血库以及航空快递包裹的管理中，库德巴码发挥了关键作用，提高了物流信息的准确性和管理效率。

⑥ 128 码。128 码是一种长度可变、连续的字母数字混合码制，其强大的编码能力使其在众多领域都有广泛应用。

⑦ 93 码。93 码同样是一种长度可变、连续性的字母数字码制，为物品编码提供了灵活的选择。

⑧ 49 码。49 码是一种多行、长度可变的连续性字母数字码制，适用于需要高密度信息编码的场景。

⑨ 其他码制。除了上述码制外，还有多种用于特定领域的码制。例如，25 码常用于航空机票的排序编号，11 码主要用于电子部件的标签，矩阵 25 码是 11 码的一种变体，而 Plessey 码则多见于图书馆等场所。这些码制各自在特定领域发挥着重要作用，共同构成了物流领域的编码体系。

（2）按维数分类：

① 一维条码。一维条码自诞生以来，便迅速融入人们的日常生活，成为商品标识的标配。然而，受限于其单一维度的设计，一维条码所能携带的信息量相对有限，例如，常见的一维条码仅能容纳 13 位数字。因此，在实际应用中，商品的大部分详细信息往往需要依赖预先构建的数据库进行查询。若缺乏这一数据库支持，一维条码的实用性将大打折扣，如同无源之水、无本之木，难以发挥其应有的价值。

② 二维条码。为了解决一维条码的信息容量限制问题，二维条码应运而生。它通过在一维条码的基础上增加另一维度，极大地提升了信息的存储量。二维条码采用黑白矩形阵列的图形形式，代表二进制数据，当设备扫描时，可以迅速解析出其中蕴含的丰富信息。这种设计不仅提高了条码的实用性，还拓展了其应用范围。

3. 条码的编码方法及识读原理

（1）条码的编码方法。条码作为一种独特的标识方式，通过"条"和"空"的组合来代表二进制的"0"和"1"，进而表达特定的数字、字符或信息。不同码制的条码在编码方法上各有特色，但主要可以归纳为以下两种：

① 宽度调节法。宽度调节法是一种核心的编码方式，它依赖于不同宽度的单元（包括条或空）来表示二进制的"1"和"0"。具体而言，宽单元代表二进制的"1"，而窄单元则代表二进制的"0"。值得注意的是，宽单元的长度通常是窄单元的2～3倍。这种编码方法广泛应用于多种条码类型中，如常见的39码、库德巴码以及交叉25码。这种编码方式简单直观，易于识别和读取，是条码技术中非常重要的一种。

② 模块组配法。模块组配法通过标准宽度的模块来构成条与空。具体来说，一个条模块宽度代表二进制的"1"，而一个空模块宽度则代表二进制的"0"。商品条码就是采用这种方法编码的。其中，模块的标准尺寸为0.33毫米，每个字符由两个空白字符组成，每个空白字符又由1～4个标准宽度的模块组合而成，确保每个字符都与7个模块相对应。

（2）条码的识读原理：

① 光学特性。条码识读设备的工作原理是基于条码符号中条和空对光线反射率的不同来识别数据。在常见的条码符号中，黑条对光线的反射率极低，而白空则对光线具有高反射率，这种显著的差异使得扫描过程变得高效且准确。当条码识读设备扫描条码时，它能够迅速识别出条和空之间的不同，进而将这些差异转化为相应的数字或字符信息。条码符号并非必须为黑白两色，只要两种颜色对光线的反射率有显著差异，并且对比度足够，就可以被有效识读。

② 条码识读系统的组成。条码符号作为图形化的编码，需要专门的设备将其中的编码信息转换成计算机可识别的数字信息。一个完整的条码识读系统通常包括扫描系统、信号整形和译码三个部分，它们共同协作，可确保条码信息的准确读取和转换。

4. 常用的条码识读器

（1）激光扫描枪。激光扫描枪作为一款手持式自动扫描设备，凭借其卓越的远距离条码阅读能力，在物流领域得到广泛应用。其显著优点包括较远的有效识读距离、强大的适应能力以及能穿透保护膜读取行排式二维条码和一维条码。

（2）CCD扫描器。CCD扫描器分为两大类：手持式和固定式。尽管它们在形状和操作方式上有所区别，但它们的扫描机理和核心元器件是完全相同的。两者均属于非接触式扫描设备，可确保在扫描过程中不会对条码造成损害。扫描景深和操作距离主要由照射光源的强度和成像镜头的焦距决定，这些参数可以根据具体应用场景进行调整，以满足不同物流操作的需求。

（3）卡槽式条码扫描器和光笔。卡槽式条码扫描器是一种接触式的、固定的光束扫描设备。在固定光束扫描器的内部，未配备任何扫描设备。因此，其发出的照明光束位置是相对于扫描器固定的，并且在扫描过程中，需要紧贴条码符号从开始到结束进行一次扫描。光笔具有极低的电能消耗，特别适合与电池驱动的手持数据采集终端进行连接。

（4）全向扫描平台。全向扫描平台是一种激光扫描器，其特点是标准尺寸的条码符号无论从哪个方向经过扫描器的特定区域，都会被该扫描器的一条或两条扫描光束全方位扫描。这款扫描器通常被设计用于商业超市的收银台，并且可以放置在柜台附近。

（5）数据采集器。数据采集器是一款高度集成的多功能条码扫描设备，它巧妙地将条码识读器与手持数据终端设备相融合。这款设备不仅具备出色的条码扫描能力，而且内置了数据存储、数据处理和通信传输的功能，已成为物流行业中不可或缺的重要工具。与传统的条码识读工具相比，它拥有实时数据采集、自动化存储、实时反馈、自动化处理以及数据传送等多种功能。在仓储管理、邮政快递和移动销售等多个领域，数据采集器已经得到了广泛的应用。

5. 条码符号的印刷

条码的印刷方式分为预印刷和现场印刷。

（1）预印制。预印制条码采用传统印刷设备进行大批量、高效印刷，特别适用于数量大、标签格式固定且内容相同的条码场景，如某款产品的统一包装条码。这种方式通常采用湿油墨印刷工艺，涵盖胶片制版印刷、轻印刷系统、条码号码机以及高速激光喷码机等设备，确保条码印刷的准确性和效率。

（2）现场印制。现场印制条码则更加灵活多变，它通过计算机控制的打印机实时打印条码标签。这种方式非常适用于多品种、小批量以及个性化需求的场景，例如超市中散装商品的实时标签打印。为了实现高效、精准的现场印制，通常使用为条码标签设计的专用打印机或多功能打印设备，同时也可利用普通办公设备中的针式、喷墨或激光打印机来完成。这种印制方式不仅灵活性强，而且实施迅速，满足了物流行业中多样化、实时化的条码需求。

6. 商品条码

（1）EAN-13码。

① EAN-13码的结构。EAN-13码，作为物流领域中的核心标识技术，扮演着至关重要的角色。这一条码源自13位的EAN/UCC-13代码，经过模块组配编码方法的精确转化，形成完整的条码结构。

在EAN-13码的13位代码中，前几位是厂商识别代码，长度为7～10位。这段代码具有全球范围内的唯一性，它像一张身份证，能够精准地标识不同生产商。在中国，这一代码的分配和管理由权威机构——中国物品编码中心负责。当某家厂商的商品种类繁多，超出了商品项目代码的编码容量时，该厂商可以申请注册多个厂商识别代码，但这一申请仅在商品项目代码容量完全耗尽时才被批准，以保证资源的合理高效利用。

紧随其后的是商品项目代码，由 2～5 位数字构成。这段代码通常由已拥有厂商识别代码的厂商自行编制，但在编制时必须严格遵守规则：同一商品必须使用相同的商品项目代码，而不同的商品项目则必须使用不同的代码，以确保商品项目代码的唯一性和准确性。

最后一位是校验码，它是一个数字，用于验证厂商识别代码和商品项目代码的准确性。这个校验码是根据前 12 位数字（X13 至 X2）通过特定的数学算法计算得出的。厂商在编制商品项目代码时，无须手动计算校验码的值，这一步骤通常由编码软件或条码印制设备自动完成。

② EAN-13 码的编码规则。与编制其他商品代码一样，编制 EAN-13 码时必须遵循以下原则：唯一性、无意义性、永久性。

③ EAN-13 码的二进制表示。EAN-13 码的数据字符分为左侧数据符和右侧数据符两个部分，它们各自采用的字符集不同，左侧数据符可使用 A 子集或 B 子集，右侧数据符及校验码字符使用 C 子集。左侧数据符采用哪个字符集是由代码的前置码来决定的。

（2）EAN-8 码。EAN-8 码（简称 EAN-8 码）作为 EAN-13 码的缩短版，其编码来源于 8 位的 EAN/UCC-8 代码。EAN-8 码专为那些包装空间有限、面积较小的商品而设计。与 EAN-13 码相比，EAN-8 码省去了厂商识别代码的部分，仅包含前缀码、商品代码和校验码。这些组成部分依然采用模块组配编码方法，以确保编码的精确性和可读性。

EAN-8 码采用的字符集与 EAN-13 码相同，其左侧数据符采用 A 子集表示，右侧数据符和校验码字符均由 C 子集表示。

（3）UPC 码。在产品出口至北美并满足客户特殊要求时，制造商可向中国物品编码中心申请使用 UPC 码。UPC 码主要分为两大类别：UPC-A 和 UPC-E。

UPC-A 码，其基础是 12 位的 UCC-12 码。它的符号结构与 EAN-13 码高度相似，由左右两侧的空白区、起始符、数据字符、中间分隔符、校验符、终止符以及供人识别的字符组成。值得注意的是，UPC-A 的两侧空白区域均要求最小宽度为 9 个模块，而其余部分的模块数量则与 EAN-13 码保持一致。

另外，UPC-E 码是由 8 位字符转化而来。它主要由商品项目代码和校验码两部分组成，为物流行业提供了一种更为紧凑的编码方式。

（二）射频识别（RFID）技术

1. 射频识别系统的组成

射频识别系统一般包括三个部分：电子标签、阅读器和天线。

（1）电子标签。电子标签是物流领域中的一项关键技术，它由耦合元件和芯片组成，每个标签都具有独一无二的电子编码，专门用于附着在物体上，以便精确标识目标对象。从工作方式上看，电子标签分为两大类：无源和有源。无源电子标签无须电池供电，其工作所需的能量完全依赖于读写器发出的射频脉冲，不仅节省了电池更换的麻烦，也增加了标签的耐用性和可靠性。在读写方式上，电子标签又可分为只读和可读可写两种类型。只读标签的信息在制造过程中或在开始使用时由制造商或使用者根据特定需求写入，这种信息一旦写入，就可以进行多次读取，但无法再次修改。而可读可写标签则更为灵活，允许对标签中已有的数据进行擦除和重新写入，从而适应物流过程中可能出现的各种变化。

此外，电子标签还可以存储条码技术中的标准码制号码或混合编码，这使得电子标签在物流领域的应用更加广泛和便捷。无论是货物的追踪、库存管理还是订单处理，电子标签都能提供准确、高效的数据支持，为物流行业的现代化和智能化发展提供了有力保障。

（2）阅读器。阅读器是读取或写入电子标签信息的设备，可设计为手持式阅读器或固定式阅读器。

（3）天线。天线用于在电子标签和阅读器之间传递射频信号。

2. 射频识别技术的分类

根据其标签的供电模式，射频识别技术可以分为三种类型：无源 RFID、有源 RFID 和半有源 RFID。

（1）无源 RFID。在 RFID 技术的三大分支中，无源 RFID 堪称先驱与基石，它的应用遍布各行各业，展现了极高的成熟度与广泛性。这项技术的工作原理是通过电子标签接收来自射频识别读写器的微波信号，借助电磁感应线圈获得短暂电能，实现信息的即时交换。由于没有内置电池，无源 RFID 产品体积小巧，结构简单，成本较低，故障率也极低，从而保证了其长久的使用寿命。然而，其缺点是识别范围相对有限，主要适用于近距离、接触式的识别场景。无源 RFID 通常在 125 KHz 和 156 MHz 的低频范围内工作，常见于公交卡、第二代身份证和食堂餐卡等近距离识别场景。

（2）有源 RFID。尽管有源 RFID 技术在市场上出现较晚，但它在多个关键领域，尤其是高速公路电子收费系统中，已展露出其巨大潜力与不可或缺性。有源 RFID 通过外部电源供电，并主动向射频识别阅读器发送信号，虽然其体积相对较大，但具有卓越的传输距离和高速的传输性能。

标准的有源 RFID 标签，在百米之外依然能与阅读器保持稳定的通信，其读取速度高达 1700 次/秒，使得物流过程中的信息获取变得实时且高效。这类标签主要运行在 900 MHz、8 GHz 等高频频段，不仅保障了信号的稳定传输，还实现了多标签的同时识别，极大地提升了物流作业的效率和精准度。

正是基于有源 RFID 技术的远距离和高性能特点，它成为物流行业中广泛覆盖和高效率识别场景下的首选解决方案，为物流行业的现代化和智能化发展提供了强大的动力。

（3）半有源 RFID。针对无源 RFID 识别范围有限和有源 RFID 体积较大、依赖外部电源的问题,半有源 RFID 应运而生。该技术又被称为低频激活触发技术,大部分时间处于休眠状态,仅对标签中的数据部分供电,从而保持较低的能耗和较长的待机时间。当标签进入射频识别阅读器的识别范围时,阅读器首先使用 125 KHz 的低频信号在较小范围内准确激活标签,使其进入工作状态,随后通过 4 GHz 的微波信号进行数据传输。这种技术结合了低频的精确定位和高频的快速传输优势,常见于需要在高频信号覆盖的广泛区域内,通过多个低频阅读器在不同位置激活半有源 RFID 产品的场景,实现了既准确又高效的信息收集与传输。

3. 优缺点

(1)优点。从外观上看,射频识别技术的载体通常需要具备防水、防磁和耐高温的特性,以确保射频识别技术在实际应用中的稳定性。从使用角度看,射频识别技术在数据实时更新、信息存储、使用寿命、工作效能以及安全性等多个方面都显示出明显的优越性。射频识别技术能在节省人力、物力和财力资源的同时,更为便捷地更新现有数据,从而让工作流程变得更为高效;射频识别技术依赖于计算机等设备来存储信息,其最大存储容量可达数兆字节,能够储存大量的信息,从而确保工作流程顺畅进行;射频识别技术具有较长的使用寿命,只需工作人员在操作过程中给予适当保护,该技术便能实现多次重复使用;射频识别技术解决了过去信息处理的困难,实现了多目标的同时识别,极大地提升了工作效率;射频识别系统还配备了密码保护机制,使其不容易被伪造,从而提高了该系统的安全性。相对于射频识别技术,传统条形码技术在数据更新、信息存储、使用寿命、工作效率和安全性等多个方面都表现不佳,不能很好地满足我国当前社会发展的多样需求,也难以满足产业和相关领域的多样化需求。

(2)缺点:

① 技术成熟度不够。RFID 技术的发展历程相对较短,技术成熟度尚未达到较高水平。由于超高频 RFID 电子标签具有反向反射的特性,使其在金属和液体等商品中的应用变得相当具有挑战性。

② 成本高。与普通条码标签相比,RFID 电子标签的成本更为昂贵,高出普通条码标签数十倍。如果使用量过大,将会导致成本过高,这在很大程度上削弱了市场对 RFID 技术的使用积极性。

③ 安全性不够强。RFID 技术所面临的安全挑战主要是电子标签信息遭到非法获取和恶意修改。

④ 技术标准不统一。

(三)GPS(全球定位系统)技术

1. GPS 的特点

GPS 的主要特点有以下三点:

(1)全球、全天候工作。

（2）定位精度高。

（3）多功能，广泛应用。

2. GPS 的定位方式

在物流行业中，GPS 的定位方式一般分为绝对定位和相对定位，这两种方式各有特点，可以适应不同的物流需求。

根据定位时接收机的运动状态不同，GPS 的定位方式又可分为静态定位和动态定位。具体而言，当接收机处于静止状态时，称为静态定位；而当接收机处于移动状态时，则称为动态定位。这种分类方式有助于我们更精确地把握物流设备的实时位置与运动轨迹。

3. GPS 的组成

GPS 包括三大部分：GPS 卫星星座（空间部分）、地面支撑系统（地面监控部分）和 GPS 接收机（用户部分）。

4. GPS 的使用方法

（1）有地图使用。当 GPS 技术与详尽的地图相结合时，其效果表现得更为出色，但我国各地难以获得大比例尺的地图，因而限制了 GPS 的实际应用效果。对于需要高精度地图的路线规划，这是一个相对复杂的过程。首先，我们需要制订详细的行程计划，根据线路的复杂性和发展历程来建立一条或多条线路。然后，确定路线特征点的坐标，并输入 GPS 来建立线路的各个"腿"。最后，将一些独立的标志点作为路标输入 GPS 中。

当运输工具携带电子地图移动时，首先，它可以通过 GPS 定位自己在地图上的具体位置；其次，它可以根据导航功能所指示的目标方向，与地图协同工作，确定前行的方向。此外，在实际使用中，最佳做法是记录每个规划位置的具体坐标，然后根据这些信息制定实际的路线，这不仅可以方便地为原路返回提供位置，还可以方便地保存并多次使用。

（2）无地图使用：

① 坐标定点。

② 路线导向。

③ 路线回溯。

5. GPS 技术在运输系统中的应用

（1）车辆 GPS 定位管理系统。车辆 GPS 定位管理系统主要依赖车载 GPS 进行自我定位，并与无线通信系统相结合，以实现车辆的调度、管理和追踪。在物流科技不断发展的今天，已成功研发并广泛应用的一系列先进系统不仅包含车辆全球定位报警系统，还包含警用 GPS 指挥系统等，它们各自在物流及安全管理中扮演着至关重要的角色。具体来说，车辆全球定位报警系统被广泛应用于城市公交的调度管理，以确保公交车辆的高效运行；而在风景旅游区，该系统则用于车辆和船只的报警与调度，以保障游客的安全与便利。此外，海关、公安和海防等多个部门也借助这些系统，实现了对车辆和船只的精确调度与严密监控，为公共安全和社会秩序的稳定提供了有力保障。

车辆的 GPS 定位是一种单点动态导航技术，其定位精度大约是 100 米。为了进一步提升定位的准确性，差分 GPS 技术是一个可行的选择。

（2）差分 GPS 技术的车辆管理系统。在物流车辆管理系统中，差分 GPS 技术的应用是至关重要的一环。然而，传统的差分 GPS 技术要求每辆车都接收差分修正，这无疑增加了系统的复杂性。目前，更倾向于采用集中差分技术。

在这个系统中，每辆车都配备了 GPS 接收器和车载通信装置，而监控中心则设置在拥有精确已知坐标的基准站。基准站内安装了 GPS 接收器、通信电台、计算机、电子地图和大型显示屏等设备。车辆上的 GPS 接收器实时收集车辆位置、时间戳和车辆编号等信息，并通过车载通信装置将这些数据发送到监控中心。

在监控中心，该系统会将车辆的位置信息与基准站的 GPS 定位结果进行差分计算，得到精确的坐标修正值，进而对车辆位置进行精确修正，并在电子地图上实时显示。这种集中差分的方式简化了车辆内部的设备配置，车辆只需负责接收 GPS 信号，而差分处理和数据显示、记录、存储等工作则由监控中心承担。

此外，车载 GPS 差分设备还可以实时提供车辆的精确位置、速度和航向信息，从而可以对车辆上的其他传感器如计程仪、车速仪、磁罗盘等进行精确校准。

6. 网络 GPS 技术在物流业中的应用

网络 GPS 技术将 Internet 与 GPS 技术完美融合，通过互联网界面实时显示 GPS 动态跟踪信息，实现了对物流车辆实时监控的动态管理。这一创新技术为物流业带来了前所未有的便利和效率。网络 GPS 技术是在互联网上建立起来的一个公共 GPS 监控平台，它综合了 Internet 与 GPS 的优势与特色，解决了单纯使用 GPS 技术存在的投资费用高、跟踪信息显示有地域限制等问题，进一步增强了权限保密措施。

7. 北斗卫星导航系统

（1）系统概述。北斗卫星导航系统（BDS）是我国自主研发的全球卫星导航系统，也是继 GPS、GLONASS 之后的世界上第三个成熟运营的全球卫星导航系统，并已被联合国卫星导航委员会认可为合格的供应商。

作为我国为满足国家安全和社会经济发展需求而精心构建的卫星导航系统，北斗卫星导航系统（简称"北斗系统"）为全球用户提供全天候、全时段、高精度的定位、导航和授时服务，是国家空间基础设施的重要组成部分。

随着北斗系统的持续优化和服务能力的增强，其应用领域已覆盖交通、海洋渔业、水文监测、气象预报、地理信息测绘、森林防火、通信授时、电力调度、救灾减灾和应急搜救等多个领域，深度融入人类社会的生产与生活，为全球的经济与社会发展注入了新动力。

　　卫星导航系统作为全球共享资源，与其他卫星导航系统携手合作，共同推动全球卫星导航事业的进步，确保为全球用户提供更优质的服务，造福人类社会。

　　（2）发展目标。建立世界一流的卫星导航系统，满足国家安全和经济社会发展需求，并为全球的用户提供连续、稳定和可信赖的服务；致力于北斗产业的发展，以促进经济和社会的进步以及改善民众的生活条件；提升全球卫星导航系统的整体应用效果，加深国际合作，并分享卫星导航的发展成果。

　　（3）发展历程。20世纪后期，我国为了推动卫星导航系统的全面发展，制订了具有前瞻性和战略性的"三步走"计划。第一步，到2000年年底，建成北斗一号系统，为我国本土提供精准、可靠的导航和定位服务；第二步，到2012年年底，北斗二号系统圆满完成，为亚太地区提供广泛的导航和定位支持；第三步，到2020年，建成北斗三号系统，实现全球范围内的服务覆盖。

　　2035年，我国将建设更加广泛、更加融合、更加智能的综合时空体系，进一步增强时空信息服务能力，并为人类社会的长远发展做出贡献。

（四）GIS（地理信息系统）技术

　　1. GIS的相关概念

　　（1）地理信息。地理信息，简而言之，就是关于地球表面物体及其环境的一系列数据和信息，包括它们的数量、质量、分布特征、相互关联及规律。这些数据和信息以数字、文字、图形和图像等多种形式呈现。

　　在物流领域，地理信息扮演着至关重要的角色。作为空间信息的一种，它具有三大显著特点：区域性、多维性和动态性。

　　区域性是指地理信息具有明确的地理位置属性，它基于共享的地理背景进行定位和描述。例如，通过经纬网或地理坐标系统，能够精准确定某个地点，并将其归属于特定的地理区域。

　　多维性指的是地理信息不局限于二维空间，可以构建多个专题的三维结构。比如，在物流规划中，我们不仅要考虑某个地点的地理位置，还需要了解该地的交通状况、环境承载能力以及潜在的风险因素等多维度信息。

　　动态性强调了地理信息在时间维度上的变化性。地理信息会随着时间的推移而发生变化，这就需要不断采集和更新这些信息。通过对多时相的数据和信息进行分析，可以更好地理解地理信息的动态变化模式，从而为物流规划提供更为准确的预测和决策支持。

　　（2）信息系统。信息系统可以定义为一个拥有数据采集、数据处理、系统管理以及数据分析能力的综合性系统。它为企业的各个部门或组织在决策时提供了宝贵的信息。信息系统不仅是一个简单的计算机系统，而且是一个帮助企业进行决策和管理的人机交互系统。随着计算机科技的不断进步，各种不同的信息系统陆续涌现，包括但不限于图书情报信息系统、商业服务管理系统、财务管理信息系统以及学籍管理信息系统等。

（3）地理信息系统：

① GIS 使用的工具是计算机软硬件系统；

② GIS 的研究对象是空间物体的地理分布数据及属性；

③ GIS 数据的建立过程：采集——存储——管理——处理——检索——分析——显示。

地理信息系统基于地理空间数据，利用地理模型的分析手段，能够及时提供各种空间和动态的地理信息，是一个为地理研究和决策提供支持的计算机技术平台。

地理信息系统的核心功能是把表格型的数据（这些数据可以来源于数据库、电子表格或直接输入）转化为地理空间可视化，并对这些展示的结果进行查看、处理和深入分析。它的展示范围从洲际地图到高精度的街区地图，并允许用户查看、操作以及进行深入分析。显示的内容涵盖了人口数量、销售状况、交通路线以及其他地理空间相关数据。

2. GIS 的特点

GIS 在物流领域的应用特点如下：

（1）开放性：

① GIS 拥有开放式环境，允许用户灵活进行系统扩展与集成；

② GIS 技术支持多种数据库管理系统，如 Oracle、Sybase 和 SQL Server，确保数据管理的灵活性和多样性；

③ 兼容多种编程语言和开发工具，能在不同操作系统平台上运行，为各类物流应用系统提供标准化接口。

（2）先进性：

① GIS 平台集成了全球领先的计算机图像技术、数据库技术、网络技术和地理信息处理技术；

② 系统设计采用了尖端技术，支持远程数据检索和地图检索，具有强大的图表输出功能；

③ 具备分层控制图纸、无级缩放、漫游、直接选择定位等功能，为物流规划提供强大的支持；

④ 配备完善的测量工具，支持现场勘查数据采集、线路杆塔等设备的设计，以及线路设备迁移与相关计算；

⑤ 具备线路方位或区域的分析和判断功能，为物流管理和决策人员提供可靠的辅助决策支持；

⑥ 整合可视化技术与移动办公技术，提供高精度的地图数据，详细展示各类地理信息。

（3）发展性。GIS 具有很强的可扩充性和可连接性。在应用开发过程中，已考虑到系统成功后进一步发展维护的性能，以及和其他应用系统衔接与整合的便捷性。

3. GIS 的组成

GIS 由五大核心部分构成：

（1）硬件，包括计算机、存储设备、输入输出设备等，为 GIS 提供必要的物理支持；

（2）软件，涉及地理信息系统软件、数据库管理软件、应用程序软件等，用于处理、分析和显示地理数据；

（3）数据，指存储在 GIS 中的空间数据和属性数据，是 GIS 分析和应用的基础；

（4）人员，包括 GIS 分析师、数据库管理员、程序员等，负责系统的运行、维护和数据分析；

（5）方法，涉及空间分析、数据模型构建、系统优化等方法论，用于指导 GIS 的设计和应用。

4. GIS 的基本功能

一个完善的 GIS 应具备以下五项基本功能：

（1）数据输入，将各种地理数据输入 GIS 中，具体包括地图数字化、遥感图像处理等；

（2）数据编辑，对输入的地理数据进行编辑和修正，确保数据的准确性和完整性；

（3）数据的存储与管理，通过数据库管理系统对地理数据进行存储、更新和维护，保证数据的安全性和可用性；

（4）空间查询与分析，利用 GIS 的空间分析功能，对地理数据进行查询、统计和可视化分析，为决策提供支持；

（5）可视化表达与输出，将 GIS 的分析结果以地图、报表等形式输出，方便用户理解和使用。

5. GIS 技术在物流系统中的应用

GIS 技术在物流系统中具有广泛的应用，主要包括以下几个方面：

（1）车辆路线模型。利用 GIS 技术构建车辆路线模型，可以优化货物运输路径，降低物流成本，提高运输效率和服务质量。该模型可以处理从一个起点到多个终点的货物运输问题，实现车辆的合理调度和班次安排。

（2）最短路径模型。在物流网络中，利用 GIS 的最短路径模型可以找到货物从仓库到商店的最佳运输路径。这对于降低运输成本、提高物流效率具有重要意义。例如，在需要将货物从 n 个仓库运送到 m 个商店的情况下，最短路径模型可以帮助确定最优的物流运输方案。

（3）分配集合物流模型。GIS 的分配集合物流模型可以基于各要素之间的相似度，将同一层级的全部或部分要素划分为若干组。在物流系统中，这有助于优化分销点的布局和服务范围，提高市场覆盖率和客户满意度。

（4）设施定位模型。利用 GIS 的设施定位模型可以确定物流系统中仓库、配送中心等设施的具体位置。这有助于构建高效、经济的物流网络，降低运输成本和库存成本。在整个物流体系中，仓库与运输路线共同构成了一个完整的物流网络。

二、物流信息系统

（一）物流信息系统概述

物流信息系统是物流系统的关键组成部分，由专业人员、先进设备和高效程序构成。它为物流管理者提供计划、实施、控制等全方位的信息支持。具体来说，物流信息系统包括以下几个子系统：

（1）仓库管理系统（WMS）：实现仓库内货物的有效管理，包括入库、出库、盘点等。

（2）集装箱堆场管理系统（CYMS）：管理集装箱堆场的日常运作，确保集装箱的安全和高效利用。

（3）配送中心管理信息系统（DCMS）：优化配送中心的运营流程，提高配送效率。

（4）运输管理系统（TMS）：监控和管理运输过程，确保货物按时、安全地送达目的地。

（5）物流采购决策支持系统：辅助企业制定采购策略，降低采购成本，提高采购效率。

（二）物流信息系统的体系结构

（1）概念结构：物流信息系统的概念结构由四大核心部件构成：信息源、信息处理器、信息使用者以及信息管理者。这四大部件相互协作，共同确保物流信息准确、高效流通。

（2）层次结构：在实际应用中，物流信息系统的管理活动被细致划分为三个层次——战略层、管理层和操作层。每个层次都专注于不同的信息处理内容和决策需求，以确保从全局到细节的全面掌控。

（3）功能结构：物流信息系统不仅拥有明确的目标，还在功能设计上实现了高度的专业化和一体化。其多样化的功能通过紧密的信息流相互连接，形成了一个协调、高效运作的有机整体。从物流性质出发，其功能涉及供应、生产、销售和回收等物流环节；从流通环节来看，其包括包装、装卸搬运、存储、运输等功能。这种功能结构不仅体现了物流信息系统的专业性，也确保了物流流程的顺畅性。

（4）软件结构：物流信息系统的软件结构由支持不同功能的软件系统或软件模块组成。可采用功能-层次矩阵的方式，直观地展示这一结构。在矩阵的水平方向上，列出包装、装卸搬运、存储、运输等管理职能；在垂直方向上，列出战略计划、管理控制、运行控制、业务处理等管理层次。这种方式清晰地展示了物流信息系统软件的功能分布和层次关系，为物流信息的处理和管理提供了有力的支撑。

（三）物流信息系统规划

1. 物流信息系统规划的原因

系统规划不仅是项目开发的基础，也是进行系统分析、制订工作计划、筹集和分配资源、评估系统以及协调各部门工作的重要依据。

2. 物流信息系统规划的主要内容

（1）物流信息系统的目标、约束与结构。

（2）对当前的组织业务流程进行细致梳理，对现有信息系统的各项功能、运行环境、应用效果进行深度剖析。同时，我们还对当前的人员配置、经费分配进行了全面考量，确保这些资源能够充分满足物流业务的实际需求。

（3）对可能影响计划的信息技术进展的预期分析。信息技术当前及未来的发展无疑会对信息系统的战略规划产生影响。

（4）发展规划的阶段安排。

3. 物流信息系统规划的原则

（1）完整性。物流的各个层面都是通过信息流紧密相连的，在整个物流系统中，需要有一个信息系统负责对物流信息进行收集、传递、储存、处理、分析和展示。

（2）可靠性。物流信息系统在正常情况下是可靠运行的，实际上就是要求物流信息系统保持准确性和稳定性。

（3）经济性。企业作为追求利润的组织，其核心目标是追求经济收益。因此，在每一次投资决策中，都会权衡其产出。所以，在整个系统的投资过程中，必须确保投资最少而回报最大。

4. 物流信息系统规划的主要方法

（1）关键成功因素法。物流领域提及的"关键成功因素"是指那些对企业整体运营和成功具有决定性影响的因素。这些因素的当前状态直接反映了企业的运营状况和未来的发展趋势。

（2）战略目标集转化法。在物流管理中，战略目标集转化法是一种将组织的宏观战略目标细化为具体信息系统战略目标的方法。这种方法将组织的使命、目标、战略以及管理复杂性、改革习惯、重要环境约束等因素视为一个综合的"信息集合"。通过这一转化过程，可以确保组织的宏观战略目标被有效地转化为支持其实现的信息系统战略目标。

（3）企业系统规划法。企业系统规划法要求：

① 信息系统应支持企业的目标；

② 信息系统应满足企业各个管理层次（战略计划、管理控制和操作控制）的信息需求；

③ 信息系统应向整个企业提供一致的信息；

④ 信息系统应在企业管理体制和组织机构发生变化时保持一定的稳定性和工作能力；

⑤ 信息系统的战略规划应先"自上而下"识别和分析，再"自下而上"设计。

（四）物流信息系统的开发方法

1. 生命周期法

运用系统工程的方法论，始终将用户需求置于核心地位。通过结构化和模块化的技术手段，从宏观到微观、自上而下，对整个系统进行深入、全面的分析与设计。在具体开发过程中，采用结构化的系统开发策略，将整个流程精心划分为五个紧密相连的阶段，具体包括需求分析、开发实施、测试验证及部署维护。这些阶段共同构成了系统开发的完整生命周期，确保每一步都紧密衔接，高效推进。

2. 原型法

原型法作为一种特定的开发策略，并非适用于所有情况，它有其特定的应用领域和限制。这主要表现在以下几个方面：

（1）对于一个大型系统，如果不进行全面的分析和划分，直接使用原型法逐一模拟将是一项极具挑战性的任务。

（2）对于运算量大且逻辑严密的模块程序，原型法难以构建出可供评估的模型，因为这种问题难以用简单的语言描述清楚。

（3）对于批处理系统，大部分是内部处理过程，用原型法有一定的困难。

3. 面向对象法

面向对象法是以对象为主体开发信息系统的方法。面向对象法的结构和特征主要包括：

（1）任何复杂的系统或流程都是由多个被精心挑选的对象组成的。这些对象以特定的方式组合在一起，形成稳定的结构，从而构建出更为复杂且功能完备的物流系统。

（2）在物流系统中，每一个对象都由其独特的属性和方法定义。属性描述了对象的各种信息特征，如特性、具体数值以及当前的运行状态等；方法则是通过一系列预定义的操作流程实现的，它确保了对象能够按照预定的规则运作。

（3）物流系统中对象间的互动和协作，主要通过消息的传递来实现。这种消息的传递是基于特定的消息模式和方法定义的操作流程来完成的，确保了物流系统的高效运行和信息的准确传递。

复习与思考题 ▮▮▶

1. 物流信息系统在我国的开发和应用状况如何？

2. RFID 技术和条形码组合应用的优势是什么？

3. GIS、GPS 是如何协作的？

4. 物流信息系统对物流运营的重要性体现在哪些方面？

第三篇

物流前沿篇

第十章　电子商务物流管理

教学目标

通过本章的学习，学生应能掌握电子商务物流的基本概念及特点、电子商务的发展概况；了解电子商务对物流提出的要求、电子商务物流的意义及主要任务、电子商务环境下物流的发展趋势；理解电子商务与物流系统的关系。

案例导入

快递产业发展现状分析

快递产业作为现代化经济体系的重要支撑，已成为连接生产、流通与消费的核心纽带。自 21 世纪初以来，中国快递行业依托电子商务的爆发式增长，实现了从传统物流到智能化服务的跨越式发展。2023 年，全国快递业务量突破 1200 亿件，2024 年更提前突破 1500 亿件大关。根据国家统计局数据，2024 年邮政行业寄递业务总量 1937 亿件，比上年增长

电子商务环境下的
物流速度

19.2%。邮政行业完成邮政函件业务 9.9 亿件，包裹业务 0.3 亿件，快递业务量 1751 亿件，快递业务收入 14034 亿元。这一增长不仅得益于国内消费升级和电商渗透率的提升，更与政策支持、技术创新及全球化布局密切相关。

一、业务规模与市场格局

全国邮政行业 2024 年快递业务量 1751 亿件，快递业务收入 14034 亿元。头部企业如中通、圆通、顺丰通过兼并重组扩大市场份额，市场集中度显著提升，但价格竞争依然激烈，单票收入同比下降 12.6%。与此同时，农村市场成为新的增长点，快递进村覆盖率超过 90%，下沉市场网购渗透率提升带动业务量的激增。

二、技术应用与服务升级

智能化技术成为行业提质增效的核心驱动力。自动化分拣设备普及率超 70%，无

人仓、无人机配送在长三角、珠三角试点应用，分拣效率提升 50％ 以上。此外，大数据与 AI 技术优化了路由规划和客户服务，72 小时妥投率提升至 85％。但服务质量仍存在区域差异，部分企业面临末端配送延迟、包裹破损等用户体验问题。

三、绿色转型与政策驱动

国家邮政局推动"绿色快递"行动，可降解包装材料使用率提升至 50％，新能源物流车保有量超 20 万辆。在政策层面，《"十四五"现代物流发展规划》明确提出构建低碳循环体系，倒逼企业优化包装和运输流程。然而，过度包装、回收体系不完善等问题仍制约环保目标的实现。

四、国际化与跨境物流拓展

跨境电商的繁荣推动国际快递业务量同比增长 52％，顺丰、菜鸟等企业加速布局海外仓和航空枢纽，中欧班列跨境包裹运输占比增至 15％。但国际物流网络仍面临地缘政治风险和成本高企的挑战。

第一节　电子商务概述

一、电子商务的概念

目前，对于电子商务的概念还没有一个统一的说法，许多专家学者都尝试从不同角度界定电子商务的内涵和外延。狭义的概念仅仅将通过互联网进行的商业活动归属于电子商务，而广义的概念则是将利用包括互联网、内联网和局域网等各种不同形式网络在内的一切计算机网络进行的所有商贸活动都归属于电子商务。

实际上，电子商务涵盖了所有通过电子信息网络进行的商业活动，包括但不限于广告推广、产品设计、技术开发、销售推广、采购管理和财务结算等。现阶段，电子商务主要依托现有的计算机网络平台，用于信息、商品和服务的交易流通。展望未来，电子商务发展的潜力巨大，它可能利用信息高速公路上的任何一个网络节点，实现更为广泛和高效的交易活动。这样的发展趋势不仅拓宽了电子商务的应用范围，也给物流行业带来了更多的机遇和挑战。

对于传统企业来说，在进行电子商务活动时，优化其内部管理信息系统（management information system，MIS）是至关重要的。MIS 被视为企业电子商务的核心。MIS 的核心思想是通过处理各种内部信息，对商品、资金、物流及信息进行高效的控制和管理，从而达到提高销售额、降低成本和增加利润的目的。

综合考虑各方的观点，并结合我国电子商务的实际操作，本书对电子商务的定义进行如下阐述：电子商务，作为物流行业的重要支撑，涵盖了多元化的商业活动主体，包括生产企业、商贸企业、金融企业、政府机构以及个人消费者等。为了突破地域和时间的限制，提升商务活动的效率和便捷性，电子商务充分利用计算机网络和各种先进的数字化传媒技术，使得商品和服务的交易变得更为顺畅和高效。这种交易方式不仅促进了商业活动的全球化发展，也为物流行业提供了更加广阔的市场空间。

二、电子商务的产生与发展

电子商务的产生有其深刻的技术背景和商业背景，生产力发展的客观要求和 IT 技术的发展既是它产生的原因，也是它发展的动力。

（一）环境压力是电子商务发展的主要动因

当今社会的宏观和微观环境正在创造一个高度竞争的、以客户为中心的商务环境，而且环境变化之迅速令人难以捉摸。企业面临的经营压力越来越大。当前企业面临的主要经营压力详见表 10-1。

表 10-1　当前企业面临的主要经营压力

市场经济压力	社会环境压力	技术压力
激烈的竞争	劳动力性质的改变	技术的迅速过时
经济全球化	政府管制的解除	不断出现的新技术
区域性贸易协定	政府补贴的减少	信息爆炸
部分国家劳动力廉价	道德与法律重要性的增加	技术性价比的迅速下降
市场上频繁而重大的变化	企业社会责任的增加	—
买方市场的形成	政策的迅速变化	—

面对压力，企业要想很好地生存，就必须及时作出反应。企业必须不断进行管理创新。战略系统的应用、商业联盟的建立、持续的改进和业务流程再造（BPR）已成为公认的企业面对压力的有效反应，如图 10-1 所示。

在这方面，电子商务可以起到有力的支持作用。例如，基于网络技术的电子商务可以加速产品或服务的开发、测试和实现的步伐，信息共享可以推进管理授权和员工内部协作，电子商务可以帮助缓解供应链延迟的压力和减少存货量，消除其他低效率现象等。

（二）技术进步是电子商务产生和发展的基础条件

电子商务起源于 20 世纪 60 年代，并在 20 世纪 90 年代实现了高速发展。其产生和发展的关键因素主要包括：

（1）计算机的广泛应用。计算机处理能力和速度的不断提升，为电子商务的广泛

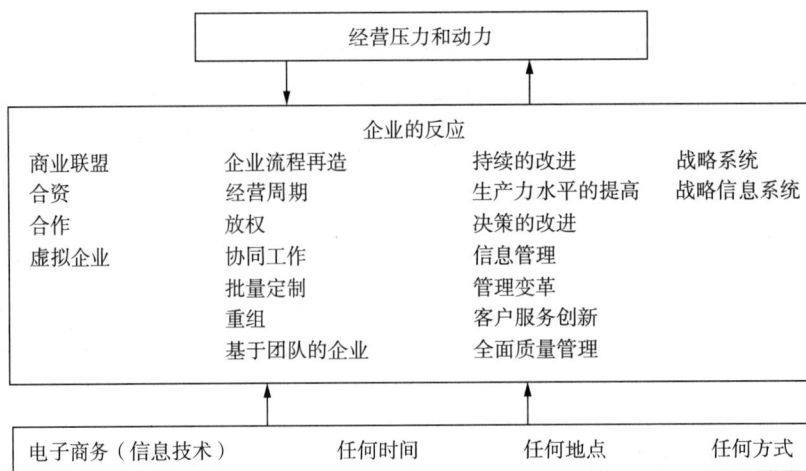

图 10 - 1　企业对压力的反应

应用奠定了坚实的基础。

（2）互联网的普及和成熟。随着互联网逐步发展为全球的通信和交易平台，全球上网用户数量呈现指数式增长，为电子商务的进一步发展创造了有利条件。

（3）信用卡的普及应用。信用卡凭借其便捷、迅速和安全的特点，已经成为人们进行消费支付的主要工具。基于这一点，全球范围内的信用卡计算机网络支付和结算系统得以完善，为电子商务中的在线支付功能提供了有力的支持。

（三）社会为电子商务发展提供了良好的环境

1997 年 5 月 31 日，美国的 VISA 和 Mastercard 国际组织等机构共同推出了电子安全交易协议。这一协议获得了众多制造商的肯定和支持，为电子商务的发展创造了一个至关重要的安全环境。

与此同时，欧盟发布《欧洲电子商务协议》，美国随后发布《全球电子商务纲要》。电子商务受到世界各国政府的重视，许多国家的政府开始尝试"网上采购"，这为电子商务的发展提供了有力的支持。

三、电子商务的发展阶段

在物流领域，关于电子商务的发展阶段，通常有两种主流的划分方式。一种是"两阶段"论，它将电子商务的发展分为传统电子商务阶段和现代电子商务阶段，其中现代电子商务阶段的显著标志是 Internet 的广泛应用。另一种则是"三阶段"论，它更为细致地描绘了电子商务的演进过程。

（一）20 世纪 60—90 年代：基于 EDI 的电子商务

20 世纪 60 年代初期，人们已经开始利用电报报文来传送商业文档；20 世纪 70 年代，电报逐渐被更为便捷和高效的传真机所取代。由于传统的传真文件是通过纸质打印来传输和管理的，这使得信息无法直接被导入信息系统中。因此，随着计算机技术的飞速进步，EDI（电子数据交换）逐渐成为企业间电子商务的主要应用技术，这也标志着电子商务初步形成。

EDI 是一种基于公认标准的电子传输方式，用于将业务文件从一台计算机传送到另一台计算机。EDI 显著地减少了纸质票据的使用，使得人们习惯性地将其称作"无纸交易"。

以 EDI 为基础的电子商务有其局限性。例如，其解决方案主要依赖于功能单一的专用软硬件设施。同时，这种基于 EDI 的电子商务模式仅在发达国家的大型企业中得到应用，而在大多数发展中国家和中小型企业中实施起来则相对困难。

（二）20 世纪 90 年代以来：基于国际互联网的电子商务

20 世纪 90 年代中期以后，全球互联网得到了飞速的普及，从大学和科研机构逐渐扩展到了企业和家庭，其主要功能也从简单的信息共享转变为面向大众的信息传递。电子商务逐渐成为互联网应用中的焦点话题。借助互联网这一平台，人们能推广自己的产品和服务，进行各种交易和结算操作，从而将商业活动中涉及的物流、信息流和资金流等多个业务环节整合在一起。电子商务不仅有助于降低运营成本，还能提升服务质量，并增强企业适应市场变化的能力。这种建立在互联网基础上的电子商务模式，也被普遍称为第二代电子商务。

（三）现在的 E 概念电子商务

从 2000 年初开始，人们对电子商务的理解逐步拓展到了 E 概念的更高层次，逐渐认识到电子商务实质上是电子信息技术与商务应用的融合。电子信息技术不仅能与商业活动相结合，还能与医疗、教育、卫生、军事和政务等相关应用领域融合，进而塑造出 E 概念在这些领域的应用。电子信息技术与教育的融合，催生了电子教务系统，即远程教育；电子信息技术与医疗的融合，诞生了电子医疗服务，即远程医疗服务；电子信息技术与政务的融合，催生了电子政务等多个方面。针对不同的 E 概念，诞生了各种不同的电子商务模式。随着电子信息技术的不断进步和社会需求的持续增加，人们也在不断地寻找电子信息技术的新应用场景。

四、电子商务对社会经济发展的影响

随着电子商务的吸引力不断攀升，一系列与之相关的概念如虚拟企业、虚拟银行、网络营销、在线购物、在线支付和网络广告等逐渐进入公众的视野并获得了广泛的认可。这些新兴事物不仅给物流行业带来了革命性的发展，而且从多个维度深刻展现了电子商务对社会经济的深远影响，推动了商业模式的创新和经济的持续发展。

（一）电子商务改变商务活动的方式

在传统的商业活动中，最常见的场景是"到处都是推销员""到处都是采购员"

"嘴巴说破了，腿跑断了"，导致消费者需要在商场里筋疲力尽地寻找他们所需的商品。如今，通过互联网，一切都变得轻而易举。人们有机会在在线购物中心浏览和购买各种商品，同时也可以享受在线服务；商家有能力在互联网上与客户建立联系，并通过互联网来完成货款的结算工作。通过互联网，政府能够便捷地执行电子招标和政府采购等操作。通过互联网，商务活动变得更加便捷和高效。综上所述，电子商务的发展对社会经济产生了广泛而深刻的影响。

（二）电子商务改变人们的消费方式

在线购物赋予了消费者前所未有的主导地位，消费者的购物意愿完全由自己掌控。消费者可以通过便捷的网络平台，以轻松自如的自我服务方式完成交易，这种购物体验充分彰显了消费者的主导地位和个性化选择。这种变革不仅提升了购物的便捷性和灵活性，也进一步促进了物流行业的专业化和高效化。

（三）电子商务改变企业的生产方式

电子商务为企业提供了一种迅速且便捷的途径，使得消费者个性化和特殊化的需求能够在互联网上得到充分的满足。为了更好地满足客户需求并凸显产品的独特设计，众多制造业公司都在积极推广电子商务。例如，美国福特汽车公司在 1998 年决定将其遍布全球的 12 万个计算机工作站与公司的内部网络连接，并将全球的 1.5 万个经销商纳入其内部网络，其终极目标是根据客户的多样化需求提供汽车。2018 年，福特汽车公司成功地收购了硅谷的技术公司 Autonomic 和北卡罗来纳州的软件供应商TransLoc，以帮助其发展新的移动出行业务。

（四）电子商务给传统行业带来革命

电子商务能够在商业活动中，通过人与电子通信手段的融合，显著提升商业活动的执行效率，并减少不必要的中间步骤。目前，电子商务已经深入人们生活的各个方面。线上服务给传统的服务行业带来了创新的服务模式，并使得传统制造业步入小规模、多样化的时代，实现了"零库存"的目标；传统服务行业也将迎来一个发展契机——网上购物。传统的零售和批发行业通过这种方式创立了"无店铺""网上营销"等创新模式。

（五）电子商务带来一个全新的金融业

在线电子支付作为电子商务的核心组成部分，不仅为电子商务的健康发展提供了坚实基础，也推动了整个金融行业迈向一个全新的数字化时代。随着电子商务在交易环节中的不断创新，一系列创新金融服务如网上银行、银行卡支付网络、电子支票和电子现金等应运而生，为传统金融业注入了新的活力。1995 年 10 月，美国迎来了全球首家在线银行——安全第一网络银行，它的诞生标志着金融业开始摆脱物理空间的束缚，进入无界限的虚拟世界。这家银行没有实体建筑，也没有传统意义上的分支机构，却能够为客户提供便捷、高效的金融服务，展现了电子商务与金融业深度融合的巨大潜力。

（六）电子商务改变政府的行为

政府在管理和提供服务方面扮演着关键角色，特别是作为市场经济的"可见的手"，它在调控市场经济和避免市场失灵所导致的问题上发挥了至关重要的作用。在电子商务的时代背景下，企业利用电子商务进行生产和经营，银行推进金融电子化，以及消费者的在线消费行为，都对政府的管理方式提出了新的挑战。随着电子商务的不断发展，电子政府（也被称为网上政府）也将相应地发展壮大，并将扮演至关重要的角色。

（七）电子商务对企业管理的影响

电子商务对企业管理产生了深远的影响，主要体现在以下三个方面：

1. 组织结构

电子商务彻底打破了传统企业按部门分工合作的模式，引入了并行工程的概念。在并行工程的模式下，不仅市场部或销售部能直接与客户互动，其他部门也能通过电子商务网络与客户保持紧密联系。这种变革打破了原有的工作单元界限，形成了一个直接面向客户、以客户为中心的服务团队。这个团队直接对接市场，根据市场反馈来评估和优化业务流程。同时，企业间的业务单元也不再是封闭的金字塔结构，而是形成了一个开放、互动的网络结构，促进了各部门之间的信息交流和资源共享，从而提高了盈利能力并减少了内部摩擦。

在电子商务的推动下，企业突破了时空限制，形成了一种新型的虚拟企业模式。虚拟企业打破了企业、产业和地域的界限，将现有资源整合成一个能够实时传递信息的商业实体。这种企业形态既可以是企业内部多元素的融合，也可以是不同企业间的联合。管理方式也从过去的相互控制转变为相互支持，从监督转变为激励，从命令转变为指导。

2. 管理模式

电子商务改变了企业的信息交流方式，从传统的"一对多"模式转变为"多对多"的双向互动模式。这种新模式使得信息能够直接、高效地传递给所有相关人员，从而大大提高了工作效率。这种组织结构的管理模式被称为"第五代模式"，即21世纪的信息管理模式。在这种模式下，企业管理呈现出三大显著特征：

（1）企业内部建立了内部网和数据库，使各部门之间能够通过内部网迅速沟通，增加了管理层之间的交流机会，推动了组织结构的分散化和网络化。

（2）中间管理人员能够获得更多直接信息，并在企业管理决策中发挥更大作用，进一步推动组织结构扁平化。

（3）企业管理从集权制向分权制转变。随着电子商务的普及，企业原有的集中决策中心转变为多个分散的决策中心。这种多中心的组织结构提高了决策效率，解决了沟通障碍等问题。决策过程由跨部门、跨职能的多功能组织单元共同参与、共同承担责任和共享利益，这不仅增强了员工的参与感和决策能力，还激发了员工的工作积极性，提高了企业决策的科学性和有效性。

3. 生产经营

电子商务在企业的生产经营活动中的影响力不容忽视，主要体现在以下几个方面：

(1) 显著降低了企业的交易成本。具体而言，它帮助企业大幅减少了传统的推广费用，给企业的成本控制和效率提升带来了显著效益。这种变革不仅优化了企业的经营模式，也增强了企业的市场竞争力。根据国际数据公司的研究，采用互联网作为广告平台进行在线推广活动，使销售额翻了 10 倍，但所需费用仅为传统广告成本的 1/10。另外，利用电子商务手段有助于降低采购的总成本。借助电子商务采购系统的专业应用，企业有效强化了与供应商的战略合作，将原材料的采购流程与产品制造流程进行无缝对接，形成了一套高效集成的信息传输与处理机制。以美国通用电气公司为例，该公司代表透露，自从引入电子商务采购系统后，采购成本实现了 40% 的显著降幅，其中人工成本减少了 20%，原材料成本也降低了 20%，这一成果充分体现了电子商务在物流及供应链管理中的高效性。

(2) 提升库存管理效率。从 1996 年起，IBM 个人系统集团便引入了电子商务高级计划系统，这一举措显著提升了物流管理的专业性。通过该系统，制造商能够精准地根据销售商的实际需求进行生产安排，有效避免了库存积压或短缺的情况。这不仅大幅提高了库存周转效率，确保了库存量始终维持在一个合理且经济的水平，而且显著降低了库存成本，给企业带来了实实在在的经济效益。

(3) 缩短企业的生产周期。网络技术的迅猛发展，给产品的创新和设计带来了更为高效的途径。开发人员能够通过互联网快速进行市场调研；能够迅速地获取产品在市场上的反馈，并在需要时对正在开发的产品做出相应的优化；通过互联网，能够掌握竞争对手的最新动态，进而对自己的产品进行适当调整。

(4) 拓展企业交易边界。电子商务凭借互联网的开放性和全球化特性，打破了时间和空间的限制。企业得以跨越地域边界，为全球各地的客户提供持续的技术支持与销售服务。这种全天候、全方位的运营模式，为企业带来了前所未有的交易机会，打开了更广阔的市场空间。

电子商务不仅是一场商业活动的革新，还预示着一场前所未有的社会经济变革。其影响远超商业范畴，直接触及就业市场、法律体系及文化教育等多个领域。电子商务的普及与深化，正逐步改变着我们的工作方式、法律环境和文化素养。

五、电子商务的概念模型

电子商务的概念模型（图 10-2）为我们提供了一个清晰、全面的视角，用以理解和描述实际电子商务行为。它涵盖了交易主体、电子交易市场、交易的商品与服务，以及构成电子商务核心的四流：信息流、资金流、物流和商流。这些要素共同构成了电子商务的核心理念与运作框架，为数字化时代开展商业活动提供了坚实的理论支撑。

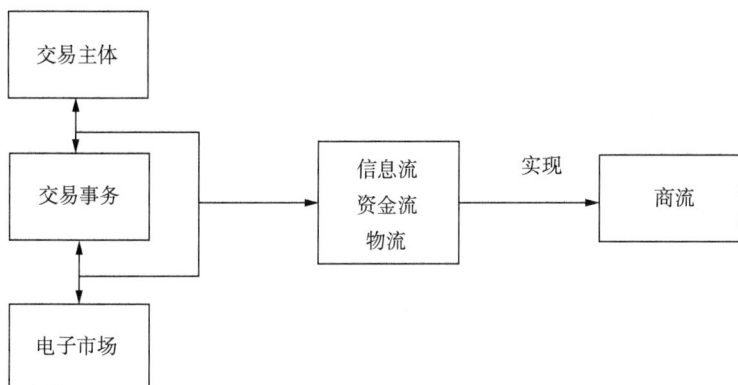

图 10-2　电子商务的概念模型

在电了商务的概念模型中，交易主体特指那些具备参与电子商务活动能力的组织或个人。电子市场是一个虚拟的交换平台，为这些电子商务实体提供了便捷的商品和服务交易环境。在这个平台上，商务活动的参与者借助各种通信工具，通过互联网紧密相连，形成了一个高效运作的经济网络。交易事务涵盖了交易主体所进行的多样化商业活动，例如询价、报价、资金转账、广告推广以及商品运输等。这些活动共同构成了电子商务交易的核心内容。

值得一提的是，任何一笔电子商务交易都离不开信息流、资金流、物流和商流这四个关键因素。信息流不仅涉及商品信息的发布、网络促销、技术支持和售后服务，还涉及交易过程中各种单证的传递，以及交易双方支付能力和信誉的确认。这些信息的有效传递和处理，是确保电子商务交易顺利进行的关键。资金流主要是指资金的转移过程，包括转账、付款、兑换等。物流主要是指商品实体的空间转移，包括装卸、运输、配送、储存、包装等环节。对于部分数字化产品，可以通过网络配送。商流是指交易双方进行交易和所有权转移的过程，标志着交易的最终实现。

六、电子商务的框架构成和流程

（一）电子商务的框架构成

电子商务的基本组成要素包括网络、消费者、物流中心、认证中心、网上银行、网上商城、商家等，如图 10-3 所示。

1. 互联网、内联网和外联网

互联网是电子商务的基础，是传送信息流、资金流的载体；内联网是企业内部商务活动的场所；外联网是企业与企业及企业与个人进行商务活动的纽带。

2. 网上商城与消费者

网上商城既是买方又是卖方，它既要从网上搜集信息，从生产厂家订货，又要发

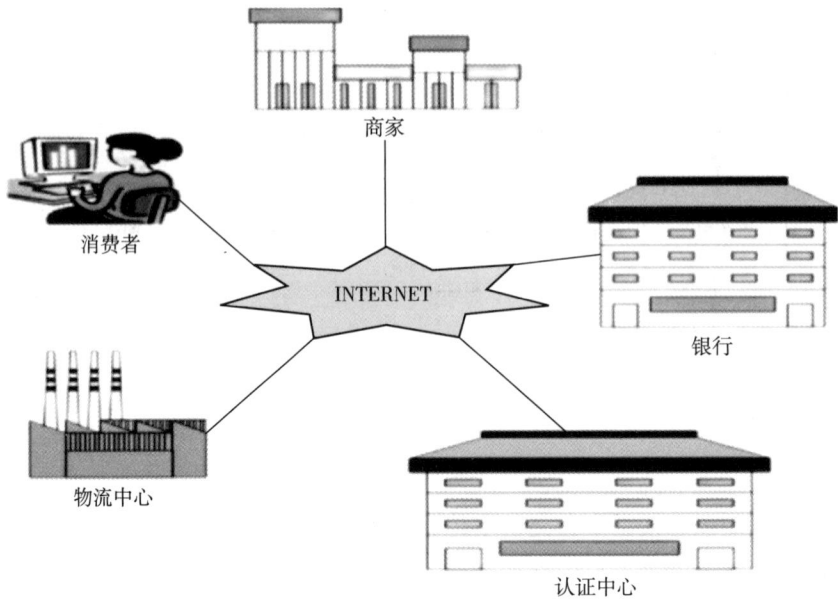

图 10-3 电子商务的基本组成要素

布信息,向消费者销售商品。消费者是最终客户,他们通过浏览网页获取商品信息,实现足不出户的网上购物。

3. 认证中心

认证中心是法律承认的权威机构,其主要职责是分发和管理电子证书,确保在线交易各方能够互相确认身份。电子证书是一份数字化的文件,它包含证书持有者的个人资料、公开密钥、证书编号、有效期以及发证机构的电子签名等详细信息。

4. 物流中心

物流中心会响应商家的送货需求,负责组织运输部分无法直接从网络上获取的商品,并密切关注产品的流通情况,确保产品安全送达消费者手中。

5. 网上银行

网上银行实现在线转账业务,以确保客户能够享受 24 小时的即时服务;与信用卡公司合作,提供电子钱包和在线支付服务,以满足电子商务客户的需求。

(二) 电子商务的框架

随着电子商务的蓬勃发展,信息已经跃升为新的核心要素,引领着市场的变革。这一变革催生了一系列新的交易形态,包括信息商品、信息服务以及电子货币等,这些新兴元素正在逐步改变市场的面貌。在此背景下,贸易的核心本质并未发生变化,但由于其所依赖的载体发生了改变,贸易过程中的某些环节也相应地发生了形态上的改变。从单一企业的角度看,贸易模式已经历了若干变革;通过观察整体的贸易背景,发现某些商业机遇已经消逝,但新的商业机会正在涌现,某些行业正在经历衰退,但新的行业正在崛起，这给整个贸易流程带来了全新面貌。

对于希望发展电子商务的企业来说，深入了解电子商务的基础设施构成至关重要。这不仅有助于企业更好地理解电子商务的运作机制，还能确保企业在发展过程中作出明智的决策，充分利用技术带来的优势，从而提升企业在电子商务领域的竞争力。电子商务的框架如图 10 - 4 所示。

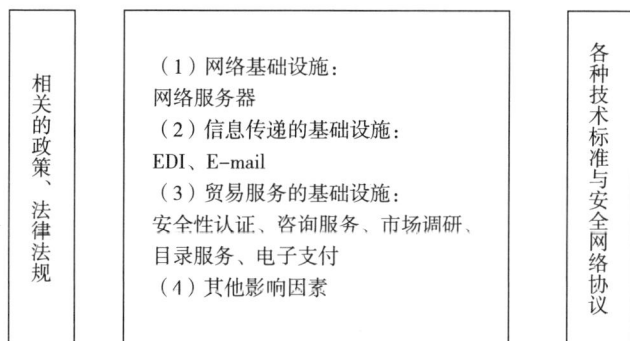

图 10 - 4　电子商务的框架

1. 网络基础设施

信息高速公路，这一形象的比喻，恰如其分地描绘了电子商务网络基础设施的核心。作为电子商务的基石之一，它就像我们生活中的公路系统，由不同层级的道路交织而成。在这个网络体系中，骨干网络如同国家主干道，承载着大量信息的快速传输；城市网络则类似于城市内的主要街道，连接着各个重要的商业节点；而局域网络则像是小区内的道路，为特定区域内的用户提供便捷的信息交换。这样多层次的网络结构，共同构成了电子商务的信息高速公路，确保了信息流通的顺畅无阻，为物流行业的高效运作提供了坚实的基础。

信息高速公路的主要目的是让信息能够通过网络进行传播，而在这条"公路"上行驶的"车辆"的具体形态则取决于用户的实际操作方式。目前，网络上最受欢迎的信息发布方式是通过 HTML（超文本链接语言）在 WWW（万维网）上发布信息。在传统的电子商务背景下，为了推广自己的产品，厂商往往需要投入大量的精力，通过各种广告等促销手段进行宣传，但在电子商务背景下推广的方法则大为不同。这样的差异建立在两个前提之下：一是网络基础设施的流畅性，以及接入的便捷性和成本效益；二是存在着大量潜在的网络用户。厂商推广的核心目标是让消费者了解其产品，正如在报纸上做广告时，需要寻找读者众多的报纸以获得更好的效果。只要满足这两个前提条件，互联网的优越性就是毋庸置疑的。WWW 为商业竞争提供了相对公平的机会，这使得小型企业完全具备在网络平台上发布产品目录和存货清单的能力，从而为其合作伙伴、供应商和消费者提供更多、更优质的信息。HTML 则为消费者和采购人员提供了最合适、最简洁的信息。以物流行业的实际应用为例，高级的网络服务器能够根据个人使用习惯和偏好，智能化地为不同查询者提供定制化的目录。相比传统的客户登记卡，网络站点所提供的这种功能更为先进且持久。它能实时捕捉并分析用户的在线行为，为物流企业提供深入的市场营销洞察，从而助力企业更精准地制定未来的战略规划。

2. 信息传递的基础设施

网络上传递的内容包括文本、图片、声音和图像等。负责信息传递的硬件和软件工具为用户提供了两种不同的沟通手段：一种是基于非格式化的数据交流，例如通过传真和电子邮件进行的信息传递，这主要是以人为中心的；另一种是格式化的数据交流，EDI 就是其中的代表。EDI 的数据传输和处理可以完全自动化，无须人为干预，这是一种面向机器的方式，订单、发票和装运单都非常适合这种格式化的数据交流。在电子商务领域，为了满足电子商务的实际需求，现有的信息传递工具需要进一步扩展其功能，确保所传递的信息是可信的、不被篡改的、无法否认的，并在存有争议的情况下提供充分的证据支持。

3. 贸易服务的基础设施

贸易服务的基础设施是贸易活动中不可或缺的核心服务，它涵盖了确保交易顺畅进行所需的各项业务支持，包括安全验证、电子支付、商品清单管理及价格清单服务等。这些服务对于所有从事贸易活动的企业和个人都至关重要。其中，构建安全的电子销售与支付系统是贸易服务中的关键组成部分。在在线交易中，买家会选择电子支付方式（如电子信用卡、电子支票或电子现金）进行付款，并向卖家发送付款通知。只有当卖家通过中介机构验证这笔款项并确认接收，同时完成发货后，这笔交易才被视为完成。

为了确保在线支付的安全性，需要保障交易的保密性、真实性、完整性和不可否认性。现行的操作方式依赖于交易各方提供的电子证书（即电子身份证明），这些电子证书确保了从交易发起端到接收端的信息传递安全无虞。

4. 其他影响因素

相关的政策、法律法规和各种技术标准是整个电子商务框架的两个支柱。在全球范围内，人们对信息领域的法律建设给予了高度的关注。美国政府在其《全球电子商务纲要》中，对电子商务的法律框架进行了详尽的阐述。同样，联合国国际贸易法委员会在 1996 年通过了具有指导意义的《联合国国际贸易法委员会电子商务示范法》，为各国电子商务立法提供了参考。俄罗斯、德国、英国等国家紧随其后，相继出台了一系列相关法律法规，以适应电子商务的快速发展。在我国，电子商务的法律建设取得了重要进展。2018 年 8 月 31 日，十三届全国人民代表大会常务委员会第五次会议通过了《中华人民共和国电子商务法》，标志着我国电子商务领域的法律建设迈出了坚实的一步。然而，当前政府在信息化方面的主要精力仍集中在基础设施建设上，信息化法律法规的完善仍需进一步努力。此外，随着电子商务的深入发展，一些新的问题也逐渐浮现，如个人隐私权的保护、信息定价等。这些问题不仅关系到消费者的权益保护，也关系到电子商务行业的健康发展，因此需要给予高度关注和重视。

此外，在讨论政策法规时，必须认识到不同国家的体制和国情与互联网和电子商务的跨国特性可能存在冲突，这就需要加强国际合作研究。比如，在美国的经济活动中，私营企业起到了主导作用，因此在制定相关政策法规时，美国政府会倾向于支持私营企业，同时努力减少政府的各种限制；在我国，经营政策通常是由政府主导的。此外，由于各国的道德规范不同，必然存在需要协调的方面。在很少接触跨国贸易的情况下，人们不会感觉到它们的冲突；而在电子商务时代，在全球贸易一体化的情况下，客户通过网络购买外国产品，就会很容易出现矛盾。比如，酒类在有些国家是管制商品，但从事国际贸易的企业对此未必知晓，即使知晓，也可能会在利益的驱使下违反规定。特别是海关该如何应对大量小宗货物的跨国交易，已成为需普遍面对的问题。当然，通常法规应具有一定的前瞻性，在制定法规时应该充分考虑到这些因素。

在电子商务的稳固架构中，各种技术标准也是其不可或缺的支柱。这些技术标准界定了用户交互界面、数据传输协议以及信息发布的核心准则。为了确保电子商务在全球范围内顺畅运作，技术标准的兼容性和普适性显得尤为重要。众多行业内的制造商和机构已经认识到了技术标准的重要性，并致力于合作制定统一的技术规范。例如，VISA、MasterCard等国际支付机构已经携手行业合作伙伴，共同制定了SET（安全电子交易）协议，为电子商务的安全支付提供了强有力的技术支持。这些努力不仅提高了电子商务交易的效率，也增强了消费者和商家之间的信任。

（三）电子商务流程

在全面了解电子商务流程之前，先看一下一般网上购物的流程：

（1）客户在某电子商务网站订购了3件商品，该网站的　台计算机负责处理这一工作，计算机把客户的订单（如1本书、1个游戏软件和1台数码相机）发送到网站的配送中心。

（2）在配送中心，客户的订单被传送到离客户最近且存有客户所需商品的配送仓库。计算机会告知送货员具体的取货地点。

（3）所有的商品都被储存在一个货篓里，这个货篓存放了大量客户预定的商品，并在仓库的传送带上进行运输。机器会对每一件商品的条形码进行扫描，与此同时，配送中心的员工会对这项任务进行监控。

（4）客户需要的商品在货运斜管中汇合，然后被装入纸箱，所有货篓都被传送到中心点。在那里，工人核对商品条形码与订单号，以确认哪些商品归哪些客户。客户所订购的三件商品最后被装入一个纸箱。工人在纸箱上贴上条形码，用来表明这是某客户所购买的商品。

（5）工人将商品装箱、密封、称重、贴标签，最后该箱子会被装入一辆卡车，离开仓库，并选择相应的送货方式，将商品送到客户手中。

完整的电子商务流程包括交易前的准备、交易中的磋商、合同的签订与执行、货款的支付与清算，以及交易后的售后服务等环节，具体如图10-5所示。

（四）电子商务的分类

电子商务的参与者主要分为四个群体：企业、个人消费者、政府机构和中介机构。需要认识到，中介机构仅仅为电子商务的实施和扩展提供了技术、管理和服务的支持，而其他三方则以不同的方式参与电子商务流程。虽然某些在线拍卖的电子商务模式，如 consumer to consumer（也被称为 C to C 或 C2C），是个人消费者与个人消费者之间的交易，但企业始终是电子商务的核心。因此，对电子商务的分类研究，主要是从企业的视角来进行的。在企业电子商务领域，我们可以从其涉及的业务领域、系统的复杂性以及应用功能等多个维度来进行分类。由于篇幅所限，本书主要按照企业电子商务系统的业务处理范围来介绍。

从物流的专业视角出发，企业电子商务系统的业务处理范围可分为以下四大类：

图 10-5 电子商务流程

1. 企业内部的电子商务

在企业内部，电子商务的应用旨在通过内部网络自动处理商务流程，增强对关键系统和数据的访问权限，促进组织内部的紧密沟通与协作。企业内部交易的对象相对稳定，因此对安全性和可靠性的要求相对较低。企业内部的电子商务的主要目的是促进企业内部不同部门间的信息交流或内部交易。这种基于企业内部信息技术的电子商务系统，为外部电子商务的顺畅开展打下了坚实基础，且实现起来相对简单。通过企业内部电子商务系统，企业能更灵活地开展商务活动，快速响应市场变化，并为客户提供高质量的服务。

2. 企业间的电子商务（business to business，B to B/B2B）

企业间的电子商务通过电子信息技术手段将具有业务往来的企业紧密相连，实现关键商务处理流程的在线整合，形成一个虚拟的在线企业社群。例如，企业可通过计算机网络从供应商处采购，或在线完成支付等操作。这类电子商务活动，尤其是基于

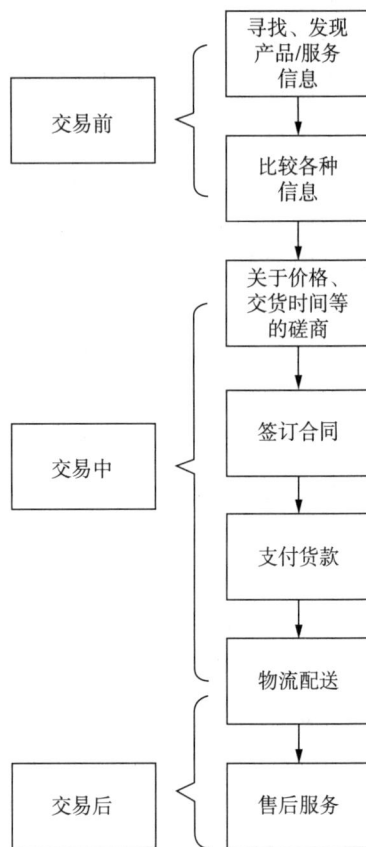

增值网络的商业活动，已有多年的发展历史。它具有强大的实时商务处理能力，为企业提供了稳定、安全且高效的商务沟通和交易途径。

3. 企业与消费者之间的电子商务（business to consumer，B to C/B2C）

企业与消费者之间的电子商务是最为人们所熟知的电子商务活动。众多在线商店利用互联网提供的双向互动通信功能，实现了完整的在线购物流程。随着互联网技术的不断进步，B2C 电子商务迅速崛起。如今，互联网上涌现出众多大型在线超市，销售商品种类繁多，涵盖食品、饮料、计算机、电器等几乎所有的消费品。这种交易模式极大地节省了客户和企业的时间和空间成本，提高了交易效率，减少了不必要的费用，赢得了广泛的社会认可。

4. 企业与政府之间的电子商务（business to government，B to G/B2G）

企业与政府之间的电子商务涵盖了政府采购、税务、商检及管理条例的发布等所有事务。作为消费者的政府，能够通过互联网公布采购清单，实现公开、透明、高效和廉洁的物资和服务采购。同时，政府通过互联网和电子商务手段，可以更全面地履行对企业进行宏观管理、提供规范指导和监督管理的职能。政府各职能部门能迅速获取必要信息，从而作出明智决策，快速响应，并将相关政策、法规和调控信息直接传达给企业，从而充分发挥其管理和服务的职能。在电子商务领域，政府扮演着至关重要的角色，特别是在推动、管理和规范电子商务发展方面。

基于实际需求，电子商务还存在其他多种衍生模式，例如从消费者到企业再到消费者的电子商务模式（C to B to C）等。

（五）电子商务的特点

与传统的商务模式相比，电子商务展现出了明显的特点和优势，具体可以总结为以下几个方面。

1. 高效性

电子商务为买家和卖家提供了一种高效的交易服务手段。其高效性在多个方面得到了体现，比如在线商店不需要营业员或实体店，这不仅能帮助企业降低运营成本，还能提供全天候的服务，从而提升企业销售量，增加客户满意度，并提高企业知名度。企业的电子商务系统还能够详细记录客户每一次的访问和购买行为，以及他们对产品的偏好。通过这种统计分析，企业可以更好地了解客户真正想要购买的产品类型，从而为新产品的研发和生产提供有价值的参考信息。总体来说，电子商务为消费者创造了一个便捷快速的购物环境，同时也为商家创造了一个优质的市场推广氛围，吸引了遍布全球的庞大消费者群体。电子商务为大型企业、中小企业和个体经营者提供了一种基于互联网技术的创新交易模式。

2. 方便性

在电子商务的背景下，客户在家中就能体验到各种购物服务。如今的客户不再受到地理位置的束缚，他们可以在特定的区域或有限的商家中挑选交易伙伴，寻找他们所需要的商品，并有机会在更广泛的区域，甚至是全球范围内寻找合作伙伴，进行商品的选择。更为关键的是，企业在将客户服务流程迁移到互联网平台后，之前客户需要付出巨大努力才能获得的服务，已经变得非常容易获取。比如说，把一笔资金从一个储蓄账户转移到另一个支票账户、查看货物的接收和发送情况、寻找和购买稀有商品等，都可以在家里轻松、实时地完成。显然，电子商务所提供的客户服务极为便捷，这对消费者和企业都是有利的。

3. 社会性

电子商务如同一座桥梁，横跨商业活动的各个环节，将消费者、制造商、运输企业、报关、保险、商检、安全认证以及银行等多元角色紧密联结。他们通过计算机网络，共同编织出一个错综复杂的网络生态，彼此相互影响、依赖，协同工作，形成了一个覆盖全社会的信息交换与处理体系。

电子商务的核心目标是在线商品交易，这一过程犹如一首精心编排的交响乐，需要技术、系统以及社会各个层面的协同。技术协同除了需确保交易流程的顺畅外，还需解决商品与资金流动的革新、法律承认与保护、政府支持与统一管理、通信网络基础设施完善，以及公众对在线购物的接纳等社会性难题。

4. 层次性

电子商务展现出了鲜明的层次性。无论是个体、企业，还是国家，都有能力搭建属于自己的电子商务系统。每个系统都是独立且完整的，能为商品的销售、购买与支付提供一站式服务，同时又是更大规模或更高级别电子商务系统的重要构成。在实际应用中，电子商务系统常被划分为普通、国内、国际三个层次。此外，根据功能与应用难度，电子商务系统还可进一步分级。基础级系统聚焦于基础网络、信息发布、产品展示与货款支付，对性能要求相对较低；而面向国际贸易的高级系统则对技术要求严苛，涉及多国税务、关税及银行业务，结构极为复杂。

在电子商务的实践中，商务活动本质上是一个需要多方协调的过程，它要求客户与制造商、批发商、零售商以及银行、物流配送、通信技术服务等各方紧密合作，从而确保整个交易流程的顺畅与高效。

5. 集成性

尽管电子商务广泛采用了计算机和网络通信等新兴技术，但这并不代表企业的信息系统和设备将被完全淘汰。相反，企业需要对现有的技术设备进行升级和改造，充分利用现有的信息资源和技术，从而高效地完成企业的生产、销售和客户服务任务。电子商务的集成性不仅体现在事务处理的全面性和一致性上，还体现在其能规范事务处理的操作流程，将手工操作和电子信息处理整合为一个统一的整体。这样做不仅有助于提升人力和设备的使用效率，也能增强系统运行的稳定性。

6. 可扩展性

为了确保电子商务系统的稳定运行，必须保障其具备良好的扩展能力。鉴于互联网用户的庞大数量和快速增长，电子商务系统需要具备相应的可扩展性，以确保在用户数量增加或访问高峰期间，系统依然能够稳定运行。

(六) 电子商务的功能

电子商务为用户提供了从在线交易到管理的完整服务流程，涵盖了广告宣传、咨询洽谈、网上订购、网上支付、电子账户管理、服务传递、意见咨询以及交易管理等多种功能。

1. 广告宣传

电子商务公司可以凭借网络服务器和客户端技术，在互联网上精准投放各类商业信息。客户只需借助在线检索工具，即可迅速定位所需的商品信息。与此同时，商家也能通过在线主页和电子邮件在全球范围内进行广告宣传。相较于传统广告方式，网络广告不仅成本更低，而且能够为客户提供更为详尽且丰富的商品信息。

2. 咨询洽谈

在电子商务领域，企业可以通过非实时的电子邮件、新闻团队和实时讨论群等多种方式，快速获取市场和商品信息，并进行交易洽谈。当需求更为复杂时，还可利用在线白板会议等工具，实时交流图形信息，提高洽谈效率。这种在线咨询和洽谈的方式，不仅突破了地域限制，还为用户提供了多样且便捷的异地沟通方式，使得商务交流更加灵活高效。

3. 网上订购

电子商务企业可以通过电子邮件来发送在线订单信息。网上订购通常是通过在产品展示页面上给出的购买提示和订单交互框来完成的。一旦客户完成订购单的填写，系统将会提供确认信息单以确保他们已经收到了订购信息。为了确保客户和商家的商务信息不被外泄，订购信息可以通过加密手段进行保护。

4. 网上支付

为了使电子商务成为一个连贯的流程，网上支付成为关键的一环。在线上直接使用电子支付方式可以大大降低交易过程中的人员成本，客户与商家可以选择使用信用卡账户来完成支付操作。网上支付必须确保信息传递的安全性和可靠性，以避免欺诈、窃听和冒用等非法活动。

5. 电子账户管理

网上支付服务的顺畅运行离不开电子金融体系的全面支撑。这意味着银行、信用卡公司以及保险公司等金融机构必须提供高效、安全的在线金融服务。而电子账户管理则是这一体系运行的核心。

信用卡卡号和银行账户作为电子账户的关键标识，其安全性至关重要。为确保这些账户的安全，金融机构采用了多种技术手段，如数字验证、数字签名和加密技术等。这些技术不仅提升了账户操作的便捷性，也为客户提供了坚实的安全保障。

6. 服务传递

对已经支付了款项的客户而言，企业应该迅速地将所订购的商品送达他们的手中，电子商务可以直接在网络环境中进行物流配置。信息产品，例如软件、电子阅读材料和信息服务等，是最适合在互联网上直接传输的，这些产品可以直接从电子仓库发送到客户端。

7. 意见征询

电子商务非常便捷地利用网页上的表格来搜集客户对于销售服务的各种反馈，从而在企业的市场运作中构建了一个封闭的流程。企业从客户那里得到的反馈不仅有助于提升其售后服务的品质，而且为企业提供了优化产品和探索市场的商业机遇。

8. 交易管理

交易管理涉及人员、财务、物资等多个层面，包括企业与企业、企业与消费者以及企业内部的协调和管理。因此，交易管理覆盖了商务活动的整个流程。

随着电子商务的不断发展，一个高效的交易管理网络环境和多样化的应用服务系统将会出现，从而确保电子商务能够在更多领域得到广泛应用。

第二节　电子商务与物流的关系

尽管电子商务源于 20 世纪的信息技术和网络技术，但关于其涵盖范围的理解却存在多样性。过去，人们往往将电子商务聚焦于信息、商业交易和资金的电子化与网络化，而对于物流的电子化进程则相对被忽视。然而，随着电子商务的广泛普及，物流在其中的关键作用日益凸显。1999 年 9 月，有关媒体组织了一次"72 小时网上生存实验"，结果揭示了物流配送是最大的问题之一，尤其是在订单完成后的长时间等待，几乎抵消了电子商务的跨时域优势。随后的市场研究进一步证实，"物流"在电子商务中的核心地位，并确立了现代物流在电子商务中不可或缺的角色。

电子商务与物流
的关系

一、电子商务物流的含义

电子商务物流，顾名思义，是在电子商务环境下运作的物流系统。它涵盖了在电子化、网络化的信息流、商流和资金流支持下的物资或服务的配送活动，具体包括软件产品（或服务）的网络传输和实体商品的物理配送。电子商务物流运用机械化、自动化的先进工具，借助准确及时的物流信息对物流过程进行严密监控，从而提高物流速度、准确度，减少库存，缩短生产周期等，提升工作效率。这些改进使电子商务的发展得以突破瓶颈，迈向更为广阔的未来。

二、电子商务物流的服务内容

电子商务物流的服务内容主要包括以下两大方面：

（一）传统物流服务

电子商务物流不仅沿用了传统商务活动中的标准物流功能，还针对电子商务的特性进行了优化和升级。

1. 储存功能

电子商务不仅构建了在线平台，还配备了物流中心，其中仓库及其辅助设备是核心。但与传统物流不同，电子商务物流更注重通过高效的信息流管理来减轻库存压力，降低存储成本。物流中心配备了先进的分拣、传输、储存和拣选设备，并利用电子商务信息网络，实现信息代替实物库存的"虚拟库存"管理。通过自动数据采集系统（ADC）、EDI数据交换、内部网络和网络服务器，生产厂商、经销商和物流服务商共享数据，共同降低库存水平。

2. 装卸搬运功能

装卸搬运是确保商品流通效率的关键环节。第三方物流服务提供商通过专业的装卸搬运、运输和码垛机械，提升效率，缩短订货周期，减少商品耗损。

3. 包装功能

物流包装的重点在于整合销售包装，创建适合物流配送的组合包装单元，而非改变销售包装本身。

4. 流通加工功能

物流中心与生产商或分销商合作，完成贴标签、创建条形码等加工任务，简化生产和销售流程。

5. 物流信息处理功能

依赖计算机技术，实时收集、分析和传输物流作业信息，为货主提供详细的作业信息和咨询服务。

（二）增值性物流服务

电子商务还需要通过一系列增值性物流服务来增强其竞争力。增值性物流服务包括以下几个方面。

1. 增加便利性服务

一站式服务简化流程和操作，包括操作提示、简化安装、统一客户接待、全天候营业、自动化订货、信息传递和转账（EOS、EDI、EFT），以及全程实时追踪。这些便利性服务为电子商务销售带来价值增值。

2. 加快反应速度服务

优化配送中心和物流中心网络，重新设计物流路径，减少物流环节，简化物流过程，以提高响应速度。快速反应已成为物流行业发展的重要驱动力。

3. 降低成本服务

在电子商务初期，物流成本可能成为发展阻碍。通过第三方物流服务提供商与电子商务经营者或普通商务经营者的结合，实施物流一体化计划，或采用合适的物流技术和设备，推广物流管理技术，可以降低物流成本，提高物流效率。

4. 延伸服务

在物流领域，延伸服务呈现出多元化的特性。向上延伸，它涵盖了深入的市场调研与预测，精准的采购策略以及高效的订单处理流程；向下延伸，它涵盖了全方位的配送服务、专业的物流咨询、定制化的物流方案选择与规划、精细化的库存控制决策与建议、货款回收与结算的金融服务、行业教育与培训，以及物流系统设计与规划方案的制定等。具体来说，物流结算不仅仅局限于物流服务的费用结算。当涉及代理和配送服务时，物流服务提供商还需承担起为货主向收货人支付货款等金融服务的责任。此外，基于物流中心提供的商品进货和出货数据，物流服务提供商有能力进行精准的市场需求分析，通过预估未来一段时间内商品的进库量和出库量，进一步预测市场对特定商品的需求趋势，从而为货主提供科学的订货指导。这种前瞻性的市场分析和服务，不仅体现了物流服务的专业性，也极大地提升了物流服务提供商的附加值。

三、电子商务与物流

（一）物流是电子商务理论模型的基本要素

电子商务的理论模型是对现实世界中电子商务运作的精准提炼，它涵盖了交易参与者、电子交易市场，以及一系列与交易紧密相关的要素。这些要素中，信息流、资金流、商流和物流扮演着至关重要的角色。值得注意的是，信息流、

电子商务下的
物流管理

商流和资金流这三者，在当今的数字化时代，主要依赖于计算机技术和网络通信设备的支持来实现高效、实时的数据交换和资金流转。而物流作为物质实体的流动过程，虽不同于前三者的虚拟传输，但同样是电子商务中不可或缺的一环。在物流领域，仅有电子出版物、信息咨询等少数商品和服务可以直接通过网络传输，其他都不能在网上完成。因此，物流需要依赖一系列的机械化和自动化工具进行传输，最多可以通过网络进行优化。从某种程度上说，物流是信息流和资金流的基础和载体，也是商流的延续和服务提供者。

（二）物流是实现电子商务的保障

1. 物流保障生产

生产始终是商品流通的基石，而物流作为生产的坚实后盾，贯穿从原材料采购到

产品交付的全过程。从原材料采购的及时供应，到生产过程中的材料流转和半成品配送，再到剩余材料和可回收物资的回收，以及废弃物的处理，物流活动贯穿始终，确保了生产的顺畅进行。

通过采用先进、合理的物流策略，能够降低成本、优化库存管理、减轻资金压力并缩短生产周期，进而推动现代化生产高效运作。可以说，没有现代物流的支撑，生产将面临重重困难。

2. 物流服务于商流

在商业流程中，购销合同的签订和资金的支付标志着商品所有权的转移，但商品的实体并未随之移动。在传统交易中，物流是确保商品从供应商顺利转移到消费者的关键。在电子商务环境下，消费者通过网络完成商品所有权的转移，即商流过程，但真正的交易完成还需依赖于物流将商品送达消费者手中。

在整个电子商务交易过程中，物流不仅是商流的延续，也是其贴心的服务提供者。它确保商品以最合适的方式和路径，从卖家安全、快速地到达买家手中，为电子商务的顺利进行提供了有力保障。

3. 物流是实现"以顾客为中心"理念的根本保证

电子商务的诞生给消费者带来了极大的便利。消费者无须亲自前往商店选择他们想要的商品，只需坐在家中，在互联网上进行搜索、浏览和选择，便能顺利完成整个购物流程。然而，想象一下，如果购买的商品迟迟未能送达，或者商家送出的商品并不是自己所购买的，那么消费者是否还会选择通过互联网进行购物呢？在电子商务的推广过程中，网上购物的安全性始终是一个关键问题。在电子商务领域，物流技术是实现"顾客至上"理念的根本保证。如果缺乏先进的物流手段，那么电子商务给消费者带来的购物便利性将会大大减少，从而导致消费者更倾向于选择他们认为更为安全的传统购物模式。

复习与思考题 ▶

1. 电子商务对物流有哪些影响？在电子商务环境下应如何发展物流？
2. 简述电子商务物流的含义。电子商务物流的服务内容有哪些？
3. 简述电子商务物流的特点。
4. 为什么说物流是电子商务发展的瓶颈？

第十一章　供应链管理

教学目标

学生应能全面把握供应链的核心概念，以及不同供应链模式及其各自的结构特性。通过详细了解供应链的内在特征及其运作流程，能更加准确地理解供应链管理的内涵与特性。同时，也应能清晰地认识到供应链管理与物流管理之间的区别，以便更好地掌握供应链管理的运作模式。

案例导入

揭秘华为供应链：如何打造领先的数字化供应链体系？

一、华为供应链模式特点

华为的供应链模式以其效率和灵活性而闻名，具有以下几个关键特征：

1. 精简高效的供应链策略

华为的供应链策略强调精简，注重对核心业务的把控和协同。在全球范围内建立了多个供应中心和物流中心，以确保产品能够快速、准确地送达客户手中。

今生与来世：
供应链物流管理
的现在与未来

华为的供应链是以需求驱动的，这意味着它专注于及时满足客户的需求。华为使用先进的预测和规划技术来预测市场需求并相应地调整生产。这有助于缩短供应链周期，降低库存成本并提高客户满意度。

此外，华为还与全球范围内的优秀供应商建立了长期稳定的合作关系，通过批量采购和长期合同，获得了极具竞争力的价格优势。

2. 柔性与快速响应

华为的供应链模式具有高度的柔性和快速响应市场变化的能力。华为采用了模块化设计，可根据市场需求对产品进行快速调整。

此外，华为的供应链管理系统与研发、生产等部门紧密衔接，确保从订单到发货的全过程高效进行。这种快速响应能力使得华为能够迅速满足客户需求，从而提高客户满意度。

3. 精细的成本控制与资源优化

华为在供应链管理方面注重精细的成本控制和资源优化。首先，华为实施全面预算管理，将成本控制在预定范围内。其次，华为通过优化库存管理，降低库存成本，避免过多资金被占用。最后，华为采用先进的生产排程和调度算法，优化生产计划和资源分配，以提高生产效率并降低生产成本。

4. 全球化布局与协同效应

华为在供应链管理方面积极推行全球化布局，在全球范围内设立了多个研发中心、生产基地和销售中心，组成全球网络。这使华为能够从不同地区采购材料和组件，优化生产能力，并高效地将产品交付给全球客户。这种全球化布局不仅拓宽了华为的市场空间，还提升了其在全球市场上的影响力。

此外，华为还通过与各地政府、企业建立合作关系，实现资源共享和互利共赢。华为强调在信任和互利的基础上，与供应链利益相关者发展长期关系。这种协作方法有助于在整个供应链中实现更好的协调、更快的响应时间和创新。

5. 持续创新与质量卓越

华为始终坚持创新精神，致力于提供高质量的产品和服务。华为在其供应链运营中广泛应用技术，使用先进的分析、自动化和数字平台来监控和管理库存、跟踪发货、优化物流路线，提升供应链的自动化和智能化水平，并提高整体运营效率。

二、华为供应链的数字化转型

2015 年，华为启动了名为"集成供应链＋"的数字化转型项目（ISC＋）。这个项目的目标是通过数字化和主动的供应链，改善客户体验并创造价值。

为了实现这一目标，华为建立了一个智能的双层供应链业务系统，包括以服务为导向的流程和基于场景的算法模型。

具体而言，华为供应链的数字化转型主要体现在以下几个方面：

1. 流程数字化

华为的数字化转型始于其供应链流程的数字化。华为采用了人工智能、大数据分析和物联网等尖端技术，以自动化和简化各种任务。例如，人工智能驱动的需求预测算法帮助华为精准预测市场需求，从而实现更好的库存管理，解决缺货或库存过剩等问题。

此外，华为利用物联网设备和传感器从其生产设施、仓库和运输车辆收集实时数据。然后对这些数据进行分析，以确定瓶颈，优化工作流程，并提高整体运营效率。通过这些数字化流程，华为实现了对其供应链的更大可见性和控制，从而加快了响应时间并降低了成本。

2. 流程优化

华为数字化转型的一个重要方面是实现流程优化。华为通过引入自动化流程和智能化的数据处理系统，实现了从串行传递信息到并行处理信息的转变。这意味着，从订单到发货的整个流程可以同时进行，大幅缩短了订单处理时间，提高了工作效率。

例如，华为通过引入订单履约中心（OFC）概念，实现了订单处理、生产计划和物流配送的一体化管理。通过OFC的建设，华为能够更好地满足客户需求，提高订单交付的及时性和准确性。

3. 协作平台

为了加强与供应商和合作伙伴的合作，华为开发了能够实现无缝沟通和信息共享的协作平台。这些平台促进了实时协作，使利益相关者能够实时交换数据、跟踪发货并及时解决问题。通过简化流程和改善沟通，华为显著缩短了交付周期，提高了供应链透明度。

一个值得注意的例子是华为的供应商协作平台，该平台连接全球供应商。通过这个平台，供应商可以获取实时需求信息，提交报价，并在产品开发方面进行协作。该平台不仅改善了供应商关系，而且缩短了新产品的上市时间。

4. 数据驱动决策

通过建立统一的数据库和数据模型，华为实现了从基于个人经验和直觉的决策模式向由数据分析驱动的决策模式的转变。

华为在数字化转型中，注重数据分析和数据驱动决策的应用。例如，华为建立了统一的数据库和数据模型，收集和分析供应链过程中的各种数据，包括订单数据、物流数据、生产数据等。

通过数据分析，华为可以更好地了解客户需求和市场趋势，从而作出更精准的决策。此外，华为还通过数据可视化工具和数据分析工具，帮助管理层更好地了解供应链情况，制定更有效的策略。

5. 智能仓储和物流

通过引入自动化系统，实现了从大量手动操作到自动化系统操作的转变，提高了工作效率和准确性。华为还大力投资智能仓储和物流解决方案，以优化其供应链运营。

华为利用先进的机器人和自动化技术来提高仓库效率，减少人为错误，并提升订单履约速度。自动导引车（AGV）和机械臂用于分拣、包装等任务，最大限度地减少了人为干预，提高了生产效率。

此外，华为利用数据分析和机器学习算法来优化物流路线，最大限度地降低运输成本，并提高交付准确性。通过分析历史数据、天气状况、交通模式和其他变量，华为可以实时作出明智的决策，确保及时且具有成本效益的交付。

6. 以客户为中心

华为的数字化转型超越了内部流程，涵盖了以客户为中心的策略。华为实施了客户关系管理（CRM）系统，实现了个性化互动、高效的订单处理和有效的售后支持。通过这些系统，华为可以更好地了解客户偏好，预测客户需求，并提供量身定制的解决方案。

华为供应链数字化转型的效果是显著的。通过数字化技术，华为不仅提高了供应链效率和准确性，而且提升了客户体验，进一步推动了企业的快速发展。在当今数字化时代，华为的成功经验告诉我们，企业需要积极进行数字化转型，才能在全球竞争中立于不败之地。

供应链是在生产及流通过程中，围绕核心企业的核心产品或服务，由所涉及的原材料供应商、制造商、分销商、零售商直到最终用户等形成的网链结构。

思考：

1. 试分析华为为何要进行供应链的数字化转型。
2. 数字化供应链将面临哪些新的挑战和机遇？
3. 华为应如何调整其战略来适应这些变化？

第一节　供应链概述

一、供应链的定义

供应链是在生产及流通过程中，围绕核心企业的核心产品或服务，由所涉及的原材料供应商、制造商、分销商、零售商直到最终用户等形成的网链结构。

供应链的核心在于物资，可以视为产品的全生命周期管理。它包括单一产品的供应、生产与销售，以及多产品的集合、存储与分配。同时，供应链也是一种联合体，既有结构上的联合，也有功能上的协同。

在物流领域，供应链往往围绕一个核心实体构建，这个核心可以是制造企业、分销企业、物流服务企业，甚至可以是金融机构或信息技术企业。这些核心实体具备组织和协调各种非物资形式供应链系统的能力。供应链结构完整，包括上游供应商和下游客户等多个环节，共同构成一个协同运作的生态体系。在这个生态体系中，各方有一个共同的目标和追求，那就是通过有效的合作和协同，实现整个供应链价值的最大化。这不仅包括物质价值的提升，而且涵盖信息、资金等无形价值的优化。

供应链与供应链
管理概述

二、供应链的结构模型

基于供应链的标准定义，其结构可以清晰地通过专业模型进行呈现，如图 11-1

所示。

在这个模型中，所有参与的节点企业共同构成了供应链的主体，其中可能有一个或多个核心企业作为驱动。在市场需求的驱动下，这些企业通过各自在供应链中的职能分工和合作（如生产、分销、零售等），利用资金流、物流和服务流作为桥梁，共同推动整个供应链持续增值。

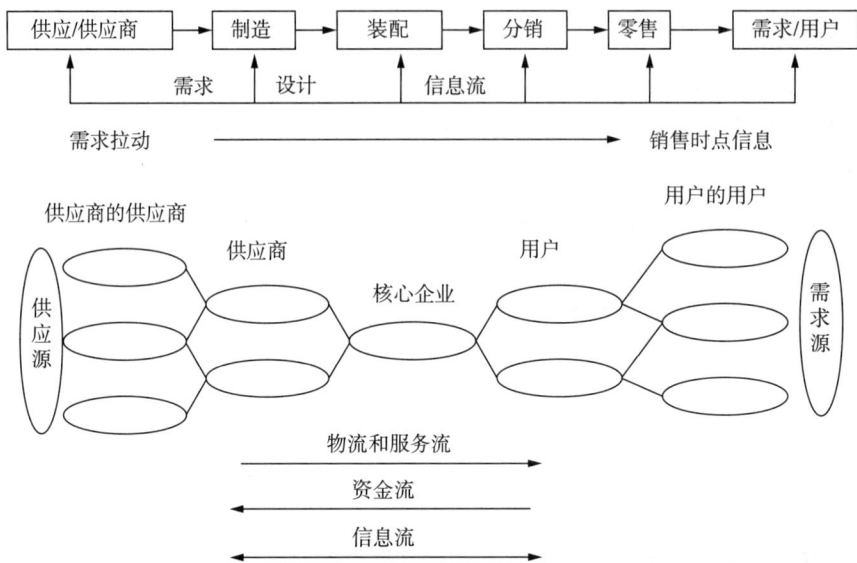

图 11-1　供应链的结构模型

三、供应链的特征

在供应链竞争中，企业作为网络中心的关键节点，相互依赖、互补优势，形成紧密联盟。这种网络化的竞争要求企业不仅要整合内部资源，而且要专注于供应链网络的管理。在供应链时代，网络竞争是建立在深度战略合作与规划之上的，所有合作伙伴需共谋战略目标，共商实施策略，通过协同合作提升整体绩效，实现共赢。供应链的特征可概括为以下几点。

（一）复杂性

供应链由多种类型、层次各异的企业组成，这些企业之间关系错综复杂，交易频繁。这种多元结构使得供应链比单一企业模式更为复杂。

（二）动态性

面对企业战略调整和市场需求的瞬息万变，供应链中的关键节点企业需展现出高度的灵活性，迅速调整策略以适应这些变化，从而赋予整个供应链动态适应性特质。

（三）用户需求导向

无论是供应链的初始构建、日常运行还是必要的重构，都应始终紧密围绕市场需求进行。用户需求不仅是供应链运作的出发点，也是推动信息流、产品流、服务流和资金流高效流动的核心驱动力。

（四）交叉性

节点企业可能同时参与多个供应链，形成交叉的供应链网络，展现出供应链的多样性和灵活性。

（五）创新性

供应链不仅拓宽了物流路径，还在物流、商流、信息流和资金流等多个维度实现了同步发展，构建了一个独立而完善的体系，彰显其创新性。

（六）风险性

供应链中的供需匹配一直是一个挑战。由于消费者需求与生产供应之间存在时空差异，制造商在产品设计和数量上的决策往往难以完全匹配实际需求。这种不确定性给供应链带来了生产和配送上的风险，进而影响成本结构和整体经济效益。

另外，供应链的一个显著特点是它具有增值和盈利的特性，否则它的存在就变得不那么必要。每一个生产和运营系统的核心是对某些资源进行转化和整合，以提高其价值。

第二节　供应链管理概述

一、供应链管理的概念

《物流术语》（GB/T 18354—2021）对供应链管理的定义是："从供应链整体目标出发，对供应链中采购、生产、销售各环节的商流、物流、信息流及资金流进行统一计划、组织、协调、控制的活动和过程。"对于供应链管理的概念，可以从以下几方面来把握。

（一）成本考量

在供应链管理的全过程中，从原材料供应商到最终用户，每一个环节都紧密关注着成本因素。无论是供应商、制造商，还是仓库、配送中心、批发商、零售商，都致力于在确保产品质量和用户满意度的同时，优化成本结构。

（二）效率与成本效益

供应链管理的核心在于通过系统化的管理策略，实现整个供应链网络的效率最大化与成本效益的最优化。这不仅局限于降低单一环节的运输成本或库存成本，而是着眼于整个供应链系统的成本优化，包括运输、配送和库存管理等各项费用。

（三）整合与协同

供应链管理强调将供应商、制造商、分销商（批发商和零售商）等各方高效地整合为一个有机整体。这种整合不仅涉及战略层面的规划，而且涉及战术层面的协调与作业层面的执行，以确保整个供应链在各个环节都能高效、协同地运作。

二、供应链管理产生的背景

（一）市场竞争环境的变化

在资源紧张的经济环境中，供应短缺是企业管理的核心挑战。因此，企业的主要管理策略专注于提升工作效率，并努力在数量上满足客户的多样化需求。随着人们生活品质的日益提高，个性化需求越发凸显，企业仅凭单一产品占领市场的时代已经过去。多元化的市场需求对企业管理提出了更高的要求。随着产品种类的不断增加，管理和资源获取的复杂性也同步提升，导致企业在快速响应客户个性化需求时，常因资源获取能力的限制而面临挑战。此外，在追求经济效益的同时，企业还承受着越来越大的社会责任压力，如环境保护和可持续发展等议题。因此，企业在决策时不仅要考虑经济效益，还需关注社会效益。

（二）传统"纵向一体化"管理模式的弊端

（1）增加企业投资负担。

（2）承受失去市场机会的风险。

（3）在多个经营领域中，有限的资源使得企业很难建立起显著的核心竞争力。

（4）面对市场的复杂性和不断变化的需求，很难做到迅速反应。

三、供应链管理模式

自 20 世纪 80 年代末以来，由于纵向一体化管理模式存在多种问题，越来越多的企业选择放弃这一经营策略。与此同时，横向一体化管理的理念逐渐占据主流，即通过利用企业的外部资源来迅速适应市场需求，企业主要关注产品方向和市场动态。生产活动主要集中在关键零部件的生产上，有时甚至完全委托给合作伙伴进行加工。

为了确保所有加入供应链的企业都能从中受益，并确保每家企业都拥有超越竞争者的竞争优势，就必须深入研究供应链的结构和运营方式，这也催生了供应链管理这种独特的经营和操作模式。供应链管理的核心理念是让核心企业与全球最优秀的企业建立策略性的合作伙伴关系，让这些合作伙伴承担部分的业务任务。核心企业在物流领域中扮演着资源整合者的角色，它们专注于重新设计业务流程，集中力量在那些能为企业创造独特优势并超越同行的核心业务上。这种策略不仅增强了企业的市场竞争力，也给供应链中的其他成员带来了显著的利益。

在供应链管理中，企业运用先进的信息技术手段，对业务流程进行深度优化和整合，与供应商和客户建立起亲密无间的业务合作关系，并积极开展电子商务活动。这些举措极大地提升了企业的市场竞争力，确保企业在多变的市场环境中稳居前沿。数据显示，实施供应链管理的公司成功将总成本降低了10％；此外，节点企业的生产效率也有了大幅提升，效率提升了10％以上。这些数据表明供应链企业在多个层面上都实现了进步，尤其是在"从订货到生产的时间周期缩短"这一点上尤为突出，关键在于供应链中的企业相互协作，并能够有效地利用彼此的资源。如果产品的研发、制造到销售的整个过程都由生产商独立负责，那么他们不仅会面临巨大的投资压力，还需要投入大量的时间。当企业实施供应链管理的策略时，能够迅速而精准地识别最佳的合作伙伴，从而在竞争激烈的市场中以最优的成本、最快的速度提供最优品质的产品，进而抢占市场份额。这种管理方式不仅能给企业带来显著的竞争优势，还能推动整个企业群体的繁荣发展。正因如此，供应链管理模式正吸引着越来越多公司的目光。

四、供应链管理的作用

在物流的专业领域里，供应链管理助力企业构建高效协同的网络体系。这一体系通过加快产品从制造到最终消费的流转速度，不仅缩短了生产和销售的时间周期，还使企业能够灵活应对市场需求的波动。

（一）降低库存量

供应链管理能简化流程，从而实现低成本和高效率。另外，通过构建一个公开的电子数据交换平台，不仅可以避免由于信息交换不足导致的信息失真，还能确保供应链成员之间的工作流程无缝对接，从而显著提升工作效率并降低错误发生的可能性。

（二）为决策人员提供服务

提供给决策者的服务主要集中在以下几个关键领域：对供应链中的不稳定因素进行深入分析，明确库存量，制定合适的订货策略，并对投资进行优化；评估出最具优势的解决方案；对供应链运营中出现的各种问题进行分析，并通过有效的协调来提升整体的经济效益。

（三）改善企业间的关系

供应链管理强调的不再是企业的单打独斗，而是构建一个以核心企业为中心，上下游企业紧密合作的战略联盟。这个联盟旨在充分发挥各企业的专长，实现优势资源互补，从而创造共赢的局面。这一变革对企业的组织结构、管理流程和企业文化都产生了深远的影响，使企业间的互动更为和谐。

（四）提高服务质量

通过加强供应链内部及外部的协同合作，产品从生产到送达消费者手中的周期大幅缩短。此外，供应链管理的推广也促使物流服务向多元化、系列化方向发展，不仅涵盖了基础的储存、运输和流通加工，还提高了市场调研、配送服务、物流咨询及教育培训等增值服务。这种快速且优质的服务不仅提升了企业形象，还提高了消费者的满意度，进而扩大了市场份额。

（五）实现供需平衡

供应链管理将供应商、制造商和销售商紧密联结，通过有效的协调和优化，确保企业间的和谐关系。这种紧密的连接缩短了产品和信息的流通路径，使消费者的需求信息能够迅速、准确地传递给供应链上的各个环节。基于这些需求信息，各环节能够作出更加精准的决策，确保供需之间的平衡。

五、供应链管理的发展阶段

近年来，供应链管理领域迎来了显著的发展和革新。基于其发展历程，可以将其划分为三个关键阶段：

（一）传统物流管理阶段

该阶段主要聚焦于运输和仓储两大核心职能，这两者是供应链管理的基石。

（二）现代物流阶段

在这一阶段，管理职能得到了显著扩展，涵盖了制造、采购、订货管理，并伴随着 EDI、全球通信和高性能计算机技术的广泛应用，实现了管理的现代化和智能化。

（三）同步一体化供应链阶段

该阶段进一步将供应商和消费者纳入供应链的两端，构建了一个由七大功能组成的完整体系。为实现共同目标，供应链管理整合了多项职能，其复杂性也随之增加。因此，供应链管理高度依赖于电子数据、电子支付、宽带通信和计算机决策支持系统来进行精细化的规划和实施。整合的供应链管理不仅涉及信息流、物流，还涵盖了资金流的管理，需要产品开发、营销、客户服务等多个部门之间紧密合作。

六、供应链管理的基本特征

供应链管理的基本特征可以归纳为以下几个方面。

（一）横向一体化协同

企业应清晰界定其核心竞争优势，将精力聚焦于核心业务的深耕，同时对核心资源实施精细管理，确保核心竞争力在一体化的供应链网络中得以稳固并持续发展。

（二）非核心业务外包

对于非核心业务，企业选择与专业合作伙伴建立战略联盟，共同应对市场挑战。

（三）合作性竞争

供应链中的企业既竞争又合作，这体现在竞争对手间的技术联盟和共享成果，以及将非核心业务外包给供应商，实现市场共赢。

（四）客户满意度优先

供应链上游企业不仅提供物资，还致力于以经济高效的方式为客户提供优质服务，满足下游企业的需求。

（五）多流整合

供应链管理的核心在于整合物流、信息流、资金流、工作流以及组织流，通过跨企业协同作业，可以实现流程无缝对接，进而显著提升整体运作效率和效果。

（六）信息技术应用

利用先进的信息技术实现目标管理，提高供应链管理的精准性和效率。

（七）物流企业的重要性

在供应链管理中，物流企业扮演着至关重要的角色，物流周期的缩短对于整体供应链效率的提升具有决定性作用。

七、供应链管理的原理

（一）资源横向集成原理

在全球化经济高速发展的今天，资源横向集成原理成为供应链管理的一大创新。这种"强强联合"不仅提升了服务质量，降低了成本，还能迅速响应市场需求，为客户提供更多样化的选择。这一原理不仅深刻体现了企业在管理思维上的变革，还是供应链系统管理不可或缺的基础。

（二）系统原理

从系统论的角度来看，供应链是一个由多个相互依赖、相互影响的环节组成的整体系统。这个系统的整体功能远超任何单个成员的能力，它代表了供应链合作伙伴之间的功能整合，而非简单的叠加。

供应链系统的目标十分明确：在快速变化、竞争激烈的市场环境中，以最低的成本、最快的响应和最优的品质，为客户提供最满意的产品和服务。这一目标的实现依赖于供应链中所有成员企业的共同努力和紧密合作。它们基于共同利益建立合作关系，确保局部利益服从整体利益，共同应对市场挑战。

同时，供应链系统展现出强大的环境适应能力。在全球经济日新月异的背景下，企业面临着快速变化的市场环境。供应链系统能够迅速响应市场变化，通过不断创新来满足用户的个性化需求，从而赢得竞争优势。这种新型的供应链和供应链管理策略正是为了应对这一新的市场环境而诞生的。

从层次结构来看，供应链中的每一个成员企业都是一个独立的系统，它们既是整个供应链系统的一部分，又具有相对独立性。这种分层结构使得供应链管理成为一种为大型系统（如企业群）所设计的管理策略，相较于传统的单一企业管理方式，其更具全局性和战略性。

（三）多赢互惠原理

在供应链管理中，多赢互惠原理是其核心理念之一。它强调供应链中的各企业不是简单的竞争者，而是因共同利益而紧密合作的伙伴。这种合作关系建立在协商与共赢的基础上，每个企业都能发挥自身优势，在价值链中实现各方的利益最大化。企业间的竞争转化为供应链之间的竞争，形成了一种新型的、更加和谐的竞争格局。

（四）合作共享原理

合作共享原理在供应链管理中扮演着重要角色。它包含两层含义：合作与共享。由于任何企业资源都有限，不可能在所有领域都领先。因此，企业需将资源集中于核心业务，同时与全球范围内具有竞争优势的企业建立战略合作关系，实现非核心业务的外包。这种共享不仅限于资源，还包括管理思维、市场信息、技术应用和风险承担等方面的合作，从而增强整个供应链系统的竞争力。

（五）需求驱动原理

需求驱动原理是供应链管理的核心驱动力。供应链的建立、运行和重构都紧密围绕市场需求进行。用户需求是推动信息流、产品流和资金流流动的主要力量。供应链管理的需求驱动的拉动式发展模式与传统的推动式发展模式形成鲜明对比。这两种发展模式适应于不同的市场环境和经营策略。在当前市场环境下，推动式发展模式和拉动式发展模式将共存互补，各自展现出独特的经营智慧和成果。从推动式发展模式向拉动式发展模式的转变，不仅反映了市场环境的变化，也体现了企业管理思维和经营哲学的深刻变革。

（六）快速响应原理

快速响应原理强调，随着市场竞争的白热化，经济活动的节奏不断加快，客户对时间的需求也越发迫切。这意味着物流领域必须迅速响应市场变化，以满足用户对时效性的高要求。客户不仅期望企业能够准时交付货物，而且希望交货周期逐渐缩短。因此，为了在激烈的市场竞争中取得优势，企业必须具备快速适应市场变化的能力，拥有高效的产品研发和快速组织生产的实力，并持续推出能满足客户多样化需求的定制化产品。

（七）同步运作原理

同步运作原理强调，供应链实际上是一个由多个企业构成的功能性网络，这些企业间的合作模式有很多种。一个供应链系统的运行表现在很大程度上依赖于其合作伙伴关系的协调性，只有当这种关系既和谐又协调时，它才能展现出最大的效益。

为了实现供应链的高效同步运作，供应链中的每个成员企业都必须通过精心制定的同步化策略来紧密协调生产活动。只有当供应链上的所有成员企业及其内部各个部门都保持高度一致，供应链的同步化才能真正得以实现。在供应链中，准时生产系统要求上游企业精确地为下游企业提供所需的原材料或零部件，并确保在约定的时间内准确送达。任何企业的交货延误都可能使供应链不稳定甚至中断，进而削弱供应链对用户需求的响应能力。

（八）动态重构原理

动态重构原理强调供应链的灵活性和可调整性。它基于市场机遇和特定需求构建，拥有独特的生命周期。当市场环境或用户需求发生显著变化时，围绕核心企业的供应链必须能够迅速响应并进行动态重构。在这个过程中，市场机遇的把握、合作伙伴的选择、核心资源的配置、业务流程的优化以及供应链的敏捷性等因素都至关重要。展望未来，构建基于供应链的虚拟企业将成为实现供应链快速动态重构的关键策略。

八、供应链管理的发展趋势

供应链管理是企业物流管理的高级阶段，尽管其涉及复杂多变的环境，但众多企业已在实践中积累了丰富的经验并取得了显著的成效。当前，供应链管理呈现出以下发展趋势：

（一）时间与速度

企业越来越意识到时间和速度对于应对市场竞争的重要性。特别是在信息技术行业，快速安装新推出的 CPU 已成为 PC 制造商提升竞争力的关键。因此，时间和速度在供应链中变得尤为重要，任何环节的延迟都可能影响整个供应链的效率。供应链中的企业积极采用策略确保物流和信息流的顺畅，以迅速响应客户需求、降低库存成本并提升供应链的整体竞争力。

（二）质量与资产生产率

在供应链管理中，各个环节的紧密衔接是确保高质量的关键。例如，运输服务的质量会直接影响供应商的备货和分销商的仓储，进而影响客户对产品质量、及时性和价格的评估。企业开始注重通过物流优化来提升供应链表现，并加强对资产生产率的关注，以降低整个供应链的库存水平。

（三）组织精简

面对供应链管理日益增加的复杂性，许多企业开始实施组织优化策略，通过减少物流供应商的数量来简化管理。以跨国企业为例，它们倾向于将全球物流供应链集中外包给少数几家或一家高度专业化的公司，以确保全球范围内一致的管理标准和服务质量，从而充分发挥全球供应链管理的整体效能。

（四）客户满意度

在供应链管理中，成员企业越来越注重客户服务和客户满意度的提升。除了传统的交货速度和订单准确性外，企业现在更加关注客户对服务质量的整体评价。这种变化促使企业与物流公司建立更为紧密的合作关系，将物流公司视为提供卓越服务的核心合作伙伴，共同努力提升客户满意度。

第三节　供应链物流管理

一、供应链物流管理的定义

供应链物流管理，本质上是以供应链中的核心产品或核心业务为主导，构建的一种全面而系统的物流运作框架。当聚焦于核心产品时，这种物流管理体系将围绕该产品的制造、分销及原材料供应展开，形成一个紧密衔接的物流网络。以汽车制造业为例，其供应链物流管理就是围绕汽车产品的全生命周期，从原材料供应到生产再到分销，进行高效、协调的物流规划与管理。而当以核心物流业务为视角时，供应链物流管理则更多地体现在基于特定物流功能（如配送、仓储、运输等）的整合与优化上。比如，第三方物流公司在供应链中扮演着重要角色，通过提供专业的配送、仓储和运输服务，为供应链中的各个环节提供高效的物流支持。

供应链管理的关键在于供应链物流管理，而资金流则是为了服务物流并确保物流顺畅进行而设立的条件。

二、供应链物流管理的原理

供应链物流管理的核心思想是，根据供应链的独特性，综合运用多种物流策略，确保物资有效流通。它不仅要提供供应链正常运作所需的物资，还要确保供应链的整体物流成本最低，从而实现最大的整体效益。

供应链物流管理是物流管理的一种形式，与传统的物流管理在本质上并无显著差异。供应链物流管理涵盖运输、储藏、包装、装卸、加工以及信息处理等多个环节的策划、设计和组织，强调采用系统工程的方法来指导整个流程。在组织物流活动时，供应链物流管理的独特之处在于对供应链的各种特性进行深入考量，特别是考量其高度的协同性和配合性。这种协同性体现在供应链各环节之间的紧密衔接和高效运作，以确保物流流程的无缝对接和整体优化。无论是在库存点的配置、运输的批量及各个运输环节中，还是在供需关系中，都需要综合考虑如何实现集约化和协同化，以满足供应链企业的运营需求，降低各供应链企业的总物流成本，从而提升供应链的整体效益。

需要注意的是，这里主要关注供应链的整体效益和总开销。

供应链的整体效益，实质上是围绕核心企业效益的提升来实现的。供应链物流管理的核心使命，就是从核心企业的视角，规划和优化整个供应链的物流路径，旨在提升运营效率、降低运营成本，为核心企业高效运作提供坚实的物流支持。

当然，在注重核心企业利益的同时，也绝不忽视非核心企业的利益。供应链组织物流活动时，力求在保障核心企业利益最大化的同时，也充分考虑非核心企业的需求。核心企业的成功往往伴随着非核心企业的成长。例如，汽车装配厂的市场份额增加，对配件的需求也会随之攀升，这不仅促进了配件厂的繁荣，也给分销企业带来了更高的销售收益，从而实现了整个供应链的共赢。

在策划供应链物流方案时，仍需以核心企业的利益为首要考量，在确保不损害整体利益的前提下，尽可能满足非核心企业的合理需求。这样的方案，才是真正符合供应链物流管理原则、切实可行的方案。

利用供应链的独特性来规划物流活动，是供应链物流管理的一大亮点，但同时也是其需要克服的挑战。其优势在于它允许从更广泛的视角来优化物流处理，从而实现更广泛范围内资源的最优配置。这不仅意味着更高的资源利用效率和更大的效益增长，而且意味着在策划物流活动时，需要综合考虑更多因素，并依赖于更为详尽的信息支持和精确的优化计算。因此，物流的设计与规划工作变得更为复杂，对专业性和精细度的要求也相应提升。

三、供应链物流管理的必要性

物流活动不仅是物资的流通，还涉及价值和信息的传递。物流活动在供应链的每一个环节中都起到了桥梁的作用，成为企业之间沟通的纽带。在供应链管理观念尚未形成之前，企业内部的各个职能部门往往会出现物流不协调的问题。然而，随着供应链管理理论和实践的持续发展，物流管理的应用范围也在逐渐扩大。

未来的市场竞争将更多地集中在供应链之间，而不仅仅是企业之间，因此需要从整个供应链的角度来审视物流管理。供应链管理的理念对物流管理的方法和模式产生了深远的影响。

供应链物流管理的必要性体现在以下几个方面：

（一）降低成本

供应链物流管理可以通过优化运输、仓储和库存等环节降低物流成本。通过合理的物流规划和运输路线选择，可以缩短运输距离和时间，降低运输费用。同时，通过合理的库存管理和仓储布局，可以降低库存成本和仓储费用。

（二）提高效率

供应链物流管理可以通过优化物流流程和协调各个环节来提升物流效率。通过合理的物流规划和调度，可以减少物流环节的等待时间和停滞，提高物流运输的速度和准时性。同时，通过信息化技术的应用，可以实现物流信息的实时共享和追踪，提高物流可见性和响应速度。

（三）提升服务质量

供应链物流管理可以通过优化物流服务和配送流程提升客户满意度。通过提供准时、可靠、安全的物流服务，提高客户对企业的信任度和忠诚度。同时，通过改善售后服务和退货处理等环节，提高客户的满意度和售后体验。

（四）优化资源配置

供应链物流管理可以通过合理的资源配置和协同合作，优化供应链的整体效益。通过合理的供应链设计和合作伙伴选择，实现资源的共享和互利共赢。同时，通过供应链协同和信息共享，实现资源的优化配置和协同作业，提高供应链的整体效率和竞争力。

四、供应链物流管理的特点

供应链物流管理具有以下显著特点。

（一）大系统视角

供应链物流是一个大物流系统，它覆盖了整个供应链网络中的各个企业，包括上游原材料供应商、核心制造企业以及下游的分销商等。这些企业虽然功能各异，但共同构成了

供应链物流管理
的模型和特点

一个完整的供应链生态系统，使得物流活动不仅涉及企业间的协同，还深入企业内部的生产流程。

（二）以核心企业为导向

供应链物流活动始终围绕核心企业展开，以满足其需求为核心，统筹整个供应链的物流流程，确保与核心企业的运营高度协同。

（三）资源优化配置

在供应链物流管理中，资源配置更为全面和高效。它充分利用供应链中各个企业的资源，通过协同合作，实现物流效率的最大化。

（四）企业间紧密合作

供应链中的企业之间建立了深厚的信赖关系，它们基于共同的目标和利益，互相支持、共同繁荣。这种紧密的合作关系为物流活动的组织提供了极大的便利，使物流过程更加顺畅。

（五）信息共享平台

供应链物流强调信息共享，通过建立计算机信息网络，供应链中的企业可以实时传递销售和库存信息，为物流活动的信息化和效率化提供了有力支持。这种信息共享不仅提高了物流的透明度和供应链的响应速度，而且增强了供应链的灵活性。

五、供应链物流管理方法

（一）供应商管理库存（VMI）

供应商管理库存（vendor managed inventory，VMI）是一种综合的合作策略，其核心目标是确保用户和供应商都能以最低的成本获得利益。在一个统一的协议框架下，供应商负责库存管理，并持续监控协议的执行状况，同时对协议内容进行修订，以实现库存管理的持续优化。这一库存管理方法颠覆了传统的、各自为政的管理方式。这体现了供应链集成管理的理念，能够适应市场的不断变化，代表了一种创新且具有代表性的库存管理方法。其中，VMI在分销网络中扮演着至关重要的角色，因此受到越来越多人的关注和重视。

在供应商管理库存方面，由于存在最低和最高的库存点，交货的及时性可以通过比较库存水平来进行评估。例如，若库存为零，那么风险将会非常高；若库存量低于最低水平，那么面临的风险较高；若库存超过峰值，那么断货的风险相对较低，但库存积压的风险会增加。因此，通过对上述各种情况的统计，可以预估库存在将来可能的变化，进而设定具体的库存目标。

（二）联合管理库存（JMI）

联合管理库存（jointly managed inventory，JMI）是一种基于权利责任平衡和风险共担的库存管理策略。该策略强调供应链中各个节点企业的共同参与，通过共同规划库存，确保供应链中的每一位库存管理者（包括供应商、制造商和分销商）都能从协同工作的角度出发。库存管理已不再是一个孤立的、各自独立的操作流程，而是成为供应和需求之间的连接纽带和协调核心。

供应链管理与物流管理

为了解决VMI系统存在的问题并避免传统库存管理中出现的牛鞭效应，联合管理库存应运而生。简而言之，JMI是基于VMI发展而来的一种库存管理模式，它实现了上下游企业之间的权利责任平衡和风险共担。JMI代表了战略供应商联盟中的创新企业合作模式，突出了供应链中各节点企业间的互惠合作关系。

JMI策略巧妙地将供应链系统管理划分为上游和下游两个协调管理中心，实现了供需双方的紧密连接。在这种策略下，库存管理的双方从供应链全局的角度出发，共同参与、共同决策，制订精准的库存计划。通过这样的协同合作，供应链的运作更加同步化，有效减少了因供应链环节间的不确定性以及需求信息失真所导致的库存波动，从而显著提升了整个供应链的效率和稳定性。在供应链管理中，JMI策略通过精心设计的风险、成本和效益平衡机制，确保了库存管理的有效性。它建立了一套完善的风险预防和分摊体系，有效地分散了库存管理的风险。同时，JMI也制定了合理的成本分担机制，将库存成本与运输成本在供应链节点企业间进行公平合理的分配。此外，JMI 还构建了与风险成本相匹配的利益分配机制，为供应链节点企业提供了明确的激励，鼓励他们追求长期的、整体的供应链优化，而非短期的、局部的效益最大化。通过这些机制，JMI 不仅提升了供应链的整体效率，还有效避免了供需双方可能出现的短视行为和供应链局部最优现象。通过在管理中心进行协调，供需双方能够共享各自的信息，从而有效提升了供应链运营的稳定性。

（三）供应链运输管理

在设计和规划运输任务时，需要从供应链的全局视角出发，进行全面的规划，明确各种运输方式、路线、联合运输策略和运输方案，以实现既能满足各个节点的运输需求，又能最大限度地节约总运输成本的目标。供应链运输问题实际上是一个涉及多个节点的复杂运输体系，包括从供应商到核心企业、从核心企业到分销商，以及供应商与分销商之间、分销商之间的运输，它涉及多个企业、多种商品、多样的运输手段和多条运输路径的组织和规划等多方面的问题。在供应链正常运作时，需要确定各个节点间的常规运输量，并统筹安排联合运输、配送以及准时供应。通常需要构建运输模型，优化运输计划，并制定相应的运输策略。

一旦确定运输任务的具体方案，就有必要选定合适的运输承包商。通过比较和筛选优质的物流公司，并建立稳固的合作伙伴关系，最终将这些企业整合进供应链系统中。

（四）连续补充货物计划（CRP）

连续补充货物计划是一种精细化的物流策略，它确保了供应点能够根据需求点的实际消耗情况，持续、小批量地补充货物。这种策略与生产线紧密配合，形成了高效的物流体系，涵盖了配送和准时化供货两种方式。在配送过程中，应根据核心企业的具体需求，如每日或半日内的实际消耗情况，安排汽车对供应商的产品进行多次小批量送货。这种配送方式可能是一天一次或一天两次，以确保库存水平始终保持在最优状态。在准时化供货方面，则通过汽车、叉车或传输线等工具，以更短的距离、更频繁的小批量多频次供货来满足生产线的即时需求。这种供货方式可以与生产线的节奏完全同步，例如每小时进行一次或两次供货，或者通过传输线实现连续、无缝的物料供应。通过 CRP，可以确保物料供应的及时性和准确性，从而提高整个供应链的效率。

快速反应（quick response，QR）策略与有效客户反应（efficient consumer response，ECR）策略。

1. 快速反应策略

快速反应策略在 20 世纪 70 年代末 80 年代初的美国崭露头角，起初由纺织服装产业引领，并得到了像沃尔玛和凯玛特这样的连锁零售巨头的积极推动。后来，越来越多的百货商店和连锁商店纷纷加入这一行列，以期通过实施 QR 策略来提升营业绩效。

随着科技的飞速发展，QR 策略也不断融入创新元素，功能日益丰富。

在 JIT 思想的推动下，快速反应的策略被成功地应用于供应链管理，从而催生了快速反应物流系统。快速反应物流系统是在时间竞争优势的基础上，开发出的一种反应迅速且灵活的物流解决方案。在信息系统与及时生产制物流系统的共同作用下，快速反应物流系统旨在实现"在适当的时间和地点提供合适的产品"这一目标。随着信息技术的进步，快速反应的物流变得可行。越来越多的企业认识到，提高物流效率有助于降低销售的总成本。

在快速反应（ECR）策略的实施中，零售商与制造商之间建立了紧密的合作关系，以确保零售库存得到精准分布和高效管理。这一策略的核心在于其三大关键组成部分：

（1）零售商通过扫描商品条码，利用销售时点信息系统（POS 系统）实时捕获销售数据，确保数据获取的准确性和时效性。

（2）借助电子数据交换技术，制造商能够定期（每周或每天）与零售商共享一级销售和库存信息，实现信息的实时共享和同步。

（3）基于预设的库存目标水平，制造商会按照协议进行自动或近乎自动的补货操作，以确保供应链的连续性和稳定性。

2. 有效客户反应策略

有效客户反应策略的核心思想在于整合生产厂商、批发商和零售商等供应链各个环节，确保在店铺布局、商品补货、促销策略、新产品开发与市场投放等方面实现高效协同。ECR 旨在通过优化供应链流程，以更高效、更快速、更经济的方式满足消费者需求。ECR 的主要观念包括以下三点。

（1）精简流程：任何对消费者没有直接增值效益的供应链流程，都应当从供应链中剔除，以实现供应链的最佳效益。

（2）深化合作：明确并强化供应链内部的合作机制，建立供应链成员间的紧密联盟关系。

（3）信息先导：确保供应链中的信息流准确及时，通过信息流的高效管理来指导物流运作。

（五）协同式供应链库存管理（CPFR）

协同式供应链库存管理是物流领域一项前沿的库存管理技术，它通过协同规划、精准预测和智能补货，有效减少销售商的库存积压，同时推动供应商销售额的稳步增长。CPFR 的前身是沃尔玛引领的 CFAR（Collaborative Forecast and Replenishment）系统，该系统依托互联网技术，促进零售企业与生产企业间的深度合作，共同进行商品销售预测，并基于预测结果实现连续且高效的补货。随着沃尔玛的持续推动，CFAR 系统逐渐进化为更为完善的 CPFR。

CPFR 的发展历程始于 1995 年，当时沃尔玛携手其供应商 Warner - Lambert、管理信息系统巨头 SAP、供应链软件专家 Manugistics 以及权威咨询公司 Benchmarking

Partners 等五家领先企业，共同成立了 CPFR 工作小组，深入探索这一先进理念。1998 年，美国零售系统大会进一步推动了 CPFR 的普及，如今已有沃尔玛、凯马特、威克曼斯等零售巨头，以及 P&G、金佰利、HP 等生产领军企业纷纷参与实践。CPFR 已成为供应链管理中信息共享的最新标杆。

从实践效果来看，CPFR 取得了显著成就。以沃尔玛供应商 Warner-Lambert 公司为例，通过实施 CPFR，其零售商品满足率从 87% 大幅提升至 98%。据美国商业部统计，1997 年，美国零售商品供应链中的库存总额高达 1 万亿美元。CPFR 理事会预计，通过全面成功实施 CPFR，这一庞大库存可以减少 15%～25%，即节省惊人的 1500 亿～2500 亿美元。鉴于 CPFR 的巨大潜力和广阔市场，多家知名软件商纷纷投入 CPFR 软件系统的研发与相关服务，以共同推动物流行业的智能化与高效化。

复习与思考题 ▮▮▮▶

1. 什么是供应链？其结构模型如何？有哪些特征？
2. 供应链管理有哪些基本原理？
3. 供应链管理与传统物流的区别有哪些？
4. 试举例说明供应链管理的一些方法。

第十二章　第三方物流

教学目标

通过本章学习，学生应能全面理解第三方物流的核心概念、主要类型，深入分析其带来的效益和潜在风险，并在实际应用中作出明智决策及掌握有效实施的关键步骤，从而为学生未来在物流管理领域的职业发展奠定坚实基础。

案例导入

顺丰与唯品会"联姻"

广州唯品会信息科技有限公司（简称"唯品会"）于 2019 年 11 月 25 日宣布，终止旗下自营快递公司品骏快递的业务，同时与顺丰控股股份有限公司（简称"顺丰"）达成业务合作，由顺丰为其提供包裹配送服务。在唯品会"牵手"顺丰的背后，电商企业自建物流的重资产问题浮出水面。

今生与未来：
第三方物流

据了解，品骏快递已在华南、华北、西南、华中、华东、东北地区设立六大物流仓储中心，总面积超过 290 万平方米；在海外布局方面，品骏快递在东京、首尔等地共有 9 个海外仓，合计仓储面积达到 5.9 万平方米。

在营收方面，截至 2019 年 8 月，品骏快递已实现连续 22 个季度盈利，营业收入同比增长 31％，社会化业务收入同比增长 149％，线上快递业务单量同比增长 840％，全国直营网点数量同比增长 46％。

然而，履约费用也占了唯品会总运营支出的较大比例。唯品会财报显示，近两年来，其履约费用率（履约费用与总营收的比值）为 9％左右。唯品会注册用户规模达 3.4 亿，日均订单量达百万级，对配送服务水平提出了更高的要求。但受限于单平台规模效应，唯品会的单件物流成本已高于快递行业的平均水平。唯品会在 2018 年年报中提到："随着未来竞争的加剧，预计我们将被要求进一步缩短交货时间，这可能会给我们的交货网络带来越来越大的压力。我们投资和自建的交付能力、合作的区域型第三方小型承运商，可能受到合并、收购、破产或政府要求关停的影响。"业内专家分析，

考虑到投入压力和履约费用等，唯品会舍弃品骏快递并不是什么坏事。唯品会董事长兼首席执行官曾对此公开表示："通过与顺丰的业务合作，我们可以提高物流效率，降低履约费用，保障'最后一公里'配送服务，持续改善客户的消费体验。"

思考：

1. 什么是第三方物流？第三方物流具有哪些特征？

2. 唯品会为什么要选择第三方物流模式？

第一节　第三方物流概述

一、第三方物流的概念与类型

（一）第三方物流的概念

"第三方物流"，相对于货物的发货方（"第一方"）和收货方（"第二方"）而言，自 20 世纪 90 年代起便作为一种新兴的物流形态引起了广泛关注。

《物流术语》（GB/T 18354—2021）中将第三方物流定义为："由独立于物流服务供需双方之外且以物流服务为主营业务的组织提供物流服务的模式。"简而言之，第三方物流企业就像是发货方与收货方之间的桥梁，负责执行各种物流功能，代表其中一方进行操作。这一新定义明确了"第三方"的身份，同时也解决了之前关于"物流企业"和"物流服务"定义模糊的问题。

第三方物流的
内涵、优势及风险

在国际物流领域，第三方物流被专业定义为：非货主企业通过合同形式，获得报酬，并承担货主企业物流活动的部分或全部组织工作。这些服务内容不仅覆盖物流运营的各个环节，更融入了管理层面的专业服务，或是二者的完美结合。相较于传统的公共运输和契约运输服务，第三方物流展现出了更高层次的服务水平。特别需要指出的是，第三方物流企业并不拥有货物的所有权。

除了"第三方物流"外，"合同物流""物流外协""全方位物流服务公司（FSDC）"等术语，都在一定程度上反映了第三方物流的核心理念。值得注意的是，由于社会经济领域的多样性和复杂性，第三方物流的定义有广义和狭义之分，因此其应用范围和涵盖领域也有所不同。

1. 广义的第三方物流概念

广义上，第三方物流是与自营物流相对的一种服务模式。它涵盖了所有根据货主需求，由社会化专业物流企业执行的物流活动。这些活动可以发生在物流的任一阶段，其服务的深度和质量完全基于货主的个性化要求。

（1）第一方物流（the first party logistics，1PL）。第一方物流即商品提供者直接负责从生产点到需求点的物流运输，确保物资的有效流动。过去，许多制造业企业都选择自营物流，拥有庞大的运输工具和仓储设施，特别是在高流量时期。但随着市场竞争的加剧和成本控制意识的提升，企业逐渐发现通过优化物资流通，可以挖掘出更多的利润潜力，即所谓"第三个利润源泉"。

（2）第二方物流（the second party logistics，2PL）。第二方物流是商品需求方自主安排从供应商到自身的物流活动。传统的大型商业单位通常会配备自己的运输工具和仓储设施，以更好地满足从供货点到销售点的物流需求。

（3）第三方物流（the third party logistics，3PL）。第三方物流是由独立于商品买卖双方的第三方提供物流服务。无论是由买方还是卖方负责的物流，只要由第三方执行，都可归类为第三方物流。

从广义上说，第三方物流是相对于自营物流而言的。

2. 狭义的第三方物流概念

狭义的第三方物流特指那些能提供先进、系统化物流服务的专业物流企业。这些企业具备以下特点：

（1）提供现代化与系统化的服务。企业具备提供现代化、系统化物流服务的能力。

（2）提供全面的物流服务。企业不仅能提供供应链物流的整体服务，还能为货主制定专门的物流方案。

（3）长期合作关系。企业与货主建立的是基于委托-承包的长期合作关系，而非提供一次性服务。

（4）提供增值物流服务。企业提供的不仅是基础的物流服务，还包含增值物流服务，以满足现代物流活动的需求。

在不同的背景和应用场景下，"第三方物流"的定义可能有所不同。

第三方物流与第一方物流、第二方物流的关系，如图 12-1 所示。

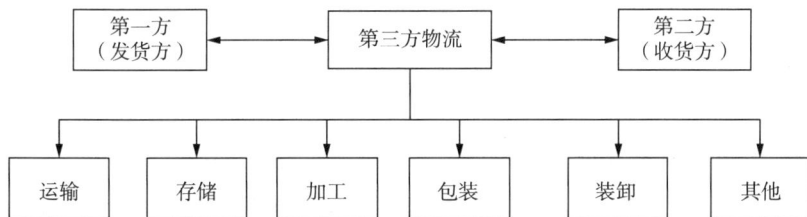

图 12-1 第三方物流与第一方物流、第二方物流的关系

（二）第三方物流的类型

随着商品生产的不断发展，第三方物流应运而生。在全球范围内，物流公司的类型多种多样，各自扮演着不同的角色。按照不同的评价标准，第三方物流企业可被细

分为多个类型。

1. 职能型与综合型物流企业

（1）职能型物流企业，即专注于执行特定物流任务的企业，如从事运输、仓储或流通加工等业务。这类企业在国内外都大量存在，既有历史悠久的公司，也有新兴的国际知名企业，如美国的联邦快递、总统轮船公司等。

（2）综合型物流企业，即提供全方位物流服务的企业，业务涉及配送中心设计、物流战略策划、商品实物运输等多个方面。它们通常具备雄厚的资本和广泛的服务网络，如日本的日通公司，其服务网络覆盖全球超过 500 个城市。

2. 物流自理企业与物流代理企业

根据企业的运营模式，物流企业可分为物流自理企业和物流代理企业两类。

（1）物流自理企业，即独立负责并执行物流任务的企业，可以进一步细分为综合型和职能型物流自理企业。这些企业可能拥有自己的物流设施和业务团队，能直接为客户提供物流服务。

（2）物流代理企业，即通过委托他方进行物流任务管理的企业，同样可以细分为综合型和职能型物流代理企业。综合型物流代理企业可能专注于建立销售团队和管理网络，而职能型物流代理企业则可能专注于某一特定物流功能的代理服务，如运输代理、仓储代理等。

二、第三方物流的特征

第三方物流，简而言之，即专业物流服务提供商按照合同规定，在特定时间段内，以预定的价格向客户提供量身定制的物流解决方案。其特征主要体现在以下几个方面。

（一）基于信息技术的物流体系

第三方物流的构建离不开现代信息技术。企业能够利用这些技术高效地与物流公司沟通合作，实现快速协调。同时，物流管理软件的更新使物流活动成本计算更为准确，使商业流动得到有效管理，为企业提供了将内部任务外包给专业物流公司的机会。这些技术包括但不限于 EDI 实现快速信息交换、EFT（电子资金转账）加快资金支付、条形码技术加速信息录入，以及电子商务技术推动在线交易。

（二）合同导向的全方位服务

与传统外包模式不同，第三方物流的服务是基于合同长期合作的，而不仅仅是针对单个物流功能。这种服务模式使得物流服务供应商能够按照合同规定的物流费用加上需求方毛利总额的 20% 进行收费。

（三）个性化服务

第三方物流服务强调个性化和定制化，通常针对一家或几家客户提供长期服务。由于各企业的业务流程不同，物流服务需要根据客户的具体需求进行定制。这种服务模式不仅推动了物流服务从产品推销向市场营销的转变，还标志着第三方物流从传统的外包模式向面向企业的个性化服务转变。

（四）企业间的动态联盟

在现代信息技术的支持下，第三方物流公司之间形成了动态联盟关系。这种关系建立在各方相互信任和信息共享的基础上，旨在实现物流活动效益的最大化。各公司共同承担风险，共享收益，通过契约形成优势互补、风险共担的中间组织结构，促进物流领域的双向或多向流动。

三、发展第三方物流的意义

第三方物流在全球范围内备受欢迎，其独特的价值给众多企业带来了显著效益。这些价值不仅体现在利润增长、成本优化、供应效率提升、服务质量提高、信息准确性增强等方面，还包括新技术的广泛应用。尽管"第三方物流"在我国已广为人知，但许多公司仍主要关注其在降低成本方面的作用，而对其真正的价值尚未有深刻理解，甚至存在误解。因此，深入探讨第三方物流给企业带来的价值显得尤为重要。以下是第三方物流对于企业发展的重要意义：

（一）聚焦核心业务，强化竞争力

第三方物流使企业能够优化资源配置，将有限的资源和精力集中在核心业务上，从而专注于新产品开发和市场竞争。随着企业运营日益复杂，与多方建立的关系也越发繁琐。将物流任务交给专业的第三方物流公司，能大大降低企业处理外部关系的复杂性，实现从"一对多"到"一对一"的转变。同时，第三方物流公司能从更高的视角整合供应链上下游的物流活动，形成更强大的供应链竞争力，这是单一企业难以企及的。

（二）降低物流成本，提升运营效率

在竞争激烈的市场中，降低物流成本、提高运营效率是企业的重要目标。将物流业务外包给第三方物流公司，企业可以减少在仓库、车辆等基础设施上的投资，降低物流人员数量和单证处理费用，提高运输效率，从而降低整体物流成本。

（三）分散经营风险，优化现金流

企业自主运营物流时，需对物流设备和设施进行投资，如仓库、车辆等，这些投资往往伴随着较高的风险。若物流管理能力有限，物流设施可能闲置，投资难以回收。同时，为快速响应客户需求，企业常需实施高库存策略，又会增加资金占用风险。而第三方物流公司通过专业的配送和库存管理，能降低企业的安全库存，优化现金流，甚至转移部分库存风险，给企业带来更大的资金灵活性。

（四）提升企业品牌形象

第三方物流作为企业的战略伙伴，依托全球信息网络，为客户提供供应链管理的

全面透明度。客户能够随时通过互联网获取供应链的实时信息，从而大大提高了企业的透明度和可信度。第三方物流服务商凭借先进的设备和高素质的员工，对供应链进行全面管理，利用全球运输网络和服务供应商，显著缩短了交货时间，提高了客户服务质量，从而为企业塑造了更加可靠和专业的品牌形象。通过量身定制的物流解决方案，第三方物流服务商以客户需求为中心，提供成本效益高的服务，为企业赢得市场竞争提供了有力支持。

（五）打造卓越客户体验

在当今竞争激烈的市场中，提升客户服务质量已成为企业赢得市场的关键。第三方物流服务商在提升客户服务质量方面发挥着重要作用。他们利用先进的信息网络和节点网络，迅速响应客户订单，加速订单处理，缩短交货周期，实现快速、可靠的门到门配送服务，极大地提升了客户满意度。此外，他们还能通过先进的信息和通信技术，实时监控货物状态，及时处理配送过程中的突发情况，确保货物安全、准时送达，兑现对客户的承诺。对于售后服务，如送货上门、退货处理和废品回收等，第三方物流也能提供高效、专业的服务，确保客户享受到持续、可信赖的高品质服务。

（六）提升企业经营效率

现代物流体系的建设，必须确保原材料供应商、制造商以及批发零售企业等产业链上各节点企业的物流活动得到高效的整合与协调。第三方物流公司凭借其专业的物流系统开发能力和尖端的信息技术手段，成为串联这些企业形成强大物流网络的核心力量。第三方物流公司不仅解决了单一企业难以独自应对的物流挑战，还通过整合和优化物流资源，显著提升了整个物流系统的运行效率。这种跨企业、跨行业的物流网络构建，不仅推动了第三方物流行业的蓬勃发展，更使第三方物流成为 21 世纪全球物流变革的关键引擎。同时，第三方物流不仅给企业带来了可观的经济效益，还通过提升物流效率、减少环境污染等方式，给社会带来了广泛而深远的积极影响。

（1）第三方物流的高效整合能力使其能够充分利用社会上闲置的物流资源。过去，许多企业自建仓库和车队，却往往面临设施老化和管理不善的问题。这种独立运营的模式导致物流设备使用效率低下，仓库空间分配不均，运输车辆空驶率高，增加了物流成本。现在，借助第三方物流的专业管理和信息系统，可以统一管理和运营企业现有的物流资源，实现共同存储和配送。这不仅能促进物流资源的合理配置，还能提高整体的物流效率。

（2）第三方物流的专业技术有助于缓解城市交通拥堵问题。第三方物流通过规划运输路径、选择最佳运输手段，如集中配送和货物分配等，能够减少城市车辆数量，减少空驶和迂回运输，从而改善城市交通状况。这种高效运输模式不仅提升了运输效率，还降低了能源消耗，减少了废气和噪声排放，为城市环保和经济可持续发展做出了贡献。

（3）第三方物流的快速发展对于推动中国物流行业的进步及产业结构调整具有重

要意义。相较于自营物流，第三方物流在降低成本方面潜力巨大。例如，德国通过采用第三方物流，物流成本仅占商品总成本的 10%。在我国，物流成本占 GDP 比例远高于发达国家，降低这一比例将给社会带来巨大的经济效益。

目前，我国已有众多新兴的第三方物流公司，如宝供物流、华运通物流等。然而，这些企业的整体质量尚待提升，多数是从传统仓储和运输企业转型而来，在管理能力、技术实力和服务范围方面仍有待提高。我国物流市场的发展潜力巨大，关键在于第三方物流企业的供应能力和服务质量能否满足市场的需求。

第二节　第三方物流的优势与风险

一、第三方物流的优势

伴随着全球经济的一体化趋势和市场竞争的日益激烈，企业之间的竞争呈现出不断变化的态势。20 世纪 70 年代，企业主要侧重于价格竞争；20 世纪 80 年代侧重质量竞争；20 世纪 90 年代侧重服务质量竞争；21 世纪，快速反应的竞争成为主导。当企业决定将其物流业务外包给第三方物流时，主要受到两大因素的推动：一个因素是企业需要将资源主要集中在其核心竞争力上，以实现最大的投资回报。那些并非核心能力的功能就会被削减或外包出去。人部分制造业企业和分销企业不将物流视为它们的核心竞争力。另一个因素是企业仅依赖自身能力来减少物流成本面临着巨大挑战。20 世纪 70 年代至 90 年代，企业在提升物流效率上已经取得了显著成果，但要实现更大进步，还需要付出更多努力。为了更好地改进物流效率，企业可能需要探索其他方法，如物流外包等。当企业选择将其物流业务外包给表现出色的 3PL（第三方物流）企业时，它们可以享受到以下益处。

（一）市场洞察与网络资源

3PL 企业通过长期的专业积累，构建了全面的信息网络，并在物流市场的各个领域中积累了深厚的专业知识。这涵盖了运输、仓储、增值服务等广泛领域，以及卡车运力、国际清关文件、空运报价等关键信息。对于 3PL 企业来说，获取这些信息更为经济高效，因为它们能够将这些资源有效分配给广泛的客户群体。而对于非物流领域的公司而言，想要获取这些信息往往需要投入高昂的成本。

（二）规模化效益

3PL 企业凭借其强大的采购和配送能力，能够从运输公司或其他物流服务提供商那里获得更具竞争力的运输报价。这种规模效应使它们能够大批量采购运输设备，并通过集中装载不同客户的货物来大幅降低单位运输成本。

（三）灵活的外包选择

物流业务外包给 3PL 企业意味着 1PL 或 2PL 企业可以将部分固定成本转化为可变成本。1PL 或 2PL 企业只需向 3PL 支付服务费，无须自行维护和扩展物流基础设施。这对于业务活动季节性波动大的 1PL 或 2PL 企业来说尤为重要。例如，大型季节性零售商无须在旺季时增加大量物流和运输员工，在淡季时又面临解雇问题，通过与 3PL 建立合作伙伴关系，可以轻松应对业务波动。

（四）先进的信息技术支持

许多 3PL 企业与软件供应商合作，开发自己的内部信息系统，以充分利用运输和分销网络。这些系统能够高效追踪跨运输模式的货物，进行电子交易，生成提升供应链管理效率的报表，并提供其他增值服务。鉴于 3PL 在信息技术方面的巨额投资，它们能够为客户提供关于哪些技术最实用、如何执行以及如何适应物流技术变化的宝贵建议。与合适的 3PL 企业合作，1PL 或 2PL 企业能够以最小的投入享受先进的信息技术带来的优势。

（五）可以降低成本，提高资本运作效率

借助物流外包的方式，1PL 或 2PL 企业能够降低在拥有运输工具、仓储设施以及其他物流环节所需的资金投入，这不仅有助于提升自身的盈利水平，还能将更多的资本集中在企业核心业务上，从而更好地进军新的市场领域。许多 3PL 企业在国内外都建立了稳固的运输和分销体系，那些希望进军国际或其他区域市场以实现增长的 1PL 或 2PL 企业，可以利用这些网络资源进入新的商业领域。

二、第三方物流的风险

第三方物流作为一种外包物流服务的模式，虽然具有许多优势，但也存在着一系列风险。企业在选择与第三方物流提供商合作时，必须全面考虑这些潜在风险，以确保供应链的稳定性和效率。

（一）监管难度大

企业在与第三方物流合作的过程中监管难度很大，因为企业往往无法直接管控、协调物流公司的具体工作，导致物流过程中难以搜集完整的数据，难以及时发现问题并进行调整，缺乏精细化的管理模式，可能会导致物流问题扩大。此外，对于物流过程中费用的前期准备和物流预算的同步把控，也很困难。

（二）风险控制难

物流过程中会遇到很多风险，如货物破损、丢失、延误等。在这种情况下，第三方物流公司也难以避免此类事故的发生，对于企业来说，其在解决物流问题时的风险控制难度也大大增加。

（三）服务质量参差不齐

由于市场上存在众多的第三方物流公司，它们的业务水平和服务质量存在较大差异。一些优质的物流公司在服务质量方面表现不错，但还有很多仅为追求眼前利益的第三方物流公司，它们在服务质量、业务流程、人员素质及设备能力上可能并未达到优秀水平。在与物流公司合作之前，企业必须了解其服务保障能力、物流保险政策等，在此基础上作出明智的选择。

（四）个性化服务难以保证

第三方物流公司面对多样化的客户需求，往往采用标准化服务模式，统一操作流程、服务标准和工作方式。对于某些具有个性化需求的企业来说，第三方物流存在一定的局限性，需要进行有效的沟通才能满足个性化需求，但这往往会带来一定的时间和人力成本。

综上所述，第三方物流存在一定风险，企业在与其合作之前必须清楚了解自身的需求和物流公司的服务保障能力，才能在降低物流管理成本、提高物流工作效率的同时，获得最优质的物流服务。

三、第三方物流企业运作模式

（一）第三方物流企业运作模式的定义

第三方物流服务，简而言之，就是专业的物流公司依据客户个性化需求，确保货物从起点到终点安全、高效、完整地流动。为了在物流市场中立足，物流公司需根据市场优势，明确服务方向，构建与之匹配的运营体系即运作模式。

实际上，运作模式就是物流公司为实现服务目标而搭建的一套完整的运营框架，它融合了物流服务全过程中的软件、硬件等多个环节和策略。

（二）第三方物流企业运作模式的特征

1. 目标系统性

第三方物流企业的运作模式，其核心在于市场服务定位。这意味着企业在构建运作模式时，需从市场服务定位出发，系统性地规划物流活动，合理安排设施设备，并通过有效的协调与优化，使整体运营达到最佳状态。

2. 培育的长期性

运营模式的建立并非一蹴而就，而是一个长期且复杂的过程。在企业战略定位的引导下，逐步选择物流要素，扩充硬件、拓宽网络、提升管理质量，最终形成企业特有的运营模式。成熟的运营模式能使物流操作更加标准化、流程化，提升市场响应速度，为企业赢得稳定的客户群和持续的发展动力。

3. 发展的相对性

第三方物流企业的运作模式具有相对性。一方面，随着企业的成长，从初创到成熟，其运营策略会有所调整；另一方面，在特定发展阶段，运营模式也在持续优化。随着企业规模的扩大和实力的增强，其运作模式将不断优化，以确保物流服务质量的持续提升。

（三）第三方物流企业运作模式的构成要素

在构建第三方物流企业的运作模式时，两大核心要素不可或缺：资源整合与服务提供。这两大要素共同构成了运作模式的基石。

1. 资源整合

从资源整合的角度看，第三方物流公司主要分为两大类型。一种是"轻资产型"企业，它们几乎不持有固定资产，而是依托社会资源，与外部资源紧密合作，提供高效物流服务。这种类型的企业虽然投入少、风险低，但是要求有成熟的物流市场和先进的技术手段作为支撑。另一种是"重资产型"企业，它们通过大量投资，购置设备、建设网点，形成自己的物流网络。这种类型的企业虽然投入大，但是能够确保物流服务流程的有效管理，提供高质量的物流服务，同时强大的资产实力也是企业信誉和市场竞争力的体现。

2. 服务提供

在提供物流服务时，第三方物流公司需明确以下五个要素。

（1）服务区域。企业应明确其物流服务的覆盖区域，是国际、全国、区域还是市域，确保服务范围与自身资源条件相匹配。

（2）服务对象。明确服务对象，如社会公众、生产制造企业、商贸企业等，有助于企业更精准地提供定制化服务。

（3）服务内容。它涵盖运输、仓储、包装、搬运装卸、流通加工、配送等基础服务，以及信息系统管理、物流系统方案设计等增值服务。企业需根据战略方向、总体能力和市场需求，选择合适的服务内容。

（4）服务产品。企业基于市场定位和服务对象，推出多样化的物流服务产品。根据物品的重量、体积、特性等，如服饰、家用电器、生物制品等，分类设计服务产品，以满足不同客户的需求。

（5）服务手段。它涉及运输、仓储、网络、信息等软硬件设施、设备的选择和使用。在运输上，需考虑单一或多元化的运输方式；在仓储上，需确定仓储的类型和物流中心的功能定位；在网络上，需关注网络的覆盖范围和密集程度；在信息系统上，需考虑系统的功能和实施方法。企业通过合理地选择服务手段，可以提高物流服务的效率和质量。

（四）第三方物流企业运作模式的构建

1. 明确物流服务定位

物流服务定位是第三方物流企业构建运作模式的起点。它明确了企业在物流市场中提供的服务类型，即企业的发展方向。如果企业物流服务定位模糊，运作模式就如无根之木、无源之水。

在明确服务定位时，企业应评估自身资源，深入分析行业趋势，研究国内外经济和物流发展动态，细分物流市场，确定目标市场。这不仅要满足企业当前发展的需求，还需与物流经济的长远发展方向相契合。基于物流行业特性，市场物流服务可细分为四个层次：基础物流服务、一体化物流服务、高级物流服务（如第四方物流和快速物流）以及电子物流。基于此，第三方物流公司应作出明智选择。

2. 推进物流网络化建设

物流网络化建设是运作模式构建的核心。无论选择何种服务定位，网络建设都至关重要，这源于物流的流动性和分散性。

物流网络包含硬件网络和信息网络两部分。硬件网络由物流中心、配送中心等节点和运输线路组成，其规模决定其服务范围。企业应结合战略规划、市场需求和资金实力，逐步构建物流网络，实现规模经济。信息网络则是利用先进技术建立信息共享平台，提高管理效率，降低运营成本，迅速响应市场需求，提供高品质、价格合理的服务。企业应有序推进物流网络化建设。

3. 实现物流作业标准化

物流服务涉及多个环节和部门，需有序组织和协调。为确保服务的准确、迅速、安全和及时，物流作业的标准化规范化至关重要。企业应深入分析物流任务，制定合适标准，使任务流程标准化、程序化，简化复杂任务，提高执行效率，降低作业风险，确保服务质量。

4. 确保物流服务水平一致化

物流服务水平一致化意味着对同类客户，无论在哪个服务点，提供的服务水平都应保持一致。这对塑造品牌形象和拓展市场至关重要。因此，在构建运作模式时，应在网络建设、设备采购等方面实施统一标准，以确保服务水平一致。

总体来说，运作模式的构建是长期、复杂的过程，涉及资源整合、网络建设、人员配置、作业确定和业务流程优化等环节。第三方物流企业需根据市场服务定位进行全面规划，构建完善、明确的运作模式框架，确保模式的成功实施，推动企业的持续发展。

第三节　第三方物流决策及实施

一、第三方物流决策

由于第三方物流的效益是相对而言的，企业需根据具体情况权衡自营物流与第三方物流的利弊，以作出最佳决策。一般而言，企业选择第三方物流服务的决策过程涉及以下几

第三方物流决策及实施

个关键阶段。

（一）自营物流可行性评估

企业首先要明确物流服务需求，评估自身在设施、资金、技术和管理等方面的能力，以判断自营物流是否可行。若能力不足以满足需求，则考虑使用第三方物流；若能力足够，则需进一步分析自营物流的必要性。

（二）自营物流必要性分析

对于具备自营物流能力的企业，应基于物流对企业的市场地位、业务流程和技术领先性的影响，以及这种优势的可持续性，来决定是否采用自营物流。若物流成为企业核心竞争力，则选择自营；否则，考虑使用第三方物流。

（三）自营物流与第三方物流的比较

1. 经济性

虽然第三方物流具有成本优势，但需针对具体情况进行核算，比较自营物流与第三方物流在提供相同服务水平时的成本效益。

2. 风险性

自营物流可控性强，风险小；第三方物流则存在沟通协调和机会主义行为的风险。

3. 适应性

自营物流系统一旦建立，调整困难；而第三方物流则通过协同合作，能更灵活地适应需求变化。表 12-1 是自营物流与第三方物流的比较。

表 12-1　自营物流与第三方物流的比较

物流管理模式	经济性	风险性	适应性
自营物流	弱	控制能力、运作风险较小	弱
第三方物流	强	控制能力、运作风险较大	强

（四）选择第三方物流服务商

若企业决定使用第三方物流，需考虑以下因素来选择合适的服务商：

（1）服务商的服务水平与成本效益。

（2）服务商的品牌声誉和信誉度。

（3）服务商的网络覆盖和服务范围。

二、第三方物流的实施

（一）明确实施目标

在实施第三方物流之前，需要明确实施目标。这包括提升物流效率、降低物流成本、提高客户满意度等方面的目标。明确的实施目标可以指导后续第三方物流实施的步骤和决策过程。

（二）选择合适的第三方物流服务提供商

选择合适的第三方物流服务提供商是关键一步。可以采取以下步骤来选择合适的第三方物流服务提供商：

（1）市场调研。了解市场上有哪些可供选择的第三方物流服务提供商，比较它们的服务范围、价格、信誉等方面的差异。

（2）参考评价。向其他企业、同行业的合作伙伴等咨询，了解他们对不同服务提供商的评价和经验。

（3）与候选服务提供商沟通。与候选服务提供商沟通，了解其能够提供的服务、配送范围、运输方式等信息，确保其能够满足企业的需求。

（三）签订合作协议

在确定合适的第三方物流服务提供商后，企业需要与其签订合作协议。合作协议应明确以下内容：

（1）服务范围。明确第三方物流服务提供商承担的物流任务范围，包括仓储、配送、运输等。

（2）价格和结算方式。明确物流费用的计算方式、支付方式和结算周期等。

（3）服务水平指标。明确物流服务的质量要求，例如准时交货、货物完好等。

（4）违约责任。明确双方的违约责任和赔偿方式等。

（四）数据对接与仓储管理系统的改造

实施第三方物流需要与其进行数据对接，确保物流信息准确传递。此外，企业还需对仓储管理系统进行改造，以适应第三方物流的需求。具体包括以下任务：

（1）数据对接。与第三方物流服务提供商对接订单、库存、交货、追踪等信息，确保数据准确传递。

（2）仓储管理系统改造。根据第三方物流服务的需求，对企业的仓储管理系统进行改造，包括接入第三方物流系统接口、调整物料存储位置等。

（五）运输和配送过程的管理

实施第三方物流后，企业需要进行运输和配送过程的管理，具体包括以下方面：

（1）制订运输计划。制订合理的运输计划，包括运输路线、运输工具的选择等，以最大限度地提高物流效率。

（2）货物追踪。实施物流追踪系统，确保货物在整个运输过程中的可见性和追踪能力。

（3）处理异常情况。及时处理运输过程中的异常情况，例如交通拥堵、恶劣天气等，以确保货物能够按时安全送达。

（六）绩效评估和持续改进

实施第三方物流后，需要进行绩效评估和持续改进，以不断提高物流效率和满足客户需求。具体可以通过以下方式实现：

（1）绩效评估。定期评估第三方物流服务的绩效，包括物流成本、送货准时率、货损率等指标。

（2）持续改进。根据绩效评估结果，优化物流方案、调整供应链策略等，以提高物流效率和降低物流成本。

以上是实施第三方物流的简要步骤，企业可以根据自身需求和情况进行具体实施。企业通过与合适的第三方物流服务提供商合作，可以提升物流效率、降低物流成本，并提高客户满意度。

复习与思考题 ▶

一、选择题

1. 第三方物流的特征不包括（　　　）。

A. 服务个性化　　　B. 关系契约化　　　C. 功能专业化　　　D. 成本最低化

2. 为客户创造（　　　）是第三方物流企业存在的基础。

A. 作业利益　　　B. 经济利益　　　C. 管理利益　　　D. 战略利益

二、简答题

1. 简述第三方物流的概念。

2. 简述第三方物流的类型及特征。

3. 简述第三方物流的实施步骤。

4. 第三方物流具有哪些优势与风险？

第十三章　国际物流

教学目标

学生通过本章的学习，能够了解国际物流的产生与发展，掌握国际物流的基本概念、特点及分类；掌握国际物流主要业务环节，并能分析国际物流的发展趋势。

案例导入

联邦快递推出国际经济型速递服务

联邦快递是美国联邦快递集团的附属公司，其服务遍及世界各地。联邦快递提供24～48 小时户到户通关服务，空运航线遍布全球，并拥有世界首屈一指的空运设备，是全球最具规模的快递运输公司。联邦快递在世界各地设有超过 50000 个收件中心，聘用员工大约 139000 人，拥有 638 架飞机及 43000 辆货车。每个工作日为全球 215 个国家和地区运送超过 310 万件物品，提供快捷、可靠及准时的快递服务。联邦快递2004 年推出全新的国际经济型分送速递（IED）服务，为亚洲地区的货运商多提供一项选择，以便处理大批送交不同收件人的货件。IED 服务范围遍及亚洲九个国家和地区，包括菲律宾、新加坡、印度尼西亚、日本、韩国、马米西亚、泰国以及中国香港、中国台湾。客户只需填妥国际空运提单，即可处理大批货件，经由同一闸口清关，送往多个地点。全新的 IED 服务大幅拓展了联邦快递的货运能力，提供更多综合性的点到点运输方案，使亚洲地区的货运更加灵活方便。

联邦快递亚太区总裁表示："联邦快递向来致力于为客户提供高效的商业方案，我们的供应链管理服务非常完善，可为客户提供国际付运、本地分送，以及量身定制的产品或服务。客户如果时间充裕，无须使用快速的国际优先速递（IP）服务，却要求达到同样可靠的货件寄存监控水平，IED 服务就是其最好的选择。IED 服务综合了联邦快递强大的运输能力和优质的信息服务，将可靠性进一步提升。"

思考：

国际物流有什么特点？联邦快递的优势有哪些？它是如何实现全球配送的？联邦快递的成功给国内物流带来哪些启示？

第一节 国际物流概述

一、国际物流的概念

国际物流作为现代物流体系的重要组成部分，是跨越不同国家（地区）之间的物流活动，也是国际贸易不可或缺的一部分。简单来说，国际物流就是连接各国贸易的桥梁，确保商品能够顺利地从生产地流向消费地。

广义上的国际物流，涵盖了国际贸易物流、非贸易国际物流、物流投资、国际合作与交流等多个维度。国际贸易物流专注于在全球范围内组织货物的有序流动，以确保货物能够高效、准确地从起点到达目标市场。非贸易国际物流则涵盖展览品运输、国际邮政等多元化服务，满足非贸易性质的物流需求。物流投资则涉及跨国物流企业共同出资，构建国际物流实体，以应对全球化背景下的物流挑战。国际合作方面，则侧重于不同国家企业间的协作，共同支持大型国际经济技术项目的物流运作。物流交流则聚焦于物流领域的国际学术、技术、教育和管理经验的分享。

狭义上的国际物流，即国际贸易物流，其核心在于组织国际货物流动。当生产和消费跨越国界时，为了克服地理和时间的障碍，就需要进行物理性的货物移动。这正是国际贸易物流的精髓所在，它确保了国际商品交易的顺利进行，让卖方能够顺利交付货物和单证并收取货款，买方则能够接收货物、支付货款并获取相关单证，从而实现国际商品交易的闭环。

需要明确的是，本章所探讨的国际物流主要聚焦于国际贸易物流。

二、国际物流的产生与发展

国际物流作为国际贸易的支撑与延伸，其发展紧跟国际贸易的步伐。其核心在于确保国际货物买卖合同签订后，货物能按照合同规定的质量、数量和时间要求，从卖方所在地安全、高效地转移到买方指定地点。这一业务流程不仅实现了国际贸易的具体操作，而且通过其高效运作，极大地增强了各国产品在国际市场上的竞争力，推动了国家对外贸易的繁荣，进一步促进了经济、技术和教育的全面发展。

在第二次世界大战之前，国际贸易模式相对单一，主要表现为发达国家与发展中国家之间不平等的原材料采购与制成品销售。然而，第二次世界大战后，随着跨国投资的兴起以及发展中国家生产力水平的提升，国际贸易格局发生了深刻变化。特别是发达国家与发展中国家之间以及跨国企业内部的国际贸易蓬勃发展，国际贸易的总量和运作水平都迈上了新的台阶。为了适应这一新的国际贸易环境，国际物流在数量、规模和技术能力上均取得了显著进步，为国际贸易的顺畅进行提供了强有力的支撑。

随着国际贸易和跨国经营的蓬勃发展，国际物流活动经历了多个重要的发展阶段。

第一阶段（20世纪50年代到80年代初），物流行业迎来了显著的发展。在这一时期，物流设备和技术取得了巨大进步，专业化的配送中心相继建立，电子计算机广泛应用于物流管理。此外，多功能无人仓库的出现和各国物流标准体系的建立，极大地优化了物流体系，推动了全球贸易的增长。尽管物流活动早已跨越国界，但物流的国际化进程尚未成为全球关注的焦点。

第二阶段（20世纪80年代初至90年代初），随着经济和技术的不断进步以及国际经济交流的日益频繁，物流国际化逐渐成为全球热议的话题。美国密歇根州立大学的波索克斯教授指出，在20世纪80年代，美国经济面临衰退，必须更加重视提升国际物流管理水平，降低生产成本，优化服务质量，以增加销售额，确保其在国际市场的竞争中占据优势。同时，日本正处于经济成熟期，其贸易导向型经济促使日本在物流国际化方面采取积极措施，如构建物流信息网络、加强全面质量管理等，以提高物流效率。在这一阶段，物流国际化趋势主要集中在美国、日本和欧洲的一些发达国家。

第三阶段（20世纪90年代初至今），国际物流的重要性和定义已得到全球各国政府和外贸部门的广泛认可。随着贸易伙伴遍布全球，物流国际化成为迫切需求，其涵盖了物流设施、技术、服务、货物运输、包装以及流通加工等多个方面的国际化。各国都在积极开展国际物流理论与实践的研究，以期在全球经济发展中取得更大的竞争优势。

第二节　国际物流分类及特点

一、国际物流的分类

国际物流根据其特征和标准，可细分为多种类型。

（一）进口物流和出口物流

按照货物流动的方向，国际物流被划分为进口物流和出口物流。简单来说，当货物从国外进入本国时，涉及的物流活动被称为进口物流；而当本国货物出口到国外时，则被称为出口物流。

（二）国家间物流和经济区域间物流

基于关税区域的不同，国际物流被细分为国家间物流和经济区域间物流。这两种物流类型在操作和流程上存在差异。例如，在欧盟内部，由于关税政策的统一，其区域间物流与其他国家或欧盟外部区域间的物流存在显著差异。

（三）国际商品物流及其他物品物流

根据货物的性质和用途，国际物流被细分为国际商品物流、国际军火物流、国际邮品物流、国际援助和救助物资物流等。这些分类有助于我们更准确地把握不同类型货物的物流需求和特点。

在国际物流的实践中，有许多围绕其活动的企业，如国际货运代理、国际船舶代理、国际物流公司、国际配送中心、国际运输及仓储公司、报关行等，它们各自在国际物流链中扮演着重要角色。

二、国际物流的特点

（一）国际物流的经营环境存在较大差异

鉴于各国在生产力水平、科技进步和物流基础设施上的差异，以及文化、历史、风俗、人文和政府物流管理政策法规等方面的不同，国际物流的复杂性远超过国内物流。例如，由于语言差异，物流变得更为复杂。尽管西欧的土地面积远小于美国，但由于西欧使用了德语、英语、法语等多种语言，就使得物流操作比美国要复杂得多。

（二）国际物流的系统性与风险性

国际物流是一个高度复杂的系统工程，其复杂性不仅源于物流活动本身的系统性，还在于它融合了多个国家的元素。这种跨国的特性意味着国际物流要面对更多元化的内外部因素，从而增大了风险。例如，长途运输使货物在途时间延长，装卸次数增多，货物损失和短缺的风险也随之提升。同时，企业资信与汇率的波动、不同国家的政治经济差异等，都增加了国际物流的风险。

（三）国际物流运输方式的多样性

与国内物流以短途、高频次的铁路运输和公路运输为主不同，国际物流涉及长距离、多环节的货物运输以及复杂的气候条件，对货物的存储和保管有更高的要求。因此，海洋运输和航空运输，特别是国际多式联运已成为国际物流运输方式的主流，其多样性使得国际物流在操作上更具挑战性。

（四）国际物流对国际化信息系统的依赖

高效的国际化信息系统是国际物流不可或缺的支撑。由于涉及众多从事国际业务的服务公司和管理机构，如货运代理、报关行、对外贸易公司和海关等，国际物流的信息系统变得尤为复杂。这不仅要求国际物流公司要处理大量文件，还要确保信息在指定路径上准确传递，增加了成本和时间的投入。目前，电子数据交换已被广泛应用于国际物流，大大提升了信息传递的速度和准确性。然而，各国在物流信息水平和技术系统上的差异，对国际化信息系统的构建和发展仍构成挑战。

（五）国际物流对标准化的高要求

国际物流的顺畅运作离不开标准化的支持。目前，美国和欧洲在物流工具和设施方面已实现了高度标准化，如托盘和集装箱的尺寸、条码技术等，这些都为国际物流的顺畅运作提供了有力保障。

第三节 国际物流主要业务环节

国际物流的业务流程涵盖了多个核心环节，确保了国际贸易的顺利进行。首先，进出口贸易合同的签订是整个国际物流流程运行的前提和基础，它为后续的物流活动提供了明确的指导和依据。其次，国际货物运输作为物流的主要环节，负责将货物从原产地安全、高效地运送到目的地。在运输过程中，商品检验检疫是确保货物质量符合标准的关键步骤，它保障了商品在国际市场上的竞争力。再次，报关报检是货物在国家间流通的官方许可，为货物的顺畅通关提供了保障。最后，保险作为物流流程中的一项重要措施，能够最大限度地减少国际贸易和国际物流中可能面临的风险，为贸易双方提供安心的保障。这些环节相互衔接、相互支持，共同构成了国际物流的完整流程。

一、进出口业务环节

（一）交易磋商

交易磋商是指交易双方针对交易条款展开的协商，目的是达成共识。交易磋商可以选择口头或书面两种方式进行，但书面磋商是主要的方式。交易磋商的全过程可以细分为四个主要环节，分别是询价、报价、退款以及最终的接受。

（二）签订合同

经过交易双方的深入讨论，一方提出报价，另一方接受这一报价，从而使合同正式生效。按照国际贸易的惯例，交易的双方通常还需要按照既定的惯例签署正式的书面合同或确认成立书。

在国际贸易中，买卖合同通常是精心拟定的，由三个部分组成，既体现了物流的专业性，也易于理解。首先，第一部分作为合同的开篇，明确了基本信息。具体包括合同的正式名称、唯一编号、双方签署的具体日期和地点，以及买卖双方的完整名称和地址。这些信息为合同的识别和双方的身份确认提供了基础。其次，第二部分即合同的主体内容。这里详细列出了合同的关键条款，它们是合同的核心所在。商品的具体名称、质量标准、规格细节、交易数量、包装方式，以及商品的单价和总价，都在该部分得到明确的规定。此外，运输方式、保险责任及支付方式等物流相关要素也被详尽列出。同时，考虑到交易中可能出现的各种情况，合同还包含特定的条款，如索赔条款、仲裁条款和不可抗力条款等，以确保在出现问题时双方能有明确的解决路径。

最后，第三部分是合同的尾部。这里详细记载了合同的文本页数、副本数量，以及合同双方的正式签署情况等。这部分内容是对合同整体的一个总结，标志着合同正式生效。通过这三个部分的有机结合，国际贸易中的买卖合同既体现了物流的专业性，也保证了合同的完整性和可执行性。

（三）履行合同

（1）出口合同的履行步骤如下。

① 备货。出口合同履行的首要步骤是精准备货，确保按照合同规定的品质、数量和交货时间，准确无误地准备好待出口的货物。这不仅关乎合同的履行，也是确保后续装运工作能够顺利进行的基石。

② 报验。对于某些按照合同约定或国家法规要求必须进行法定检验的出口货物，当货物准备妥当后，需及时向进出口商品检验机关提交报验申请。只有经过检验机构的专业鉴定，并获得国家商检部门签发的合格证书后，这些货物才能通过海关，顺利进入国际物流的下一个环节。

③ 催证。敦促购买方根据合同条款尽快完成开立信用证或支付的相关手续。

④ 审证。一旦信用证被开立，就必须对其内容进行细致的审查，以确保信用证的条款与合同中的规定完全吻合，不能随意更改，以确保货物能够及时转运并安全结算。

⑤ 租船、订舱装运。根据 CIF（成本费加保险费加运费）或 CFR（成本加运费）的价格条款达成的出口合同中，船舶租赁和舱位预订的责任应由购买方承担。在将出口货物装上船之前，还需要完成报关以及投保的相关手续。

⑥ 制单结汇。装船后的出口货物，必须根据信用证的要求，妥善准备各类文件，并在信用证的有效期限内提交给银行进行议付和结汇操作。在确认收到的单据没有错误之后，银行一方面会向国外银行进行收款，另一方面则会根据事先约定的结汇程序，与进出口公司进行结汇操作。

（2）进口合同的履行步骤如下：

① 信用证开立：合同签署后，首要任务是依据合同条款向银行申请开立信用证，并提交相关手续。确保信用证的条款与合同条款完全一致。

② 船运与投保：在 FOB 装运港船上交货条款下，买方需负责安排船只接运货物至目的港。根据 FOB 或 CFR 条款达成的合同，买方还需负责办理货物的保险。

③ 单据审核与付款：在国际贸易中，银行扮演着关键角色。一旦收到国外发来的汇票和相关单据，银行会根据已开立的信用证，进行详尽而严格的单据审核。这个过程主要聚焦于单据的数量和内容的准确性。一旦确认单据无误，银行将按照流程进行对外支付，以确保交易的顺利进行。

④ 报关：为了确保进口货物的合法性和顺利通关，进出口公司会委托专业的外贸运输公司进行操作。这些运输公司会根据进口文件，填写"进口货物报关单"，确保信息准确无误。之后，再向海关正式提交此报关单，进行必要的申报和审批流程，以确

保货物能够顺利进入国内市场。

⑤ 货物验收：货物抵达港口卸货时，港务局会进行详细核查，确保货物数量完整、质量无损。若发现货物存在问题，可利用商检机构出具的证明进行外部索赔。

⑥ 货物拨交：货运代理机构负责将货物交付给订货单位，确保货物顺利流转至最终目的地。

⑦ 进口索赔：若进口货物在品质、数量或包装上不符合合同要求，可依法向相关方提出索赔。索赔对象可能包括卖方、轮船公司或保险公司等，具体取决于损失原因。

二、国际货物运输环节

国际货物运输是指在国家与国家、国家与地区之间进行的货物运输，这是一种将进出口货物从出（或进）口国（或地区）运送到进（或出）口国（或地区）的国际物流活动。在国际物流体系中，国际货物运输占据核心地位。由于国际货物运输是一个涉及多个国家或地区的复杂运输过程，包括漫长的路线、多个环节和涉及国内外多个方面的复杂手续，因此需要多种运输工具和不同运输方式的协作，这使得国际货物运输具有高度的复杂性、时效性和风险性。

在国际物流领域，多样化的运输方式包括海运、陆运、空运、集装箱运输、国际多式联运、大陆桥及管道运输等，它们各有特色，适用于不同场景。在规划国际货物运输时，选择合适的运输方式和管理方式尤为重要。其中的考量因素包括运输成本、时效、货物特性、货物数量及物流基础设施等。

（一）国际海洋货物运输

国际海洋货物运输，简而言之，是通过船只等交通工具，在各国港口间，利用海上航道进行的货物运输活动。这一运输方式及其相关附加服务，共同构成了国际海洋货物运输的完整体系。在现代国际物流中，海洋运输因其大容量、低成本的优势，成为最主要的运输方式。据统计，全球国际货物运输的80%以及我国进出口货物的约90%都是通过该运输方式来实现的。

国际海洋货物运输主要分为两大类：

1. 班轮运输

班轮运输，也被称为定期船运输，是一种在固定的航线上，以既定的港口顺序，按照事先公布的船期表航行的水上运输经营方式，主要负责客货运输，并根据预先约定的费用标准收取运费。

班轮运输在经历了漫长的发展过程后，已经发展出了定期、定船、定港、定航线以及定费率这"五定"的独特模式。班轮的货物运输流程主要包括：揽货、订舱、装船、运输、卸货和交付等环节。

2. 租船运输

租船运输，也被称为不定期船运输，是船舶出租人把船舶租给承租人，根据租船合同的规定或承租人的安排来运输货物的运输方式。该船舶并未预先设定船期表、航线或港口，而是根据出租人与承租人之间签署的租船合同条款来执行预设的运输任务。

（二）国际陆上货物运输

1. 国际铁路货物运输

国际铁路货物运输是指通过地面、地下和架空铁路网络，实现货物从一个国家或地区到另一个国家或地区的转移。在国际物流所有的运输方式中，国际铁路货物运输的重要性仅次于海上运输。我国的国际铁路货物运输主要涵盖两大类别：一是针对港澳地区的国内铁路运输，二是跨国间的国际铁路联运。

2. 国际铁路货物联运

国际铁路货物联运特指利用统一的国际铁路联运票据，由跨国铁路运输公司负责，在两个或更多国家（或地区）之间实现铁路全程运输的一种连贯方式。这种运输方式不仅简化了货物的运输流程，还极大地便利了货物的收发，并且提供了提前结汇的便利。

3. 国际公路货物运输

国际公路货物运输是指货物通过特定的运输工具，在公路上跨国或跨地区进行移动。它不仅形成了一个独立的运输网络，也是车站、港口和机场物资集散的重要路径。作为连接生产与消费的重要桥梁和纽带，国际公路货物运输在国际物流体系中扮演着不可或缺的角色。

（三）国际航空货物运输

国际航空货物运输是一种由跨国航空运输公司负责，通过空中运输方式实现国家（或地区）间货物快速转移的现代化运输模式。它特别适用于运输易腐、易损和贵重的急需物资，如鲜活商品、精密仪表、计算机、电子产品和高级服装等。国际航空货物运输的顺利进行依赖于航空港、货物进出空港的通道、航空器、航线、航班以及装货工具等多个方面设施和设备的支持。

（四）国际集装箱运输

国际集装箱运输是现代物流中的核心环节，它采用集装箱作为标准化的运输单元，适用于海洋、铁路、公路以及国际多式联运等多种运输方式。相较于传统的运输方式，集装箱运输在管理和操作层面上有着显著的不同，它涉及一系列紧密合作的伙伴，如集装箱运输公司、无船承运人（NVOCC）、实际承运人、集装箱租赁企业、专业集装箱码头（堆场）和货运站等。在集装箱运输的实践中，有两种主要的运输形式：整箱运输和拼箱运输。整箱运输是指整个集装箱装满单一收货人的货物，而拼箱运输则是将不同收货人的货物组合装载在一个集装箱内。

对于集装箱的交接地点，主要可以分为四种模式：门到门、门到站场、站场到门，以及站场到站场。这些模式根据发货人、收货人和物流中心的不同需求进行灵活配置，以确保全程运输的高效、安全和便捷。

（五）国际多式联运

国际多式联运是一种基于合同，由专业的多式联运经营者统筹管理，运用至少两种不同的运输方式，以确保货物从起始国家顺畅转运至目的国家指定地点的国际化运输服务。其核心特点体现在：全程一次性完成货物委托，只需一张联运单据即可完成整个运输流程，统一收费且全程负责，以及提供统一的理赔服务。

为了确保国际多式联运的顺利进行，需要具备以下基本条件：

（1）托运的货物及其接受的多式联运服务均属于国际货物运输范畴，符合跨国运输的标准和要求；

（2）至少需有两种不同的运输方式，且能够顺畅衔接，实现货物连续不断地运输；

（3）发货人与负责全程运输的多式联运经营者之间需签订明确的多式联运合同，明确双方的权利和义务；

（4）与发货人签订合同的多式联运经营者需对货物的整个运输过程承担全面责任，确保货物安全、准时到达目的地；

（5）多式联运的经营者需出具完整、规范的联运文件，以应对不同运输环节的需求和挑战；

（6）整个运输过程采用单一运费率，简化了费用计算，提高了运输效率。

国际多式联运的独特优势在于，其经营者与托运人签订的运输合同明确规定了全程一次性委托、单据通用、统一收费、全程责任及统一理赔等条款，形成了一种高效、便捷、可靠的国际货运组织模式。

（六）大陆桥运输

大陆桥运输是一种特殊的运输方式，它采用穿越大陆的铁路或公路系统作为连接桥梁，实现了大陆两端海洋运输的无缝连接。这种运输方式在海上运输的基础上，增加了一段横贯整个大陆的道路运输，形成了一种新型的海、陆、海连贯运输方式。大陆桥运输是国际多式联运体系的重要组成。由于大陆桥运输采用集装箱作为主要的运输单位，这使得货物的整理、搬运、储存、保管以及装卸等多个操作环节都得到了极大的简化，从而加快了国际物流的速度。此外，在集装箱通过海关铅封的过程中，无须进行开箱检验，这也有助于更快地切换到其他运输方式。

（七）国际管道运输

国际管道运输是一种通过管道输送液体或气体货物的运输方式。在铺设工程方面，国际管道运输可以分为架空管道、地面管道和地下管道三种类型，其中地下管道是最常见的类型。根据地形情况，一条管道可能同时包含这三种类型。由于管道的路径和货物的运输都是固定不变的，因此计算运输费用变得相对简单。通常会根据货物的不同种类和规格来设定不同的费率，而计算的标准大多是以桶或吨为单位。另外，管道运输通常都会明确规定每一批次的最低运输量。

（八）国际邮政运输

国际邮政运输是一种较为简单的运输方式，主要通过各国邮政系统来实现全球范围内的邮件和包裹传输。我国的邮政业务由中国邮政集团有限公司负责管理和执行。在全球范围内，各个国家的邮政系统都签署了各种协议和公约，以确保邮件和包裹能够无障碍地在各国之间传输。这些协议和公约形成了一个全球范围内的邮政运输网络，使得国际邮政运输成为国际物流体系中广泛使用的一种运输方式。

三、进出口商品检验检疫环节

出入境检验检疫作为国际贸易中不可或缺的一环，是由专业的商品检验检疫机构负责的。这一流程涉及对交易商品的质量、数量、重量、包装以及安全卫生等条件的全面检验，同时针对人、动物、植物可能携带的传染病、病虫害等进行严格检疫。这一过程涵盖了商品检验、动物检疫、植物检疫和卫生检疫四个关键领域，是国家通过专门的商检部门，以行政手段对对外经济贸易活动进行监管和干预的重要体现。

（一）出入境检验检疫的核心目标与职责

检验、鉴定和监督管理进出口商品，是国家商检部门确保商品质量达标、保护贸易各方权益的重要工作。通过这一流程，可以促进对外经济贸易的健康发展。对于进出境的动植物及其产品，实施严格的检疫措施，以确保它们不携带任何可能危害我国农业、林业、渔业、畜牧业生产，乃至国际生态环境和人类健康的病菌、害虫、杂草种子等有害生物。

（二）出入境检验检疫的组织机构

出入境检验检疫局隶属于海关总署，职责是对出入境的货物、人员、交通工具、集装箱、行李邮包携带物等进行包括卫生检疫、动植物检疫、商品检验等的检查，以保障人员、动植物安全卫生和商品质量。

（三）检验检疫证书

在国际贸易中，进出口商品一旦经过专业的商检机构全面检验，这些机构会出具一系列的证明文件，通常称之为"商检证书"。这些证书不仅证明了商品的品质和数量与合同规定相符，而且为交易的顺利进行提供了权威凭证。常见的商检证书类型丰富多样，包括但不限于：检验证明书，用于确认商品整体状态；品质证明书，证明商品质量上乘；重量证明书，确保商品重量准确无误；卫生证明书，证实商品符合卫生标准；兽医证明书，保障动物源性产品健康无害；植物检疫证明书，确认植物产品无病虫害；价值证明书，证明商品价值；产地证明书，标明商品的原产地信息。这些证书在国际贸易中发挥着重要作用，是确保交易双方权益的重要文件。

四、进出口商品报关

报关，即进出境运输工具的负责人、进出境货物的所有人、进出口货物的收发货人或其代理人向海关办理运输工具、货物、物品进出境手续的全过程。

（一）报关任务

《中华人民共和国海关法》（简称《海关法》）作为海关工作的基本准则，明确了海关的性质和四大核心任务：监管、征税、查缉走私以及编制海关统计。海关作为国家的行政机构，负责监管进出境的运输工具、货物和物品，维护国家的主权和利益。

（二）报关单证

海关对一般的进出口货物，要求提交以下单证：

进出口货物报关单：一式两份，是海关验货、征税和放行的法定文件，也是海关统计的基础资料。报关单位需准确填写，并加盖海关备案的"报关专用章"及报关员印章。

许可证或批准文件：按照国家规定需要提交许可证的货物，需提交商务部门签发的许可证。如需其他主管部门批准，还需提交相关批准文件。

提单、装货单或运单：这是海关放行后，作为提取或运输货物的凭证。

发票：包含货物实际价格、运输、保险等费用，是海关确定完税价格的重要依据。

装箱单、减免税证明、商品检验证明：根据实际情况提交。

其他单证：海关认为需要提交的贸易合同等相关单证。

（三）报关期限

根据《海关法》的规定，出口货物的发货人或其代表需在装货前 24 小时内申报；进口货物的收货人或其代表需在运输工具入境后 14 天内申报。

（四）进出口货物报关程序

根据《海关法》的规定，所有进出口的货物都必须在设有海关的地方进出，而进口货物的接收者、出口货物的发货方或其代表都必须真实地向海关报告，并受到海关的监督。对于常规的进出口货物，海关的管理流程包括：接收货物的申报、进行货物的检查、征收相关税费以及结关放行。相应地，收货方、发货方或其代理的报关流程包括：提交报关申请、进行货物检验、支付税费以及根据单据领取货物。

海关在规定时间内接受报关单位的申报后，审核单证是否齐全、填写是否正确，报关单内容与所附各项单证的内容是否相符，然后查验进出口货物与单证内容是否一致，必要时海关将开箱检验或者提取样品。货物经查验通过后，如属应纳税货物，则由海关计算税费，填发税款缴纳证，待报关单位缴清税款或担保付税后，海关在报关单、提单、装货单和运单上加盖放行章后结关放行。

五、国际货物运输保险

国际货物运输保险范围广泛，包括针对海上、陆地、航空和邮包等多种运输方式的保险选项。其中，海上货物运输保险作为历史最为悠久的保险类型，其重要性不言而喻。

（一）海上货物运输保险

（1）海上货物运输保险的承保范围广泛，主要针对由海上风险、海上损失以及其他外部因素可能导致的各种风险和损失提供保障。

① 海上风险。海上风险作为保险业的专门术语，是指在海上运输过程中可能遭遇的各类自然灾害和突发事件，但并非指海上的所有潜在风险。这些风险包括但不限于恶劣天气、船舶碰撞、触礁、海盗袭击等。这些风险对货物的安全运输构成了潜在的威胁，因此海上货物运输保险的存在显得尤为重要。

② 海上损失。海上损失是指在海上运输过程中，被保险的货物因面临海上的风险而导致的经济损失和相关费用。根据海运保险行业的常规操作，海上损失也涵盖了与海上运输相连的陆地或内河运输中产生的各种损失和费用。根据海上的损害程度，损失可以被划分为完全损失和部分损失。

③ 外来风险。外来风险是指除了海上风险之外，由其他外部因素引发的风险，这些风险被分为一般外来风险和特殊外来风险。一般外来风险是指在运输过程中，被保险的货物可能因为盗窃、数量不足、被雨淋、污染、泄漏、损坏、受热、潮湿或串味等外部因素而面临的风险。特殊外来风险是指因军事、政治、国家的政策法规以及行政手段等特定的外部因素导致的各种风险和损害，如战争和罢工事件等。

（2）海上货物运输保险险别。保险险别定义了保险公司对风险损失的覆盖范围，它不仅是保险公司和被保险者履行其权益和责任的基石，还决定了保险公司的承保责任程度和被保险者支付的保费金额。海上货物运输保险涵盖了众多的险种，总体上可以划分为基本险别和附加险别两个主要类别。

① 基本险别。按照我国目前实施的《海洋货物运输保险条款》所述，基本险别包括平安险、水渍险及一切险三大类，这三种保险都有其特定的保险范围。

② 附加险别。在海上货物运输保险中，存在多种类型的附加险，一般被细分为一般附加险和特别附加险。常见的附加险包括：偷窃和提货不着险；淡水雨淋险；渗漏险；短量险；混杂沾污险；破碎碰损险；串味险；钩损险；包装破裂险；受潮受热险；锈损险。上述 11 种附加险不能单独投保，只能在已有的基本险的基础上进行额外投保。特殊附加险涵盖了战争险和罢工险等内容。

（二）陆上货物运输保险

在物流领域中，陆上货物运输保险分为两大类：陆运险和陆运一切险。

（1）陆运险的责任范围。货物在陆上运输过程中，可能会遭遇如暴风、雷电、地震和洪水等不可预测的自然灾害或意外事故。这些风险均属于陆运险的保障范畴。

（2）陆运一切险的责任范围。除了上述陆运险所覆盖的风险外，陆运一切险的保障范围更为广泛。它还包括在运输过程中因外部因素（如盗窃、渗漏、碰撞等）导致的货物短少、受损、碎裂、钩损、雨淋、生锈、受潮、受热、发霉、串味、污染等全部或部分损失。保险公司将对这些损失承担相应的赔偿责任。

（三）航空运输货物保险

航空运输货物保险可以分为两大类：航空运输险和航空运输一切险。航空运输险和海运水渍险在承保责任范围上大致相同。在航空运输的各种风险中，除了前述的航空运输险责任外，对于因外部因素在运输过程中所导致的被保险货物的全部或部分损失，如被盗或短缺等，也需要承担赔偿责任。

六、国际货运代理

（一）国际货运代理的概念

国际货运代理是一种充当中介角色的运输服务提供者，不仅代表和维护发货人或货主的利益，还负责协调承运人的运输工作。其核心理念是作为"货物中间人"，在发货人和收货人作为一方，承运人作为另一方之间进行操作。

《物流术语》（GB/T 18354—2021）将国际货运代理定义为：接受进出口货物收货人或发货人的委托，以委托人或自己的名义，为委托人办理国际货物运输及相关业务的服务方式或经济组织。

从传统角度来看，国际货运代理往往扮演着代理的角色。他们按照委托人的要求，为发货人或货主安排货物的运输，并支付运费、保险费、包装费、关税等费用，然后收取费用（通常是整个费用的一个百分比），所有的成本开支由（或将由）客户承担。

（二）国际货运代理应当满足的前提条件

根据《中华人民共和国国际货物运输代理业管理规定》，在我国，从事国际货物运输代理业务的公司需满足以下条件：

（1）必须依法取得中华人民共和国企业法人资格；

（2）配备与所从事业务相匹配的专业人员；

（3）设有固定的营业场所和必要的营业设施；

（4）拥有稳定的进出口货源市场；

（5）注册资本应达到规定的最低限额。

（三）国际货运代理的服务对象与任务

国际货运代理服务于发货人（出口商）、收货人（进口商）、海关、运输企业、航运公司及各类工商业实体等。其核心任务包括：

（1）货物揽收、舱位预订（含租船、包机、包舱）、托运、仓储及包装服务；

（2）货物的监装、监卸，集装箱的拼装拆箱，分拨、中转及短途运输服务；

（3）提供报关、报检、报验及保险等全方位服务；

（4）编制并分发相关文件，支付运输费用、结算、支付杂费；

（5）提供国际展品、私人物品及过境货物的运输代理服务；

（6）涉及国际多式联运和集装箱拼箱等多种运输方式；

（7）提供国际快递服务（非私人信函）；

（8）提供咨询及其他国际货运代理业务。

（四）国际货运代理在国际物流中的地位与作用

国际货运代理作为国际商务与国际运输的桥梁，是两者高度社会化和国际化的必然产物。国际货运代理须具备国际贸易运输的广泛知识、丰富经验和卓越能力，对各类运输方式、工具、路线、手续以及社会经济制度、法律条款和传统做法有深入了解。与国际物流的各个环节紧密相连，并与国内外海关、商检、银行、保险、仓储、包装、承运人及代理人等建立广泛联系。此外，国际货运代理还拥有全球性的客户网络和分支机构。这些独特优势使国际货运代理在国际物流中占据核心地位，扮演着确保物流顺畅进行的关键角色。国际货运代理不仅是国际货物运输的策划者和组织者，更是国际物流顺畅运行的保障者。

第四节 国际物流发展历程与趋势

一、我国国际物流的发展

随着我国经济的持续增长、加入世界贸易组织以及电子商务的蓬勃发展，我国物流业正迎来前所未有的发展机遇。自改革开放以来，我国与全球经济日益紧密结合，对外贸易迅猛发展，为企业改革和国际物流业的稳步前进奠定了坚实基础。

政策与经济环境的不断优化，推动了企业改革的深化，为国际物流的发展创造了更加有利的条件。在此背景下，国际贸易物流蓬勃发展，我国的外贸通商口岸建设也取得了显著进展。经过40多年的改革开放，我国口岸建设取得了举世瞩目的成就，口岸数量快速增长，形成了全方位、多层次、立体化的开放格局。

随着国民经济的快速稳定发展，物流产业规模将持续扩大，并与经济结构和产业布局的调整相适应。物流产业将进一步实现集中一体化，在市场扩张的同时，产业内部分工也将更加细化。物流产业发展的制度环境将日趋规范，市场秩序和环境条件也将进一步优化。

然而，我国国际物流发展仍面临一系列挑战。目前，由于粗放经营的格局尚未得到根本改变，物流基础设施仍存在"瓶颈"制约，物流企业信息化水平有待提高，功能单一且缺乏特色。此外，物流专业人才短缺且流失严重，物流发展的环境仍需进一步改善。面对这些挑战，我们需要加大投入，提高物流产业的整体水平，以适应全球物流市场的竞争。

面对这些问题，需要采取一系列应对措施：

（1）加强物流基础设施建设。在船舶走向现代化的过程中，选择的船舶型号必须与实际的运输量相匹配。在港口的建设过程中，我们不仅要注重集装箱的使用，还要考虑如何装卸大量的散装能源和物资。随着配送中心等设施的逐步建设，物流正在逐步达到包装的规范化、装卸的机械化和运输的集装箱化。同时，国家也在积极地研发和推广先进且适用的仓储、装卸等标准化专用设备，以满足国际物流作业的连续性和快速化需求。为了进一步完善我国的物流体系，需要推动国际物流的合理化，并为现代物流技术的进步预留更多的空间，为未来的扩展做好准备。

（2）建立完善的物流信息管理系统。为了确保物流信息的实时更新与准确分析，应构建一个完善的物流信息管理系统。内部局域网数据库将实时显示物流动态，而强大的物流信息管理系统则负责深度分析这些数据，优化调度。对于外部联络，将通过互联网实现无缝对接，支持线上需求记录、支付操作，并持续追踪和研究物流服务。此外，还应构建一个公共物流信息平台，该平台将整合行业资源，实现资源共享，以整体优势推动物流行业的发展，确保物流企业间、企业与客户之间实现物流信息与功能的实时共享。

（3）构建和完善物流技术标准化体系。为加快物流行业的协同发展，应着力构建和完善物流技术标准化体系。加快制定物流基础设施、技术装备、管理流程以及信息网络的技术规范，以建立一个协同、统一的现代物流技术标准化体系。在运输、仓储、装卸、包装等环节，广泛采用标准化、系列化、规范化的技术手段，确保物流服务的高效、安全与可靠。

（4）完善服务功能，强化增值服务。在欧洲和美国，物流服务行业不仅功能齐全、服务水平高，而且企业与客户之间的联系非常紧密，有时甚至成为战略合作伙伴。考虑到这一点，我国的物流公司在提供基础物流服务的同时，应根据市场的具体需求，持续细分市场，扩大业务领域，发展增值物流服务，并广泛开展加工、配送、货代等业务，用专业的服务来满足个性化的需求，提升服务质量，以服务创效益。此外，还需要通过提供全面的服务来加强与大型客户的业务联系，提高双方的依赖性，并建立战略合作伙伴关系。

（5）加速培养开放型物流人才。加快物流行业人才队伍建设是促进我国物流业持续健康发展的关键举措。由于我国在物流专业人才的教育和培训方面起步较晚，再加上人才培养周期相对较长，导致市场上合格的物流人才数量有限，层次也相对较低，这导致高端物流专业人才的短缺，从而限制了物流行业的进一步发展。在未来的一段时期里，有必要加快培养具备全球化视角和专业技能的物流专才，以适应国际物流行业的快速发展趋势。

二、国际物流的发展趋势

在全球经济一体化与通信技术飞速发展的背景下，跨国公司的迅猛扩张催生了本土生产、全球采购和全球消费的新格局，这无疑为国际物流行业指明了新的发展方向。

（一）集成化与综合化

物流全球化趋势的加强，使物流企业纷纷通过合并、合作和联盟来扩大业务规模，实现规模效应。特别是在我国加入世界贸易组织（WTO）后，物流行业的市场竞争更加激烈，规模经济和战略合作成为制胜关键。整个物流行业正在朝着综合化和集约化的方向发展，通过整合社会物流资源，创造规模效应，顺应经济增长的必然趋势。

（二）专业化与共同配送

随着制造商对精细化和个性化产品需求的响应，国际专业物流公司应运而生。这些物流公司能够满足高频次、小批量的配送需求，形成专业物流与共同配送的规模化服务。

（三）定制化服务

现代物流企业身处激烈竞争和市场需求快速变化的背景下，必须提供全面、高附加值的定制化服务，以精准满足客户日益复杂多变的个性化需求。当前，物流服务不再局限于传统单一的物流功能，而是全面聚焦于提升客户物流系统的整体运营效率和效益。通过构建以合同为基础的定制化服务体系，物流行业的服务标准将逐步统一，服务产品化和市场化将成为行业发展的主流趋势。

（四）绿色物流

物流行业在推动经济增长的同时，其环境问题也越发受到重视。因此，绿色物流已成为 21 世纪物流发展的新焦点。绿色物流主要关注物流系统污染的防控，以及工业、生活废弃物的有效处理。为了顺应这一发展趋势，发达国家的政府已出台相关政策，积极推动绿色物流的发展，以实现物流行业的可持续发展。

（五）电子化与信息网络化

电子商务物流与快递业务的强劲发展使信息网络成为现代物流的生命线。电子商务物流通过互联网技术管理物流流程，实现了网上购物、支付和货物追踪的便捷性。物流公司利用先进的网络技术、软件和管理策略，为客户提供高效、准确的物流服务，以满足其特定需求。电子商务物流不仅提高了服务质量和效率，还降低了运输成本，成为 21 世纪物流发展的重要方向。

在电子商务物流领域，物流公司利用先进的计算机网络技术、先进的硬件和软件系统，以及前沿的管理策略，根据社会的实际需求，严格并诚信地按照客户的订单要求进行分类、编码、整合、分工和配货等一系列的理货工作。物流公司会按照预定的时间、数量和地点将货物交付给客户，以满足客户对商品的特定需求。电子商务物流是一种全新的运作方式。电子商务给物流公司带来了更为丰富和详细的信息资料，这使得物流公司的操作流程更加有序和连续，从而让物流公司能够迅速适应市场的波动，并做出适时的调整。

复习与思考题 ⅢⅢ▶

1. 什么是国际物流？与国内物流相比，它有哪些特点？

2. 简述国际物流主要业务环节。

3. 国际多式联运需要具备哪些条件？

4. 海上货物运输保险的险别和范围是什么？

5. 简述国际物流的发展趋势。

6. 简述我国国际物流发展存在的问题和应对措施。

第十四章　物流发展新理念

✏️ **教学目标**

通过本章的学习，学生应能掌握绿色物流和逆向物流的定义及特点；熟悉精益物流、绿色物流和智慧物流三种典型物流产生的背景、内涵、特点及未来发展趋势；了解发展绿色物流的意义，可持续发展的绿色物流战略，精益物流和智慧物流的形式，以及物流金融的相关概念、融资渠道和运作模式。

🖼️ **案例导入**

丰田汽车的精益物流实践

丰田汽车作为精益生产的代表企业，其物流系统同样体现了精益思想。丰田汽车通过精确分析零部件需求，实现了准时化（JIT）供应，即供应商在准确的时间将所需数量的零部件送达生产线。此外，丰田汽车还通过持续改进和优化物流流程，减少浪费和不必要的库存，提高了整体运营效率。

我国物流产业发展现状

丰田汽车展示了精益物流如何通过精确的需求分析、准时化供应和持续改进，实现物流成本降低和运营效率提升。

思考：

1. 丰田汽车如何实现精确的零部件需求分析以支持准时化供应？

2. 丰田汽车如何通过持续改进和优化物流流程来减少浪费和提高运营效率？

第一节　精益物流

一、精益物流的概念

《物流术语》（GB/T 18354—2021）将精益物流定义为：

精益物流

消除物流过程中的无效和非增值作业，用尽量少的投入满足客户需求，并获得高效率、高效益的物流活动。

精益物流作为即时制管理的进步，旨在减少生产和供应中的非增值浪费，从而缩短备货周期并提升客户满意度。精益物流是基于精益思维的产物，代表了物流领域的一种创新方法，并与物流的普遍发展趋势相契合。以下是其深层含义。

（1）以客户需求为导向。在物流运作中，企业应当始终以客户需求为核心，而非单纯从企业或功能系统的视角出发。企业需要深入理解并满足客户的实际需求，以确定哪些环节真正创造价值。

（2）深入分析价值链。在产品的设计、生产和订单处理等整个价值链中，企业必须进行详尽的分析，以识别并剔除那些无法带来价值增值的浪费环节。

（3）制订高效物流计划。在制订物流计划时，企业应严格遵循"不间断、不迂回、不倒流、不等待．不出废品"的原则，确保物流运作的高效、顺畅。

（4）即时响应客户需求。企业需快速、准确地响应客户需求，确保在正确的时间、以正确的方式，创造并传递由客户驱动的价值。

（5）迅速消除浪费环节。一旦在价值链中识别出可能导致浪费的环节，企业应迅速采取行动消除这些浪费，以提升整体物流效率。

二、精益物流的特点

（一）以客户需求为中心

在客户未发布需求指示的情况下，上游的任何环节都不会提供相应的服务；一旦客户的需求指示被发布，则迅速为其提供服务。系统的生产是由客户的需求驱动的。

（二）准时

在精益物流系统的运作中，电子信息流不仅确保了信息的快速准确流动，还能有效减少冗余信息，简化作业流程，并消除操作过程中的延迟，从而提升物流服务的质量标准。

确保货物在流通过程中能够流畅、有规律地流动是物流系统追求的目标，而实现这一目标的关键在于准时完成任务。准时涵盖了物品在流通过程中各个环节的准时完成，包括交货、运输、中转、分拣和配送等。准时完成也是确保物流系统全面优化计划能够成功实施的关键前提。

（三）降低成本

精益物流的核心目标是降低运营成本和提升工作效率，根据需求进行定制化生产，以最大限度地发挥其优势和能力；借助电子化的信息传递，可以实现快速响应和准时生产，这有助于避免设备和设施的浪费、人员的冗余、操作的延迟以及资源的浪费等问题，从而确保物流服务的成本降低。

（四）快速

精益物流系统的高效运作主要涉及两个方面：一方面是物流系统对客户需求的迅速响应，另一方面是货物的流通速度。

物流系统对客户个性化需求的响应速度是由系统的功能和工作流程决定的。当客户提出具体需求时，该系统应当能够迅速识别和分类这些需求，并据此制定与客户需求匹配的物流解决方案。对客户的历史数据进行统计和积累可以帮助系统更迅速地制订物流服务计划。

货物在整个物流链中的快速流通具体包括：货物在物流过程中的停留时间最短，流通路径最短，存储时间合适，以及实现整体物流效率的提升。速度不仅是影响成本和价值的关键因素，也是一种强有力的竞争策略。

（五）系统集成

精益系统是由各种资源、信息以及有助于企业达到精益效益的决策准则所构成的。精益系统旨在最大限度地发挥企业的优势和能力，合理利用资源，减少浪费，并以最经济合理的方式为客户提供高质量的服务。

（六）信息化

信息化是实现高品质物流服务的关键。物流服务被视为一个高度复杂的系统项目，它包含众多的复杂信息。电子信息的传输非常便捷，确保了信息的快速和准确流通，从而保证了物流服务的及时性和高效性；电子信息的存储和统计更为便捷，简化了工作流程，减少了人力资源的浪费。

三、精益物流的实施

（一）企业系统的精益化

企业系统实现精益化，关键在于对组织结构、系统资源、信息网络、业务系统、服务内容及对象进行全面优化，并持续推动创新。以下是精益物流的实施策略：

首先，需要以精细化思维为指引，调整并优化企业的组织结构，实现扁平化管理。这样的调整旨在简化管理层级，加快决策速度，提高企业整体运作效率。在此基础上，企业可以进一步整合和重组系统资源，将劣势转化为优势，从而更好地参与市场竞争。其次，建设一个精益化的信息网络系统是推动精益物流发展的关键。通过该系统，可以对当前企业的业务流程进行深入的审视和改造，去除不合理的环节，使之更加符合精益物流的核心理念。这将有助于提高物流效率，降低运营成本。再次，需要根据企业的实际情况和设施条件，选择合适的对象和商品进行精益化运营。通过精准的市场定位和商品选择，企业可以进一步提升核心竞争力，赢得更多的市场份额。最后，构建一个鼓励创新的体系至关重要。企业需要营造一个积极创新的环境，鼓励员工提出新的想法和解决方案。同时，还需要在持续的完善中追求质的飞跃，不断推动企业系统向更高的层次发展。物流作为企业的生产要素之一，是企业获取利润的重要来源。在整个物流流程中，人力资源起到了至关重要的作用。任何高端的物流设备和系统都需要人来使用。由于物流方式的多样性、客户的个性化需求以及物流的高质量发展，物流工作人员必须具备持续创新的能力。

（二）精益物流服务的提供

精益物流服务要以客户需求为中心，提供准时、快速、低成本及增值服务。

精益物流作为一种创新的管理哲学，将引导企业摒弃粗放式管理思维，帮助企业更快地适应经济全球化趋势，并持续增强其核心竞争力。

第二节 绿色物流与逆向物流

一、绿色物流

（一）绿色物流的概念

1. 绿色物流的定义

《物流术语》（GB/T 18354—2021）将绿色物流定义为：通过充分利用物流资源、采用先进的物流技术，合理规划和实施运输、储存、装卸、搬运、包装、流通加工、配送、信息处理等物流活动，降低物流活动对环境影响的过程。

绿色物流

2. 绿色物流的内容

绿色物流的核心宗旨在于降低环境污染与资源消耗，它借助先进的物流技术来优化运输、储存、包装、装卸及流通加工等各环节。这不仅是对物流操作各环节的绿色化，也是对整个物流管理流程的绿色革新。从运输方式的绿色选择，到包装设计的环保考量，再到流通加工技术的绿色化，绿色物流无不体现其专业性与全面性。

在物流管理的视角下，绿色物流致力于对物流体系进行改进，旨在实现环境保护与资源节约的双重目标。这不仅涵盖正向物流的绿色化，还延伸到逆向物流的绿色化，确保供应链全过程的绿色可持续发展。对绿色物流的深入理解，可以从以下四个方面展开。

（1）绿色物流追求可持续发展：绿色物流作为一种生态友好的物流模式，其首要目标是降低资源消耗与减少废物排放。这不仅是经济、社会和环境利益的综合体现，也是实现可持续发展战略的关键。企业应以此为出发点，在满足消费者需求的同时注重生态保护，为后代留下可持续发展的空间。

（2）绿色物流贯穿商品生命周期：绿色物流不仅关注从原材料到最终用户的正向

物流过程，还延伸到退货和废弃物回收的逆向物流管理。它覆盖了商品生命周期的各个阶段，确保物流活动的全面绿色化。

（3）绿色物流的理论基础多元融合：绿色物流的理论基础涉及可持续发展、生态经济学、生态伦理学及循环经济学等多个学科。这种跨学科的融合为绿色物流的研究与实践提供了坚实的理论基础。

（4）绿色物流需要全社会共同参与：在绿色物流的实施过程中，专业物流企业、供应链成员、政府机构及公众都扮演着不可或缺的角色。他们各自承担相应的责任和义务，共同推动物流活动的绿色化，确保环境保护与经济社会和谐发展。

（二）绿色物流的内涵

绿色物流的内涵广泛而深入，涵盖了五个主要方面：

1. 集约资源

这是绿色物流的精髓，也是推动物流业发展的重要指导原则。它强调对资源的整合和高效利用，通过优化资源配置，减少资源浪费，提升资源使用效率。

2. 绿色运输

运输过程中的燃油消耗和尾气排放是环境污染的重要源头。因此，绿色物流要求合理规划运输路线，提高车辆装载率，以缩短行驶距离和减少燃油消耗。同时，还注重车辆维护，采用环保燃料，减少尾气排放，实现节能减排。

3. 绿色仓储

绿色仓储不仅在于通过合理选址来降低运输成本，而且在于通过科学的仓储布局设计，确保仓库空间得到最大化利用，从而降低仓储成本。通过科学的仓储管理，绿色物流实现了仓储环节的高效与环保。

4. 绿色包装

包装是物流过程中不可或缺的一环。绿色物流鼓励采用可回收、可再利用的包装材料，提高包装材料的再利用率，从而减少资源消耗，降低环境污染。

5. 废弃物物流

废弃物物流关注的是失去原有价值的物品。这些物品经过收集、分类、加工、包装、搬运、储存等过程，被送往专门的处理场所。绿色物流通过优化废弃物物流流程，可实现资源的有效回收和再利用。

（三）发展绿色物流的意义

在物流产业蓬勃发展的今天，物流活动的日益频繁和物流管理方式的变革，确实在一定程度上导致了燃油消耗的激增、空气与废弃物污染的加剧，以及资源的极大浪费，甚至是城市交通的严重拥堵。这些问题无疑对社会经济的可持续发展构成了严重的威胁。正是基于这样的背景，绿色物流的发展显得尤为重要。它不仅能够极大地促进环境保护，助力经济的可持续增长，还能够推动我国物流管理水平的全面提升。绿色物流不仅是物流行业未来发展的必然趋势，还是我们积极应对环境问题、实现可持续发展的重要手段。因此，大力发展绿色物流，对整个物流行业乃至整个社会都具有重要意义。

1. 促进环境保护与可持续发展

绿色物流的发展能够有效降低物流活动对环境的负面影响，降低能源消耗，减少废弃物排放，从而保护生态环境，促进经济、社会与环境的可持续发展。

2. 提高资源利用效率

通过优化资源配置、提高资源利用效率，绿色物流有助于降低物流成本，提高企业的经济效益。同时，通过废弃物的回收再利用，绿色物流还能实现资源的循环利用，减少资源消耗。

3. 推动物流行业转型升级

发展绿色物流需要采用先进的物流技术和管理方法，这将推动物流行业向更高效、更环保的方向发展。同时，绿色物流的发展也将促进相关产业如环保产业、循环经济产业的发展，推动整个社会经济结构的优化升级。

4. 提升企业形象和竞争力

采用绿色物流发展模式的企业能够树立环保、高效的企业形象，提高消费者对企业的认同感和信任度。同时，绿色物流也有助于企业降低运营成本、提高服务质量，从而增强市场竞争力。

5. 响应国家政策与法规

随着国家对环境保护和资源节约的重视程度不断提高，相关的政策与法规也日益严格。发展绿色物流有助于企业响应国家政策与法规的要求，避免因违反相关规定而面临法律风险和经营风险。

(四) 可持续发展的绿色物流战略

物流活动往往伴随着能源消耗和资源利用，这在一定程度上影响了环境。为了实现长期的、可持续的发展，需要制定并执行一系列绿色物流战略，以保护自然环境。现代绿色物流正是基于可持续发展的理念，旨在建立物流与环境之间和谐发展的关系，推动物流行业的绿色转型。以下是几种绿色物流战略。

1. 资源战略：循环物流体系

为了推动资源的可持续利用，企业需要实施循环物流策略。它包括减少物流过程中的能源消耗，同时加强废物的回收、再利用和再循环。企业需要重构物流网络，确保资源在正向物流和逆向物流中都能得到高效利用。该策略的关键点在于资源减量化、回收物品的有效管理和废弃物处理等方面。

2. 环境战略：绿色供应链构建

环境战略要求从原材料供应到产品使用的全生命周期的各个环节都实现环境友好。即减少污染物排放、优化城市交通环境，确保产品从生产到消费全过程都对环境友好。

具体策略包括评估和管理供应商的环境绩效，引入环境财务审核，利用第三方物流进行环保包装和运输管理，以及设计面向环境友好的企业物流流程。

3. 科技战略：绿色物流技术创新

在绿色物流的实施过程中，科技创新是关键。具体包括：采用先进的资源再生技术，优化废弃物的再利用路径；优先选择节能新技术、清洁能源和环保型车辆，减少能源消耗和废气排放；利用 GPS、GIS 和网络技术等现代信息技术，合理规划物流系统，实现资源共享，降低能源消耗和减少污染。

4. 教育战略：绿色物流意识培养

提升大众、消费者和企业员工的环保意识至关重要。企业可以通过教育和培训普及绿色物流理念，构建员工的环境绩效奖励体系，培育企业的环保文化。

5. 规制战略：绿色物流政策支持

前面四种战略的有效实施，都离不开政府的政策支持和制度保障。政府需要制定相关政策和规范，确保绿色物流战略得到有效执行，为绿色物流的发展提供有力的制度保障。

二、逆向物流

（一）逆向物流的概念

《物流术语》（GB/T 18354—2021）中认为，逆向物流即反向物流，是为恢复物品价值、循环利用或合理处置，对原材料、零部件、在制品及产成品从供应链下游节点向上游节点反向流动，或按特定的渠道或方式归集到指定地点所进行的物流活动。

关于逆向物流，理论界有诸多表述。其核心特点在于，它是与传统供应链方向相反的物流过程，旨在通过有效的计划、管理和控制，实现原材料、中间库存、最终产品及相关信息从消费地到起始点的流动，以实现价值恢复或合理处置。

逆向物流在提升企业竞争力方面扮演着重要角色。然而，由于成本压力、政府管理不足、消费者环保意识不强以及市场不成熟等因素，将逆向物流管理纳入日常物流管理需要经历一个逐步发展的过程。

（二）逆向物流的特点

逆向物流在企业的价值链中占据了一个独特的位置，与正向物流相比，既有相似之处，又展现出其独特的属性。两者的相似之处在于，它们都拥有如包装、装卸、运输、存储和加工等多种物流功能。然而，与正向物流相比，逆向物流具有自身的特点。

1. 分散性

逆向物流的特点之一在于其发生的不确定性。它可能随时在生产、流通或消费环节中发生，涉及行业、部门及个人的广泛性，使其分散性尤为显著。与正向物流的明确发货点和稳定需求不同，逆向物流往往与产品质量问题或数量异常紧密相连，其地点、时机和数量都难以预测。

2. 缓慢性

逆向物流在初期通常表现为数量少、种类多，需要经过长时间的汇集和处理才能达到一定的流通规模。废弃物资往往不能直接满足使用需求，需要经过一系列复杂的加工和处理流程，包括回收、分类、再加工等，这些步骤都导致了逆向物流的缓慢性。同时，废弃物资的收集和处理过程也充满了复杂性。

3. 混杂性

逆向物流系统中回收的产品种类繁多，状态各异，难以直接归类为单一产品。这导致了回收产品的混杂性。然而，随着回收产品的检验和分类，其混杂性会逐渐降低，但仍需付出较高的成本和较长的时间来完成这一过程。

4. 多变性

逆向物流的多变性主要源于其分散性和消费者对退货、召回等权利的滥用。这使得企业难以准确控制产品的回收时间和空间，增加了逆向物流的不确定性。此外，逆向物流处理系统和方法的高度复杂性和多样性、特殊的技术要求及相对较高的成本，都进一步加剧了其多变性。这种多变性要求企业在处理逆向物流时，必须具备高度的灵活性和适应性。

（三）逆向物流的分类

（1）根据回收物品的不同功能，可以将其分为退货逆向物流和回收逆向物流两大类。退货逆向物流是指下游客户将不符合订单要求的商品退还给上游供货商，这一流程与传统的产品销售方向相反。回收逆向物流是将终端消费者持有的废弃物重新分配到供应链各环节的企业中。

（2）根据材料的物理特性，将逆向物流细分为多个类别，包括钢铁和有色金属制品的逆向物流、橡胶制品的逆向物流、木制品的逆向物流以及玻璃制品的逆向物流等。这样的分类有助于更有效地管理和处理不同材料类型的逆向物流。

（3）按成因、途径和处置方式及其产业形态，可以将逆向物流细分为六大类别：一是投诉退货，即由于客户投诉而退回的产品；二是终端使用退回，即产品在终端用户处使用完毕后退回；三是商业退回，即因商业因素（如过剩库存）而退回的产品；四是维修退回，即需要维修或维护后重新投入市场的产品；五是生产报废品与副产品，即生产过程中产生的废品和副产品；六是包装处理，即对废弃包装材料的回收和处理。这样的分类有助于我们更精准地把握逆向物流的各个环节，从而实现更高效的物流管理和资源利用。

（四）逆向物流的作用

1. 降低原材料成本，稳定原材料供应

对于企业来说，随着其经济规模的持续增长，其资源的损失绝对值也将随之上升。

在以客户为中心的市场环境下，企业为了维持其市场竞争优势，不得不调整其经营战略，并承受各种隐性损失，例如退货导致的不必要损失，以及产品从市场反弹回企业的情况，这些都是不能被忽视的。在保持现有供应链不变的前提下，企业通过逆向物流实现了一定规模的原材料供应，这不仅减少了原材料的浪费，还确保了原材料供应的及时性和稳定性，进一步推动了供应链的整合，并降低了企业运营成本。

2. 改善企业形象，获取社会效益

尽管产品给人们的生活带来了丰富的选择，但大量的废弃物也给环境带来了巨大的危害和风险，因此社会对绿色产品和服务的需求日益增加。作为一家具有责任心的企业，在实现一定经济回报的同时，通过执行逆向物流策略来降低产品及其副产品对环境造成的污染，从而改善社会环境，并向公众展示企业负责任的形象。这不仅带来了积极的社会影响，也有助于自身持续发展。

3. 紧密联系客户，改善服务，提高客户满意度

当企业为用户提供的产品因质量或其他因素暂时失效时，借助企业高效的逆向物流系统进行维护或替换，有助于优化产品的销售和售后服务体验。通过提供优质的服务，不仅可以增强用户对企业的信赖，还能消除客户在购买企业产品时的后顾之忧，从而提升客户的满意度，赢得客户的信任，并进一步提升企业的竞争力。

（五）逆向物流的发展途径

1. 学习逆向物流知识，树立现代逆向物流理念

在一个以客户需求为中心且绿色物流理念日益盛行的背景下，企业构建逆向物流系统成为提高客户忠诚度和推动技术创新的途径之一。它对于企业在资源节约、降低运营成本、塑造环境友好形象及强化其竞争优势方面，都具有重要的正面影响。

2. 完善环保法规政策与加大执法力度

为了推动逆向物流的发展，发达国家和地区如美国、日本和西欧等日益完善环保法规政策，并加大环保执法力度。这些举措不仅为企业的逆向物流活动提供了明确的法规指导，而且有效促进了企业开展残次品退还、包装材料循环再利用和废弃物回收处理等逆向物流活动。

3. 完善逆向物流通道，提升供应链整合效能

逆向物流并非简单的单一流程，而是一个由消费者或其他逆向物流源经过零售商、批发商、配送中心、生产商和供应商等多个节点构成的复杂回溯网络。为实现更高效的逆向物流，企业必须重视并不断完善这一通道，以提高供应链的整合能力。

4. 推动企业管理创新与技术革新在物流领域的应用

考虑到逆向物流的复杂性和不确定性，为了实现逆向物流的规范化运作，企业必须依靠先进的信息技术和运营管理系统，采取一系列措施，以提高资源利用效率和投资回报率。

第三节 物流金融与智慧物流

一、物流金融

现代物流业的迅猛发展，对物流企业的运营水平提出了更为严峻的挑战。如今，物流管理不再局限于简单的物流处理，而是升级到创造物附加值方案管理的新高度。提供金融融资服务的物流供应商，将极大地提升其在客户心中的认可度和地位。物流金融作为一种创新的业务模式，已成为物流企业构建竞争优势的关键。

物流金融

物流企业开展物流金融服务，不仅有助于满足客户对资金流动性的需求，也为金融机构拓展了服务领域，增加了利润增长点。对于客户而言，通过物流金融服务，他们能够获得更加便捷、高效的供应链解决方案。对于物流企业而言，物流金融服务不仅能够增强客户黏性，还能够提升企业的整体盈利能力，实现多方共赢的局面。

（一）物流金融产生的背景

1. 物流金融的产生是第三方物流服务变革的结果

物流金融是物流与金融融合的结果，它不仅可以提高第三方物流公司的服务水平和盈利能力，还能帮助这些企业寻找更多的融资途径，降低融资的总成本，并提高资金的使用效益。物流金融服务预计将在国内物流行业中树立新的标杆，是第三方物流服务领域变革的结果。

2. 中小企业融资困境使市场存在大量物流金融需求

在我国，中小企业面临信用体系不完善的挑战，这导致它们的融资途径受限，从而增加了其为生产和运营筹集发展资金的压力。物流金融服务的推出，为中小企业的资金筹集提供了有力的支撑。此外，通过物流金融，企业可以有效地利用其暂时闲置的原材料和成品的资金，从而更好地利用企业资源。

3. 物流金融是实现供应链"共赢"目标的有效手段

对于第三方物流公司来说，物流金融不仅能够提升企业的整体服务质量，还能增强企业的市场竞争力，扩展其业务范围，提供更高附加值的服务，并进一步提高企业的盈利能力。对于从事物流供应链的企业来说，物流金融有助于减少其融资的总成本，并为其提供更多的融资途径。它有助于减少企业在原料、半成品和成品方面的资本占比，从而提升企业资本的使用效率，并实现资本的最优配置；有助于减少采购的总成本或者扩大销售的规模，从而提高企业的销售利润。

对于金融机构来说，提供物流金融服务不仅可以增加贷款额度，降低信贷风险，还能帮助其处理部分坏账。

4. 金融业的竞争使金融机构的创新意识增强

目前，金融机构面临的市场竞争日益激烈。为了在激烈的市场竞争中取得优势，金融机构持续创新其业务，这也催生了物流金融。通过物流金融，金融机构能够更好地吸引客户并保持客户稳定，从而扩大业务规模并提高市场竞争力。这有助于金融机构突破质押贷款业务中遇到的"物流瓶颈"，即质押物的仓储和监管；在质押贷款业务中，能够为金融机构提供质押物评估和资产管理等方面的协助。

（二）物流金融的基本概念

1. 概念界定

物流金融是指在物流业运营过程中，通过应用和开发各种金融产品，有效组织和调剂物流领域中货币资金的运动。这些资金运动包括发生在物流过程中的各种存款、贷款、投资、信托、租赁、抵押、贴现、保险、有价证券发行与交易，以及金融机构办理的各类涉及物流业的中间业务等。

2. 运作原理

物流金融运作原理：生产和经营企业首先将其购买的原材料或产成品作为抵押品或反担保品存入由第三方物流公司设立的物流仓库，并基于此获得合作金融机构的贷款，随后在其后续生产经营活动中或作为质押的产品销售阶段进行分期偿还。第三方物流公司提供了一系列服务，包括质押物的储存、价值评定、去向监管和信用担保等，从而构建了金融机构与企业之间的资金流通桥梁。

3. 服务内容

伴随着现代金融和物流行业的持续发展，物流金融的种类也日益增多。根据物流行业及其服务的客户与信贷市场、资本市场和保险市场融合发展的业务内容，物流金融可以分为物流银行、物流投行及物流保险三种基本服务。

1）物流银行：

（1）物流结算。物流结算作为物流行业中的一项关键金融服务，通过多样化的结算方式为物流企业及其客户提供资金支持。目前，它涵盖了代收货款、垫付货款和贸易执行等多种业务模式。

① 代收货款业务。代收货款业务是指物流公司在完成货物运输的同时，代为收取收货方货款，并在收到货款后转交给发货方，同时收取一定的服务费用。这种业务模式为买卖双方提供了便利，确保了资金安全流转。

② 垫付货款业务。它是指物流公司在运输货物之前，先为收货方垫付部分或全部货款。收货方提取货物时，将货款支付给物流公司。这种方式有助于解决收货方资金短缺的问题，保障交易的顺利进行。

③ 贸易执行业务。贸易执行业务是指物流公司在贸易活动中扮演"执行者"角色，为买卖双方提供采购执行和销售执行等服务。这种业务模式有助于降低贸易风险，提

高交易效率。

（2）物流融资。物流融资主要分为两种类型：一是供应链融资，旨在为物流供应链的上下游中小企业提供资金支持，保障供应链顺畅运行；二是物流企业融资，用于弥补物流行业自身的融资缺口，推动物流行业健康发展。

2）物流投行。物流投行是物流公司在资本市场上的直接投资和融资方式，涵盖债券融资、股权融资等直接融资服务，以及为具有核心竞争力的中小客户提供的"创投"等股权投资服务。这些服务有助于物流公司在资本市场上拓展融资渠道，实现资本有效运作。

3）物流保险。物流保险是保障物流活动顺利进行的重要措施。它涵盖了与物流活动相关的各种风险，如财产风险、货物运输风险、机械损坏风险、运输工具安全风险、人身安全风险以及员工忠诚度风险等。同时，物流保险也涵盖了可预测和不可预测的自然灾害情况，为物流活动的顺利进行提供了全面的保障。

（三）物流金融市场的主体分析

物流金融市场的主体由供给方、需求方和中介方三大角色构成。

1. 物流金融服务供给方

（1）金融机构。作为物流金融的基石，金融机构涵盖银行、证券公司、保险公司、信托公司，以及小额贷款公司、融资性担保公司、融资租赁公司等，为物流行业提供多元化的金融服务。

（2）物流企业。在物流金融中，实力强大的平台类及大型物流企业如中储发展股份有限公司、中外运空运发展股份有限公司等，不仅提供物流服务，还作为供给方，通过保险、贷款、投资等多种业务，挖掘盈利潜力。

2. 物流金融服务需求方

（1）物流供应链上下游的中小企业。作为物流金融的主要服务对象，中小企业在融资中常处于不利地位。物流金融，特别是动产质押业务，对缓解中小企业融资难问题具有关键作用。

（2）物流企业。部分小微企业和大型平台类企业（如物流园区），同样作为需求方，需寻求资金支持以满足运营和扩张需求。

3. 物流金融服务中介方

随着电子商务和物联网的发展，第三方电子商务平台、商品交易所等中介方崭露头角。它们利用技术优势，搭建数字金融服务平台，高效匹配中小企业融资需求和银行贷款产品，降低交易成本。

（四）物流行业的融资渠道

物流行业的融资渠道较多，常见的途径有：

（1）银行贷款：企业最主要的融资渠道之一。按资金性质，可分为流动资金贷款、固定资产贷款和专项贷款三类。对于经营状况好、信用可靠的物流企业，银行会授予一定时期内一定金额的信贷额度，企业在有效期与额度范围内可循环使用。银行贷款通常对企业的信誉度、资产负债状况等有较高要求，申请时需提供详尽的商业计划书、财务报告等材料。

（2）发行债券：企业依照法定程序发行、约定在一定期限内还本付息的有价证券，代表发债企业和投资人之间的债权债务关系。债券持有人不参与企业经营管理，但有权按期收回本息。发行债券需要严格遵守相关法律法规和监管规定，对企业的信用评级也有一定要求。

（3）股权融资：通过引进新股东并出售部分股权来获得资金。这种方式要求企业具有良好的发展潜力及盈利能力，以吸引投资者。例如，一些具有创新模式或高增长潜力的物流企业，可能会吸引风险投资机构或战略投资者的关注，以获得股权融资。此外，企业上市也是一种重要的股权融资方式，通过在证券市场公开发行股票，物流企业可以筹集到大量资金，但上市的要求较高，需要企业具备一定的规模、业绩和规范的治理结构。

（4）融资租赁：通过融资与融物的结合，兼具金融与贸易的双重职能。具体包括直接购买租赁、售后回租以及杠杆租赁等形式。物流企业可以通过融资租赁获得所需的运输设备、仓储设施等资产，缓解资金压力。在租赁期内，企业只需支付租金；租赁期满后，根据合同约定，企业可能会获得资产的所有权。

（5）供应链金融：物流企业可以借助供应链金融模式进行融资。例如，基于应收账款的保理业务，物流企业将其对客户的应收账款转让给保理商，提前获得资金；还有保兑仓业务，在采购环节中，金融机构为物流企业提供融资支持，帮助其向供应商采购货物，并以货物作为质押担保；另外，仓单质押也是常见的方式，物流企业将仓库中的货物开具仓单，以仓单作为质押物向金融机构申请贷款。

（6）政府扶持资金：政府可能会通过设立物流产业基金、入股社会金融机构等方式，加大对重点物流金融服务企业的支持力度。物流企业可以积极关注政府出台的相关扶持政策，争取获得产业基金的投资或政府贴息贷款等支持。此外，一些地方政府还会对符合条件的物流项目给予税收优惠、财政补贴等，间接降低企业的融资成本。

（7）金融租赁：一种集信贷、贸易、租赁于一体的新型融资方式。设备使用企业看中某种设备后，可委托金融租赁公司出资购得，然后再以租赁的形式将设备交付企业使用。企业在合同期内还清租金后，最终可拥有该设备的所有权。这对于资金缺乏的物流企业来说，是加速投资、扩大生产的有效办法。

（8）资产证券化：物流企业可以将其拥有的优质资产，如物流产业园、大型运输设备等，进行打包整合，通过特殊目的机构（SPV）发行资产支持型证券（ABS）或房地产投资信托基金（REITs）等。例如，顺丰曾发行南方顺丰仓储物流封闭式基础设施证券投资基金，通过这种方式可以将企业的存量资产转化为流动性较强的资金，拓宽融资渠道，同时也有助于优化企业的资产负债结构。

（9）民间融资：包括民间借贷、企业内股权众筹和同行拆借等。民间借贷是指物流企业向个人或其他非金融机构借款，但需注意合法性和利率水平，避免非法借贷。企业股权众筹是企业向内部员工或特定投资者募集资金，以股权作为回报。同行拆借则是物流企业之间在资金周转困难时互相借款，但这种方式通常借款规模较小，且需建立在良好的行业信誉和合作关系基础上。

（五）国际贸易背景下物流金融的运作模式

在国际贸易环境中，企业期待银行提供全面、一体化的服务，以满足其货物和资金管理的综合需求。国际贸易融资作为与传统贷款不同的融资形式，与商品流通和价值实现紧密相连，为银行和物流公司的紧密合作创造了有利条件。

具体来说，物流金融在国际贸易中的运作模式主要体现为以下两种结算方式。

1. 跟单托收结算方式中的物流金融运作模式

在跟单托收中，出口方首先与托收行、进口方及其所在供应链的银行 A 和物流公司 B 进行谈判，以建立基于双方银行信誉的可靠合作机制。买卖合同的签订需明确规定采用托收结算条款。随后，出口方根据合同规定装运货物，并准备相关单据。出口方向托收行提交跟单汇票和托收申请书，委托银行收款。托收行再将单据和收款指示通过邮寄方式转交给进口方指定的银行 A 代收。在支付过程中，有两种主要情况：

（1）若进口方无须融资，他们将按合同规定支付货款并赎回单据，物流公司 B 凭提单提取货物。货款通过银行系统最终回到出口商手中，完成结算。

（2）若进口方需要融资，代收行将通知物流公司 B，在授信额度内为进口方提供动产质押贷款。物流公司负责货物监管，并将仓单作为质押物交给银行。银行根据质押物价值等因素向进口方提供贷款，进口方支付部分保证金，并在贷款还清后提取货物。

（3）代收行允许进口商在满足远期付款交单条件的前提下，通过信托收据来借单提取货物。在满足远期付款交单条件的前提下，代收行有权允许进口商承兑远期汇票。但在付款之前，进口商需要出具信托收据并交给代收行，然后根据借出的货运单据先行提取货物以便后续销售。一旦收到货款，就需要偿还给代收行，并换取相应的信托收据。

代收行可以根据进口方需求，通过信托收据方式允许其借单提货，但须确保在远期付款前进口商已支付赎单，以避免货物滞留。在某些情况下，出口商可能在进口地指派代理人以处理单据和货物。通过与物流公司 B 的合作，出口商可以简化手续、降低成本。

2. 信用证结算方式中物流金融的运作模式

在信用证结算中，进口商根据购销合同规定，向指定的银行（通常是物流金融供应链中的节点银行）申请开立信用证，并提供进口商品保证金或物流公司担保。开证行将信用证发送给出口方银行，该银行审核信用证真实性后通知出口商。出口商收到信用证后发货，并提交装运文件给议付行/保兑行进行议付。议付完成后，开证行收到单据并通知进口商支付赎单。进口商支付货款和手续费后，信用证合同关系结束，完成整个物流金融的运作过程。

二、智慧物流

（一）智慧物流的概念

智慧物流是以物联网技术为基础，综合运用大数据、云计算、区块链及相关信息技术，通过全面感知识别、跟踪物流作业状态，实现实时应对、智能化决策的物流服务系统。

智慧物流

2009 年，IBM 首次提出了智慧物流的构想，认为智慧物流首先是以智慧供应链为基础，即建立一个面向未来的具有先进、互联和智能三大特征的供应链，通过感应器、射频识别技术标签、GPS 和其他设备及系统生成实时信息的智慧供应链。与智能物流强调构建一个虚拟的物流动态信息化的互联网管理体系不同，智慧物流更重视将物联网、传感网与现有互联网整合，通过精细、动态、科学的管理，实现物流的自动化、可视化、可控化、智能化、网络化，从而提高资源利用率和生产力水平。

（二）智慧物流的发展现状

1. 利好政策推动智慧物流快速发展

近年来，中央和地方政府出台了一系列利好政策，有力地推动了智慧物流的快速发展。

（1）国家层面的政策引导：

① 纳入重点发展规划。《"十四五"现代物流发展规划》《"十四五"数字经济发展规划》《"十四五"冷链物流发展规划》都将智慧物流作为"十四五"时期的重要发展方向，明确提出要积极推动物流数字化转型、智慧化改造、网络化升级，加快建设跨行业、跨区域的物流信息服务平台，提升物流设施装备自动化、智能化水平。

② 加大政策引导力度。国家发展和改革委等 23 个部门和单位联合印发《关于推动物流高质量发展促进形成强大国内市场的意见》，将实施物流智能化改造行动作为物流高质量发展的重要任务，推进货、车（船、飞机）、场等物流要素数字化，支持物流园区、大型仓储设施等应用物联网技术，鼓励货运车辆加装智能设备。

③ 促进融合创新发展。国家发展和改革委等 13 个部门联合印发《推动物流业制造业深度融合创新发展实施方案》，推广应用工业互联网标识解析技术和基于物联网、云计算等智慧物流技术装备，推动提高生产制造和物流一体化运作水平，形成技术驱动、平台赋能的物流业制造业融合发展新生态。

（2）地方政府的积极响应：

① 出台专项扶持政策。绥化市人民政府印发《关于支持促进绥化市现代物流产业高质量发展的意见》，对物流企业购置应用自动分拣设备、仓储机器人、智能安检系统等自动化、智能化设备设施和托盘循环共用系统，经认定达到相关标准或符合"十四五"邮政业应用技术研发方向、年度投资额超过 100 万元的，按新增投资额给予 10% 补助，每个项目最高补助 100 万元。

② 推动智慧物流试点建设。《江苏省大力发展智慧物流推进降本增效综合改革试点实施方案》出台，明确将实施智慧物流城市试点、物流园区智慧化改造试点、网络货运平台示范试点、关键物流技术突破试点、智慧物流主体培育试点等五大重点工程，进一步发展智慧物流、推进降本增效。

③ 优化智慧物流发展环境。北京经济技术开发区发布《关于促进生产性服务业高质量发展的若干措施》，提出将努力打造智慧物流高地，着眼于推进交通运输与物流融合、物流与产业统筹发展，重点提升现代物流业数智化、绿色化水平，引导物流、快递服务融入制造业采购、生产、仓储、分销、配送等环节，有效降低全社会物流成本。上海市人民政府办公厅印发《上海市低空经济产业高质量发展行动方案（2024—2027 年）》，将跨区域物流运输、低空末端配送智慧物流纳入重点任务，支持金山区做优做强金山至舟山等无人机海岛物流运输，鼓励青浦区联合快递物流龙头企业开展跨区、省际及长三角区域物流运输，推动杨浦区等中心城区扩大低空末端配送智慧物流。

这些利好政策为智慧物流的发展提供了明确的方向指引、资金支持和良好的发展环境，吸引了大量企业加大在智慧物流领域的投入，加速了新技术、新模式在物流行业的应用和推广，推动了智慧物流市场规模的扩大和行业的快速发展。

2. 发展规模扩大

近年来，智慧物流的发展规模显著扩大，主要体现在以下几个方面：

（1）我国市场。据相关报告显示，2022 年我国智慧物流装备市场规模已达到829.9 亿元，较上年增长 16.1%，且预计未来五年将以年均 18.3% 的复合增长率迅猛发展，2030 年市场规模有望突破 1920.2 亿元。2022 年我国智慧物流市场规模达 6995 亿元，2023 年攀升至 7892 亿元，预计 2025—2030 年将持续高速增长。此外，2018—2025 年我国智能仓储物流系统市场规模也从 319.2 亿元预计增长到 1350 亿元。同时，2025 年我国时尚运动服装智慧物流仓储市场规模也从 2022 年的 18.59 亿元增长至 2024 年的 24.25 亿元。

（2）全球市场。2024 年全球智能物流自动化解决方案市场销售额达到了 122.5 亿美元，预计 2031 年将达到 279.4 亿美元，年复合增长率为 12.6%。另外，预计到 2029 年全球物流市场规模将达到 6.6 万亿美元，年复合增长率为 3.4%，智慧物流作为重要组成部分，其规模也将随之不断扩大。

3. 企业数量与业务规模扩张

（1）物流企业智能化转型。越来越多的传统物流企业开始向智慧物流转型，加大在智能设备、信息化系统等方面的投入，拓展智慧物流业务。例如，一些大型物流企业通过引入物流机器人、自动分拣系统等，提高了仓储和分拣效率。

（2）新兴智慧物流企业涌现。随着智慧物流市场的发展，涌现出一批专注于智能物流解决方案、物流大数据分析、无人配送等领域的新兴企业。这些企业凭借先进的技术和创新的商业模式，在市场中占据一席之地，进一步推动了智慧物流市场规模的扩大。

4. 应用领域不断拓展

（1）电商行业。电商的蓬勃发展是智慧物流发展的重要驱动力。电商企业对物流配送的时效性、准确性要求极高，促使智慧物流在电商仓储、分拣、配送等环节广泛应用。如双十一购物狂欢节，单日产生的大量包裹倒逼电商物流采用分拣机器人等智慧物流技术，大大缩短了包裹的分拣时间，提高了分拣的准确性。

（2）制造业。制造业的升级转型为智慧物流带来了广阔的市场空间。在汽车工厂等制造业场景中，搭载 AI 视觉的机械臂、物流机器人等能够实现生产线的智能化运作，缩短生产线换型时间，提高生产效率和市场竞争力。

（3）其他领域。在港口领域，基础设施数字化、生产运营和对外服务智慧化水平不断提升，先后建成厦门远海、青岛前湾等 49 座自动化码头。我国自动化码头的应用规模、作业效率、技术水平总体位居世界前列。此外，低空物流服务围绕城市间生鲜运输、同城快递集散、即时配送，以及山区、应急配送等不同应用场景不断拓展。例如，顺丰加快发展无人机物流商业运行，在广东、四川、江西等地累计飞行突破 100 万架次，运输距离超 400 万千米。

（4）相关技术市场发展助力：以物流机器人市场为例，Statista 数据显示，2024 年全球机器人市场规模突破 461 亿美元，其中物流机器人以 14.9％ 的复合增长率一路领跑。2023 年，我国物流机器人市场规模达到了 168 亿元，预计到 2025 年，市场规模将突破 200 亿元大关，向着千亿级别的市场规模迈进。视觉技术、数字孪生技术等的突破，以及智能调度系统的发展，都为物流机器人市场的发展提供了技术支持，进而推动了智慧物流整体规模的扩大。

（三）智慧物流未来趋势

智慧物流是"十四五"时期推动物流高质量发展的重要方向，是落实创新、协调、绿色、开放、共享发展理念在物流领域的生动实践。在"十四五"规划的引领下，智慧物流正加速发展，为建设现代物流体系提供了有力支撑。

1. 协同创新和资源共享

（1）许多企业在战略联盟和跨界合作领域进行了诸多探索。菜鸟网络联合多家快递企业成立"菜鸟联盟"，运用大数据赋能合作伙伴，为消费者提供当日达、次日达等高效的快递服务。"互联网＋"物流平台联合互联网金融企业，上线物流供应链金融产品，从销售端向生产端延伸，从物流业向金融业拓展，通过大数据算法，打通存货与销售的授信，真正实现全链路覆盖的金融解决方案。中国铁路总公司与海尔集团进行战略合作，开通海尔电器特需专列。在货运市场，加盟模式快速推进，德邦物流加盟事业部签约合伙人于 2016 年突破 5000 家。

制造业与物流业的
联动发展

（2）"互联网＋"高效物流助力模式不断创新：

① 互联网去中心化、自组织和个性化的运作方式，重构了商业模式、组织方式以及企业与客户的关系。在"互联网＋"的推动下，物流行业的生态结构和业务流程得到了高效的重塑，这也促使了一系列新的商业策略和业态的诞生与壮大。

② "互联网＋"智能仓储。现阶段，快递服务主要遵循"单点发全国"的策略，其中包裹的平均运输距离超过 1000 千米，这也是买家与卖家之间的主要运输距离。通过运用大数据技术来预测未来的销售情况，智能分仓能够预先将商品存放在离消费者最近的存储设施中，从而显著缩短了货物的运输距离。例如，菜鸟驿站所建立的全国性智能主干网络能够将大部分包裹的运输距离缩减到不超过 500 千米。菜鸟驿站在仓内采用仓配一体化的策略，为商户提供从仓储到配送的完整服务流程。当物流订单完成后，货物可以直接在仓内进行分类、包装，并交由合作伙伴进行配送，这极大地提高了整个物流链条的效率。

③ "互联网＋"高效运输。自 2014 年起，我国的货物运输市场涌现了众多基于"互联网＋"的创新物流模式，例如"互联网＋"车辆与货物匹配、"互联网＋"甩挂运输和"互联网＋"专业物流等，这也催生了如运满满、货车帮等一系列高效的运输公司。

④ "互联网＋"便捷配送。一批专注于城市配送的平台型企业，例如日日顺、速派得和云鸟配送等，都纷纷建立了自己的城市货物运输平台，并采用信息技术来创新它们的共同配送方式；美团和饿了么等公司的即时外卖配送方式，已经成为城市配送服务的核心部分。

⑤ "互联网＋"末端基础设施共享。共同建设和共享城市的末端节点逐渐成为行业的发展方向。以菜鸟驿站为例，它是城市社区和大学校园物流配送的关键节点。通过与大学、社区服务站、便利店、商超和物业等已有的社会资源进行合作，菜鸟驿站开展了代收代存包裹的业务。这不仅有效解决了配送的效率和成本问题，也改善了快递包裹末端配送服务的混乱和低效状况。

（3）多式联运促进资源集约利用。多式联运作为一种集约高效的现代化运输组织模式，在"一带一路"倡议的布局实施过程中，迎来了加速发展的重要机遇。当前，我国已经初步形成具有一定规模的集装箱铁水联运网络。

试点推广成效显著。示范企业主动拥抱"互联网＋"，开发建设集装箱海铁联运、公铁联运等物流信息系统，加强与上下游企业和海关、海事等部门的信息互联，为多式联运相关方提供开放式、一站式多式联运信息服务，实现在站场设施、运力调配、货源汇集、通关查验等方面的信息共享。

装备技术不断进步。转运装备技术及信息技术促进多式联运的快速发展。部分企业应用快速转运装备技术，充分利用无线射频、物联网等先进信息技术，建立智能转运系统，大大提高了多式联运换装转运的自动化作业水平。

（4）无车承运人推动货运行业转型升级。2016 年，交通运输部办公厅发布《关于推进改革试点加快无车承运物流创新发展的意见》（简称《意见》）。该《意见》提出，目前，我国无车承运人的发展尚处于起步探索阶段，在许可准入、运营监管、诚信考核、税收征管等环节的制度规范还有待探索完善。通过开展试点工作，逐步调整完善无车承运人管理的法规制度和标准规范，创新管理方式，推动实现"线上资源合理配置、线下物流高效运行"，对于推进物流业供给侧结构性改革，促进物流行业"降本增效"，提升综合运输服务品质，打造创新创业平台，培育新的经济增长点，全面支撑经济社会发展具有重要意义。随着信息技术与物流活动深度融合，未来无车承运人依托移动互联网对零散运力和货源的整合将成为可能。通过信息平台，车辆平均等货时间将大幅缩短，空驶率将大幅降低。

2. 业务数据化和数据业务化

（1）一切业务数据化。一切业务数据化体现了物流信息的可跟踪可追溯，把供应链的每个环节信息转化为数据，并将这些数据打通实现在线化。

① 物流数据标准化基础产品——电子面单。电子面单是一种数字面单，反映了快递物流企业在数据采集、录入、传输等基础领域的数据化程度。2014 年 5 月，菜鸟电子面单正式上线，电子面单采用"N－1－N"的模式，即前端对接 N 个商家、后端对接 N 家快递公司，菜鸟驿站作为居中的"1"为前后端提供技术支持服务。快递企业使用电子面单后，降低了成本和出错风险，提升了派送效率和绿色环保水平。根据快递企业用户反馈的数据测算，使用电子面单后，中转环节错分率平均降低了 40％，每年节约纸张消耗费用约 12 亿元。

② 物流业务在线化的重要指标——物流云。目前，物流行业采用云计算的比例还不高。但从 2016 年开始，接入物流云的企业数量正在快速上升。

③ 物流业务大数据化的关键指标——物流详情数据完备率。物流企业在揽收点、配送点、中转点等静态网点的数据回传完整度，综合反映了行业智能手持终端的普及率、信息系统建设能力以及数据对接协同能力。目前，电商物流行业的物流静态数据化程度已经达到较高水平，在揽收、配送、中转等关键环节，数据基本做到了可采集、可录入、可传输、可分析、可视化。

（2）一切数据业务化。一切数据业务化是通过大数据产品开发，把大数据应用到具体业务的过程，通过大数据产品赋能物流各个环节，从而提高效率和降低成本。

传统物流公司分拨中心的流水线上会有大量的分拣员，他们需要查看包裹上的地址信息，确定包裹下一站到达哪个网点，这个过程需要 3～5 秒。菜鸟驿站开发的"智能路由分单"系统，通过对海量地址进行分析，实现包裹与网点的精准匹配，准确率在 98% 以上，分拣用时下降到每单 1～2 秒，仓库分拣效率普遍提高 50% 以上。

此外，为了更充分地利用包装箱内的空间，企业通过测算各类商品的体积数据和包装箱尺寸，开发出智能打包算法，合理安排箱型和提供摆放方案。相比人工判断，每件包装平均可节省 5% 以上的耗材。

3. 人工智能和万物互联

（1）人工智能和自动化促进物流企业转型升级。近年来，物流行业广泛采用货物追踪定位、无线射频识别、电子数据交换、视觉技术、机器人技术、移动信息服务以及位置服务等一系列创新技术。预计物流智能化设备的引入将在某种程度上有助于解决"用工荒""用工贵"等问题。

如今，大型自动化流水线和智能机器人在仓库中的应用日益增多。这种自动化流水线彻底改变了传统的工作方式，将"人找货"的模式转变为"货找人"，这不仅大大提高了工作效率，还显著降低了人工成本。根据估算，传统手动操作的拣货员每天的行走距离超过 10 千米，而采用自动化流水线技术后，他们每天的拣货距离仅约 1 千米。

此外，企业将无人机应用于物流园区安防巡检，通过实时处理巡检过程中无人机回传的监控视频，对园区车辆违章行驶、人员违规行为、物品遗撒等异常事件进行识别和报警，并第一时间通知园区值班人员快速处理异常事件，不仅降低了巡检成本，还大大提升了巡检效率。

（2）物联网技术促进物流过程透明化：

① 车辆调度。通过在运输车辆上安装全球定位系统及附属信息采集设备，可以采集车况、路况、周边环境、实时天气等信息，自动上传到调度中心，通过智能化调度系统对车辆进行调度优化。

② 货物追溯。通过在货物托盘上加装标签，货车增加门磁开关、卫星定位系统和视频系统，可对货物进行远程视频追溯。

③ 全程冷链。对车厢内温度进行实时监测，实现运输全过程温度可采集，保障冷链物流不断"链"。

④ 驾驶安全。实时获取车辆速度、位置、驾驶室环境信息，对货车驾驶员超速、超载、疲劳驾驶等行为进行监控，并对易发事故路段及时提醒，保障驾驶安全。

⑤ 供应链协同。通过物联网技术及时传递供应链上下游企业物流信息，打通信息壁垒，实现供应链高效协同，避免因库存过高、装卸等待时间过长导致的供应链低效运作。

4. 节能减排和绿色发展

（1）甩挂运输能降低单位运输能耗。甩挂运输是一种高效、集约、环保的干线运输组织模式，在提高运输效率、降低物流成本、促进节能减排等方面优势明显，是道路货运产业升级的重要途径。

（2）新能源物流车辆助力城市配送。发挥新能源物流车辆的优势，建立新能源物流车辆的城市配送系统，以充分利用电动商用车辆在城市中的运输潜能。这样可以有效发挥新能源物流车辆在城市配送中的优势，减轻城市物流配送的负担。

（3）绿色包材减少环境污染。随着快递业务量的快速增长，人们对绿色包装的关注度越来越高。随着快递业务量在"十四五"期间的持续迅猛增长，绿色包装在快递行业中的重要性日益凸显，受到的关注也与日俱增。绿色环保可持续、减量化、可循环，已然成为快递包装行业坚定不移的发展方向。

"十四五"期间，国家在快递包装绿色转型方面出台了一系列强有力的政策。2021年，国家邮政局启动"2582"工程，快递包装绿色治理由此形成系统性政策框架。2022年发布的《"十四五"快递业发展规划》明确要求建立全链条治理体系。2023年，八部委联合发布《关于加快推进快递包装绿色转型的通知》，首次将生产者责任延伸制度引入快递领域。同时，《"十四五"循环经济发展规划》提出，到2025年电商快件基本实现不再二次包装，可循环快递包装应用规模达1000万个。2024年6月1日，首部关于快递包装的强制性国家标准《快递包装重金属与特定物质限量》正式实施，同日，推荐性标准《快递循环包装箱》也开始施行。2024年7月1日，《绿色产品评价物流周转箱》和《邮件快件循环包装使用指南》等国家标准也开始实施。这些政策和标准形成"约束性指标＋激励性措施"的组合拳，推动快递企业从被动合规转向主动创新。

在政策引导下，行业领军企业积极作为，推动绿色包装发展。例如，中国邮政扎实推进包装标准化采购，使用绿色产品认证包装，创新推进包装循环化，通过开展可循环快递包装规模化试点稳步推进包装减量化，并重点强化源头减量，开展过度包装治理。京东物流大力推广"青流计划"，从减量包装、循环包装等多方面推进包装绿色化，加强绿色包装材料的技术创新与应用，制定包装碳排放体系规划，截至2023年末已实现碳减排约69515吨。顺丰加大包装材料研发投入，寻求绿色包装材料的技术创新，探索循环包装精细化运营，自主研发的全降解包装袋"丰小袋"已在全国推广应用，生物分解率可达90%以上。菜鸟网络也在持续深化绿色行动，进一步完善绿色供应链体系，加强与各方合作，推动绿色包装技术的研发和应用，提高绿色包材的使用比例和回收效率。

各地也因地制宜打造绿色样本。海南率先立法推行全生物降解包装袋，通过"禁塑令＋补贴政策"双轮驱动，实现重点行业替代率达98%。浙江创新"数字化循环箱"模式，嵌入北斗定位和RFID芯片，单箱循环次数突破128次。北京打造"社区驿站＋

逆向物流"体系，在 2000 余个小区设置智能回收站，形成"15 分钟绿色服务圈"。这些实践突破传统环保措施的碎片化局限，构建起覆盖生产、使用、回收的闭环系统，为快递包装绿色转型提供了可借鉴的经验。

复习与思考题 ▐▐▐▶

1. 简述精益物流的概念及特点。
2. 绿色物流的定义和内涵是什么？
3. 发展绿色物流的意义何在？
4. 可持续发展的绿色物流战略包含哪些方面？

物流产业概述

参 考 文 献

［1］邹辉霞．供应链物流管理［M］．北京：清华大学出版社，2004．

［2］王晓东，胡瑞娟．现代物流管理［M］．北京：对外经济贸易大学出版社，2007．

［3］张福荣．物流管理［M］．台北：五南图书出版股份有限公司，2005．

［4］孟建华．现代物流管理概论［M］．北京：清华大学出版社，2004．

［5］郭彦峰．包装物流技术［M］．3版．北京：文化发展出版社，2021．

［6］彭彦平，王晓敏，等．物流与包装技术［M］．北京：中国轻工业出版社，2004．

［7］张卫星．物流学［M］．北京：北京工业大学出版社，2002．

［8］王能民，孙林岩，汪应洛．绿色供应链管理［M］．北京：清华大学出版社，2005．

［9］周启蕾．物流学概论［M］．北京：清华大学出版社，2005．

［10］马士华，林勇．供应链管理［M］．北京：高等教育出版社，2003．